U0938804

财　务　管　理

主　编:王发仁

副主编:孙梅玉　王海萍　石晶梅
高志贤　刘翠玲　于和成
王春萍　马用民

山东人民出版社

前　言

随着全球经济一体化进程的加快和我国现代企业制度的建立，企业筹资和投资方式越来越多元化和复杂化，从而促进了财务管理的发展，为满足高等职业财务管理人才培养的需要，在山东人民出版社的组织下，我们编写了这本教材。

本教材是根据我国企业财务管理面临的现实问题，考虑到财会系列教材的总体要求，并在借鉴国内外现代财务管理理论和方法的基础上编写的。我们在编写过程中，紧密结合财务管理实践和高等职业教育的教学需要，十分注重科学性、实用性和可读性，力求做到内容新颖、规范又富有特色。本书比较详细地说明了企业筹资、投资与利润分配的基本理论和基本方法，并融预算、决策和运行控制知识为一体。

本教材由王发仁主编，编写成员有：王发仁（第一章），刘翠玲（第二章），毕研勤（第三章），石晶梅、王海萍（第四、五章），于和成（第六章），王春萍、孙梅玉（第七章），郑洪文（第八章），马用民、高志贤（第九、十章）。

本教材在编写过程中参阅了大量中外文献书籍，得到了有关领导和专家的支持，在此一并表示衷心感谢。

由于时间仓促，作者水平有限，教材中难免有错误和疏漏之处，请各位老师和学生们在使用过程中批评指正，以便不断完善。

编　者

2009 年 12 月

目 录

第一章　总　论

【学习目标】

通过本章的学习，理解财务管理的概念；掌握企业财务管理的内容及目标；了解企业财务管理的环境；熟悉财务管理机构及财务人员的职责。

第一节　财务管理概述

企业财务管理，也称为企业理财或公司理财，是研究资本配置规律和观念的学问。理财是一种古老的活动。有研究表明，大猩猩也会理财，可以说，从有人类的那一天起就有了理财。但是，理财作为企业的一种独立的经济活动，即企业财务管理，则是进入 20 世纪以后的事情。要理解财务管理，首先应分析企业的财务活动和财务关系。

一、企业财务活动

企业财务，顾名思义，是指涉及钱财的业务，是与货币、资金、资本或价值相关的概念。财务活动是指企业为了达到既定目标所进行的筹集资金、运用资金和收益分配的活动，是以现金收支为主的企业资金运动的总称。企业要进行生产经营活动，就必须进行人力、物力和财力的投入，形成生产能力；再经过采购、生产、销售等阶段，获得生产经营收入；还要将生产经营成果分配给相关利益者。在这个过程中，自始至终存在着资金运动，因此，财务活动也可以说是现金流转活动。一般来说，企业的财务活动包括以下内容：

(一)筹资活动

企业经营活动必然产生大量的现金支付的需求。如果这些现金支付需求得不到满足，企业就会发生财务危机，甚至导致破产。财务的首要任务就是满足这些基本的资金需求。为此，必须对生产经营所需资金做出及时、准确的估量，包括预测筹集资金的时间、数量和筹资成本，并选择合适的筹资渠道和筹资方式，以降低筹资成本，控制财务风险。企业因为筹集资金而产生的资金收支，便是由企业筹资而引起的财务活动。

(二)投资活动

企业筹集资金的目的是为了把资金用于生产经营以谋求最大的经济效益。所谓投资是指以获得收入和利润为目标，将资金投入使用的过程。这种投资是以收入为中心，以市场为媒介，以资金或能产生特殊收益的资产为运作对象，以商品经营为手段和形式的经济活动。在投资过程中，企业必须考虑投资规模、投资方向和投资方式，以提高投资效益，控制投资风险。企业因为投放资金而产生的资金收支，便是由企业投资而引起的财务活动。

（三）资金营运活动

企业将资金投放于生产经营活动后，形成企业的各种资产。对固定资产的管理一般是由使用部门负责的。流动资产在企业生产经营过程中随着经营活动的进行则不断变换其形态，其周转速度和使用效率直接影响企业的经营收益。在经营过程中，企业必须千方百计加速资金的周转，实现收入持续增长和成本不断降低。企业因为生产经营而产生的资金收支，便是由企业经营而引起的财务活动。

（四）资金分配活动

企业将资金投放和使用后，必然会取得一定的成果。这种成果首先表现为生产经营收入，在补偿成本费用后，最终以利润形式体现出来。狭义的分配是指对企业净利润的分配，广义的分配包括支付给职工的薪酬、支付给债权人的利息、缴纳给政府的各种税金、弥补企业以前年度亏损、提取的公积金和向投资者分配利润等。企业应依据一定的分配原则，充分考虑各相关利益主体的要求，合理确定分配规模和分配方式，力争使企业取得最大的长期利益。企业因为分配而产生的资金收支，便是由企业分配而引起的财务活动。

上述财务活动的四个方面相互联系、相互依存，构成了企业财务活动的完整过程，同时也成为财务管理的基本内容。

二、企业财务关系

企业财务关系是指企业在组织财务活动过程中与各相关利益主体发生的经济利益关系，一般包括以下几个方面：

（一）企业与政府之间的财务关系

政府作为社会管理者，行使政府的行政职能，向社会提供公共服务。任何企业都必须按照国家税法的规定缴纳各种税款，以便使政府能维持社会正常秩序、保卫国家安全、组织和管理社会活动等。企业及时足额地纳税是企业对国家的贡献，也是对社会应尽的义务。因此，企业与政府之间的财务关系体现为依法纳税和依法征税的关系。

（二）企业与投资者、受资者之间的财务关系

投资者向受资者投入资金成为企业的所有者，拥有企业的剩余控制权。这种

剩余控制权一般体现为管理剩余控制权、生产剩余控制权和财产剩余控制权。管理剩余控制权是指企业在依法经营的前提下，履行了与债权人订立的契约后，所有者拥有企业的决策权。生产剩余控制权是指企业的收入在补偿成本费用后，所有者拥有企业净利润的分配权。财产剩余控制权是指企业清算时，公司财产在按规定清偿债务后，所有者拥有对剩余财产的分配权。企业以购买股票或直接投资的形式向其他单位投资，则企业成为其他单位的所有者，拥有了被投资单位的剩余控制权。企业对投资者承担资产保值增值，为投资者创造财富的责任。因此，企业与投资者或受资者之间的财务关系体现为经营权和所有权的关系。

(三)企业与债权人、债务人之间的财务关系

债务人向债权人借入资金，债务人必须按借款时签订的契约按时支付利息和归还本金。企业在生产经营活动过程中，一方面，既要向贷款机构借入资金，也会发生应付账款、发行债券等，成为债务人；另一方面，既会发生应收账款，也可能购买债券、提供借款等，成为债权人。因此，企业与债权人或债务人之间的财务关系体现为债权和债务关系。

(四)企业内部各单位之间的财务关系

企业内部各单位在生产经营各环节中相互提供产品或劳务，在实行内部经济核算制的条件下，这些产品和劳务要计价结算。企业与各部门、各单位之间也要发生领款、报销、代收、代付等收支结算关系。因此，企业内部各单位之间的财务关系体现为企业内部各单位之间的利益关系。

(五)企业与职工之间的财务关系

企业职工是企业生产经营活动的主要参与者，为企业提供了体力或脑力劳动，企业要为职工支付劳动报酬，并提供必要的福利和保险等。职工作为人力资本的所有者，其知识和技能是最重要的生产力，要使职工充分发挥潜力，企业必须给予一定的诱导和激励，创造适宜的工作环境和条件。因此，企业与职工之间的财务关系体现为劳动成果的分配关系。

另外，企业与其他相关利益者也存在一定的财务关系，如企业要为客户提供(销售)更多更好的产品，并尽可能降低成本；企业要为社会公众提供就业机会，保护生态环境，确保产品安全及建立良好的公共关系等。企业只有正确处理和协调好这些财务关系，各相关利益者才会继续“参与”到企业组织中，企业组织才得以继续生存和发展。

三、财务管理的概念及内容

(一)财务管理的概念

企业财务管理是研究一个企业如何组织财务活动、协调财务关系、提高财务效

率的学科。从不同的角度划分,财务管理有不同的范畴分类。从财务管理活动的内容划分,主要分为筹资管理、投资管理和股利分配管理等;从财务管理的层级来划分,主要分为财务管理原理、中级财务管理和高级财务管理等;从财务管理的地域划分,主要分为一般财务管理和跨国财务管理等;从财务管理的广义主体划分,可分为宏观财务管理和微观财务管理;从财务管理的狭义主体划分,可分为所有者财务管理、经营者财务管理和财务经理财务管理等。我们主要是从财务经理的角度,研究资本配置,提高资本使用的效率和效果。

(二)财务管理的内容

由于资金营运即资金的投放、使用和收回又称为短期投资,所以从整体上看,企业的财务活动由筹资、投资、分配三个环节组成。因此,企业财务管理的内容由筹资管理、投资管理和股利分配管理组成。

1. 筹资管理

筹资管理就是分析研究企业如何以较少的代价筹集到足够的资金,以满足企业生产经营的需要。由于筹资方式的多样性,不同筹资渠道的资金,其成本、风险和期限各不相同,对企业产生的影响也不相同,所以企业管理团队应根据企业的资金需要量和使用期限等来分析不同来源、不同方式取得的资金对企业产生的潜在影响,选择最合理的筹资渠道,决定企业筹资的最佳组合方式。

2. 投资管理

企业的投资既可以是对内投资,也可以是对外投资;既可以是短期投资,也可以是长期投资。投资管理就是分析研究企业如何选择最合理的投资方案,实现提高投资效益、控制投资风险的目的。例如短期投资与长期投资相比,其流动性强、风险低、盈利性差,如果短期投资的比例高,企业的偿债能力就会比较强,但利润会减少。而长期投资虽然盈利性好,但风险高,如果长期投资的比例高,企业的盈利能力就会强,但风险也会大。所以,企业要做好预测和决策分析,尽量提高投资收益,同时将风险控制在合理的范围以内。

3. 股利分配管理

企业实现的净利润,由企业所有者拥有分配的控制权。但是,如果企业向投资者(股东)支付过高的股利,则可能会影响到企业的再投资能力,不利于企业的长远发展;如果支付过低的股利,则又可能引起投资者的不满,导致企业的股价下跌。因此,企业在进行净利润分配(股东分配)过程中,应兼顾股东和企业的利益,既要有利于企业的长期稳定发展,又要有利于保障股东利益,增加企业价值。

第二节　财务管理的目标

财务管理的目标是指财务管理依据的最高准则,是企业财务活动所要达到的根本目的。从根本上说，财务管理目标取决于企业目标。而企业目标应该是一个目标体系，它通常是“所有参与集团共同作用和妥协的结果”，而不简单等同于任一“参与者”的个人目标。在理论上，各利益主体的个人目标可折中为企业的“长期稳定发展”，参与企业活动的各类利益主体都可借此实现其个人目标。从长远意义上说，只有盈利或者说资本增值，才是企业的本质追求。企业之所以追求其他目标，无非是为了能使企业实现更多的利润或者说更大的资本增值。所以，动态地看，财务管理目标是企业目标体系中居于“支配”地位的“职能化”目标。正因如此，企业目标往往被等价地表达为财务管理目标。

在传统体制下，我国的国有企业曾以“产值最大化”作为财务管理目标。改革开放后，企业一般以“利润最大化”作为财务管理目标。现代财务管理理论认为，企业的最高财务管理目标应该是“企业价值最大化”。

一、利润最大化

在西方经济学理论中，利润最大化的观念早已根深蒂固，尽管一些当代经济学家也曾对此提出异议。在经济学中，往往是以利润最大化概念来分析、评判企业的业绩，因此，利润最大化就被设定为企业财务管理目标。这样设定财务管理目标，其原因有三个：一是人类从事生产经营活动，都是为了创造剩余产品，而剩余产品的多少，可以用利润的多少来衡量；二是在自由竞争的资本市场上，资本将流向能实现最大增值的企业，而会计对增值的计量指标就是利润；三是只有每个企业都最大限度地获得利润，整个社会的财富才会实现最大化。因此，以利润最大化作为财务管理目标，有其合理的一面。但是，同时也存在以下缺点：

（一）利润最大化概念的含义是模糊的。经济学中的利润概念和会计学上的利润概念是不一致的；短期利润和长期利润对企业的影响也是不一致的；会计学上税前利润和税后利润、总利润和每股收益也是不同的。那么，利润最大化中的“利润”到底是哪个概念呢？

（二）利润最大化目标没有考虑货币时间价值。例如在投资决策中，对未来年度的收益仅以利润来衡量，如果忽视现金流入的时间，会导致错误的选择。

（三）利润最大化没有考虑风险。在市场经济条件下，利润一般与风险并存，高收益一般会与高风险相伴。如果盲目追求利润最大化，忽视风险因素，有可能导致企业陷入严重危机。

（四）利润最大化容易导致企业的短期行为。在会计学上，利润是某一会计期计算的收入与费用的差额，如果企业只顾实现当前的最大利润，而忽视了企业的长期战略发展，那么可能使企业做出错误决策。

（五）利润最大化不符合投资者的最终目标。投资者对企业投资的最终目标是实现资本增值最大化。虽然盈利会有利于资本增值，但资本增值的因素还要受其他因素的影响，如企业的发展速度、企业所处的行业、企业的规模等，即便以每股收益最大化为目标，也可能不利于企业的长期稳定发展。

二、企业价值最大化

企业价值最大化是指通过企业财务上的合理经营，采用最满意的财务决策，在考虑货币时间价值、风险价值和企业长期稳定发展的基础上，使企业总价值达到最大。所谓企业价值就是企业总资产的市场价值，也是企业债务价值与所有者权益价值(股东财富)之和。投资者在评估企业资产的价值时，一般以资产能够给企业带来经济利益的折现值来计量，它反映了企业资产的潜力或预期获利能力。如果企业不存在破产倒闭的可能，企业债务的折现值一般是一个定数，企业价值最大化也就是业主经济利益最大化或股东财富最大化。如果企业面临破产风险，则企业的债权人将在实质上控制企业资产，则企业价值最大化就会与企业债务价值最大化密切相关，或者说事实上就是债权人经济利益最大化。对上市公司来说，股东财富是股票价格与股数的乘积，当企业总股本不变时，股东财富最大化就是股票价格最高化。对一般企业来说，业主经济利益最大化就是在考虑货币时间价值和风险因素后，使企业为业主创造的未来现金流量最大化。

以企业价值最大化作为财务管理目标，其基本思想是将企业长期稳定的发展和持续的获利能力放在首位，强调在实现企业价值增长中对有关利益的满足。它满足了投资者对企业的要求，也保证了债权人的利益；它能使企业职工的利益得到最大满足；它还有利于社会资源的合理配置；并有利于促使管理当局克服管理上的短期行为，将自身的个人目标与企业目标协调一致。

当然，以企业价值最大化作为财务管理目标也有一些不足之处。例如：股价会受到多种因素的影响，即期市场上股票的价格并不是完全由企业未来的获利能力所决定的；对非上市公司来说，如何准确计量其价值在实践中有许多困难；企业的相关利益者并不完全认同企业价值最大就会满足其利益等等。但是，现代财务主流理论还是将其作为财务管理的最优目标。

另外，对财务管理目标还有其他提法，如“资本利润最大化”、“每股收益最大化”、“股东财富最大化”、“相关者利益最大化”等等。这些目标都是财务管理的整体目标，财务管理的任何一部分内容都有其分部目标，财务管理的任何一项具体财务活动也都有具体目标，这种层次性的财务管理目标构成了财务管理目标体系。

第三节　财务管理的环境

财务管理环境又称为理财环境，是指对企业财务活动和财务管理产生影响和作用的企业内外部条件或因素。它处在财务管理系统之外，但与财务管理系统有着直接或间接联系，是非财务事件制约企业实现财务管理目标的客观条件。研究财务管理环境，可以使我们正确、全面认识财务管理发展的规律，正确认识财务管理实践活动的环境特征，并密切注意影响财务管理的各种环境及变化。

财务管理环境可以按多种标准进行划分。根据环境的层次性，可以划分为宏观环境、中观环境和微观环境；根据环境因素的企业可控性，可以划分为企业可控的环境因素和企业不可控的环境因素；根据环境因素的稳定性，可以划分为相对稳定环境和相对动态环境等等。企业财务管理环境的各个方面特征不一，它们对企业财务管理的影响也不尽相同。只有充分把握了这些特征，企业财务管理过程才能与环境相协调。

一、社会文化环境

社会文化环境是指影响企业进行财务活动的社会文化因素，其内容十分广泛，包括教育、科学、文学、艺术、舆论、新闻出版、广播电视、卫生体育、世界观、理想、信念、道德、习俗、传统思维方式，以及同社会制度相适应的权利义务观念、组织纪律观念、价值观念等。自从人类诞生以来，人类所特有的精神文化，一直是影响社会发展的重要因素，作为人类的一项社会实践活动，企业财务管理必然受社会文化的影响。社会文化的各个方面对企业财务管理的影响程度不尽相同，相对而言，教育、科学和观念等因素的影响更为直接。

教育，从一定意义上说是人类文化的传授。同其他任何工作一样，企业财务人员既要接受基础教育，又要接受专业教育。企业财务管理工作的质量，既取决于财务人员的素质，也取决于他们的专业水平和能力。现代财务管理是一项十分复杂的工作，从事财务管理工作的有关人员，不仅要牢固掌握财务管理专业知识和技能，而且要熟悉企业管理的其他各个方面；不仅要掌握财务管理的常规方法，而且要善于创造财务管理的非常规方法；不仅要十分清楚地把握企业内部的各种条件特征，而且要精于分析企业外部环境及其可能的变化趋势。所以，财务人员受教育的过程不仅是知识的接受过程，而且必须同时是能力的受培养过程，两者不可偏废。

不管是自然科学还是社会科学，都对财务管理有重大的影响。首先，科学发展为财务管理提供了理论指导和管理手段，经济学、管理学乃至数学、物理及计算机等科学的发展，都在一定程度上促进了现代财务理论的发展，并用于指导财务管理的实践活动。其次，科学发展丰富了财务管理的内容，为人类改造自然和从事财务管理工作不断开辟新的领域，并增加了财务人员在财务管理工作中讲求经济效果的方法。

观念是指人们对事物的看法和认识。要改变一种传统观念，树立新的观念，往往需要做出极大的努力。财务管理人员是否具有货币时间价值观念、风险与收益均衡观念、信息观念、机会损益观念、边际观念、弹性观念、预期观念、全局整体观念、长远观念等，将影响财务管理工作的社会地位及从事财务管理工作的人员的类型。企业管理团队、其他有关职能部门负责人，乃至企业全体职工是否具备现代财务观念，将影响财务决策实施的效果。传统观念往往会束缚财务管理人员的头脑，许多在新形式下已经成为不合理的做法，往往仍被认为是正确的。要使新的理论、新的方法应用于实际工作，必须先对人们的观念进行更新。

二、政治与法律环境

政治与法律环境是指影响企业财务活动的政治和法律因素。政治和法律都属于上层建筑，上层建筑的内容是由经济基础决定的。然而，上层建筑并不只是消极地由经济基础决定，它反过来又对经济基础产生影响，尤其是其中占主导地位的政治和法律。

政治能给经济以能动的反作用。政治的内容包括作为实体的国家、作为观念的政治思想和作为实践的政治活动。其中，国家政权机关是政治的基本内容。企业财务管理不仅要服从于人们讲求经济效果这一要求，而且还要服从于统治阶级特定的政治要求。无论在什么政治制度下，统治阶级都会通过企业财务管理处理社会各阶级（或阶层）及其内部的利益分配关系。从根本上讲，由于社会主义国家政治是有利于广大劳动人民的政治，因而企业财务管理需处理的主要是长远利益与短期利益、整体利益与局部利益的关系。政治思想和政治活动一般不对企业财务管理产生直接影响，而是通过潜移默化地影响人们的行为或最终引起国家政权的变革，才对企业财务管理产生实质性的影响。

企业的财务管理活动，无论是筹资、投资，还是股利分配，都应遵守有关的法律、法规和规章。在我国，随着改革的深化和社会的发展，法律规范越来越健全，企业财务管理受法律规范的约束也表现得越来越显著。目前，直接制约我国财务管理的法律规范主要包括：企业法、公司法、证券法、税法、企业会计准则、企业财务通则等。例如设立企业必须符合企业组织法律规范，这些法规包括《公司法》、《全民所有制工业企业法》、《个人独资企业法》、《中外合资经营企业法》、《中外合作经营企业法》、《外资企业法》、《合伙企业法》、《私营企业条例》等。这些法规对各种不同类型企业的设立、组织机构、企业行为等方面分别做出了规定，它们既是企业的组织法，又是企业的行为法，企业的主要财务活动都必须依法进行。

三、经济环境

经济环境是指影响企业进行财务活动的社会宏观经济因素，包括经济管理体制、经济发展水平和发展战略、宏观经济的运行状况和宏观经济政策等基本因素，还有通货膨胀、产业及行业特征等诸多具体经济因素。

经济管理体制是指制定并执行经济决策的各种机制的总和，它主要包括集权与分权的程度、市场与计划如何协同作用、确立经济目标及诱导人们实现目标的激励机制。首先，集权与分权会影响企业财务管理的作用范围。在完全集权化的经济体制下，决策权集中于单一的中央指挥机构，并由该机构向组织内的低层单位发布指令。而在完全分权的经济体制下，决策权则掌握在低层次单位手中。尽管现实中很少真正存在完全的集权制和完全的分权制，但偏于分权的经济体制则使决策权更多地“回归”企业。其次，计划与市场协调作用的方式和变化也影响企业财务管理。企业财务管理的过程也就是优化资源配置的过程，只有在以市场为导向的经济体制下，资源配置才是根据市场信息而不是根据计划指令进行的，企业财务管理才有更多的机会和更大的必要发挥其主观能动作用。最后，激励的方式、手段和力度，会直接影响企业财务管理过程中的利益分配，并进而影响企业职工包括财务人员的积极性，从而给企业财务管理带来影响。

经济发展对企业财务管理的影响一般表现在一个国家的经济发展水平和经济发展战略。发展中国家的特征是：基础较薄弱、发展速度较快、经济波动较大、经济政策变更频繁。这就决定了发展中国家的企业财务管理表现出内容和方法手段的快速更新、企业财务管理受政策影响显著且不太稳定等共同特征。而发达国家企业经济生活中许多新的内容、更为复杂的经济关系以及更为完善的生产方式，决定了企业财务管理内容的丰富多彩和财务管理方法及手段的科学严密。在重视经济发展速度的发展战略下，经济发展速度很快，企业要想维持现有的市场地位，就必须努力保持企业较高的增长速度，要求企业抓住经济增长带来的机遇实施投资扩张战略，使企业高速成长。相应的，在重视经济发展质量的发展战略下，经济发展速度会放缓，企业必须更加重视环境保护、生态平衡等生活质量指标，企业成长的机会减少，投资扩张就应更慎重。

宏观经济的运行状况，往往可以通过经济周期和通货膨胀变动等方式表现出来。经济周期通常要经历衰退、萧条、复苏和繁荣四个阶段，不同阶段给企业带来的机遇或挑战也不同。经济复苏时期，企业的产品销售开始增加，企业应该增加厂房设备，增加存货，引入新产品，增加劳动力；繁荣时期，企业的产品销售大量增加，企业应该扩充厂房设备，继续增加存货和劳动力，并要提高产品价格和开展营销规划；衰退时期，企业的产品销售开始减少，企业应该停止扩张，并出售多余设备，削减存货，停止增加劳动力，甚至停产部分产品；萧条时期，企业的产品销售困难，企业应该缩小生产经营规模，缩减管理费用，甚至裁减雇员，但应该尽量保持市场份额。通货膨胀高涨时期，由于物价上涨和利率上升，企业应该重视赚“物”而不是赚“钱”，以避免利润虚增；相反，物价下跌时，企业应该重视赚“钱”而不是赚“物”，以避免企业资产减值。

宏观经济政策包括国家的财政政策和货币政策等。财政政策是指一定时期有关政府收支方面的政策。扩张性的财政政策会刺激经济增长，企业的投资机会随之增多，筹资需求增加，理财活动趋于活跃；反之，紧缩性的财政政策会使过热的经济受到控制，企业的投资活动和筹资活动会减少。货币政策是指中央银行所制定的关于货币供应和货币流通组织方面的有关政策。一般地，较紧的货币政策会通过减少货币供应量等措施来减少社会总需求，从而使企业的筹资变得困难，筹资成本增加；较松的货币政策会通过增加货币供应量等措施来增加社会总需求，从而使企业的筹资变得容易，筹资成本相应下降。

四、金融环境

金融环境是指影响企业进行财务活动的金融因素，其内容包括金融市场、金融机构、金融工具和利率等。可以说，金融环境是影响财务管理的诸多因素中最为直接和最为特殊的一个方面。

金融市场的基本构成要素有交易对象、交易主体、交易工具和交易价格。金融市场的交易对象是货币资金，它的交易大多情况只是发生货币使用权的转移。金融市场的交易主体一般有资金供给者、资金需求者和金融机构。资金需求者(包括金融机构)提供金融工具，资金供给者(包括金融机构)提供资金，由金融机构提供服务，在交易场所进行资金交易。这种交易大大减少了金融工具持有者的风险。金融市场的一般划分如图 1-1 所示：

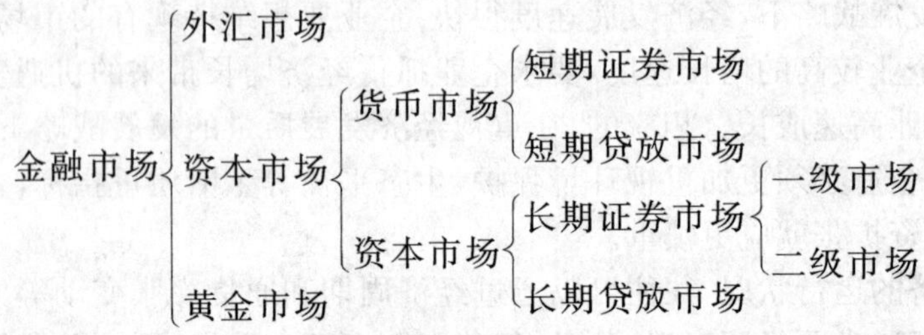

图 1-1 金融市场的一般划分

金融机构在金融市场上既创造金融工具，又推进资金的流转。资金供给者和资金需求者之间进行直接交易(直接融资)时，金融机构往往只起中介作用，不承担交易风险；但在间接融资时，金融机构不但要提供服务，而且要承担交易风险。金融机构主要由银行类金融机构和非银行类金融机构组成(也有综合类金融机构)。银行类金融机构包括中央银行、政策性银行和商业银行等；非银行类金融机构包括保险公司、证券公司、信托公司、财务公司和租赁公司等。在我国，中央银行是中国人民银行，它是金融管理体系的核心。政策性银行包括国家开发银行、中国农业发展银行和中国进出口银行，是以贯彻国家产业政策为目的，办理政策性贷款的金融机构。商业银行按产权关系和组织形式分为国有商业银行、股份制商业银行和合作制商业银行。国有商业银行有中国工商银行、中国农业银行、中国建设银行和中国银行;股份制商业银行有交通银行、中信实业银行、华夏银行、中国光大银行、招商银行、中国民生银行、深圳发展银行、兴业银行、上海普通发展银行等;合作制商业银行有城市合作银行、农村信用社等。商业银行以营利为目的,以经营存贷款业务和办理结算业务为主,是我国金融机构中的主体。非银行类金融机构在从事其主要业务的同时,也可以通过多种不同的形式为企业的筹资和投资等财务活动提供必要的服务。

金融工具是证明债权关系或所有者关系的合法凭证,主要包括商业汇票、商业本票、银行汇票、银行本票、银行支票、信用证、债券、股票等。股票是金融工具中的所有权凭证,股票投资者拥有被投资公司的所有权,享有股东的权利和义务。其他金融工具是债权凭证,也称为信用工具,表明的是债权人的权利和债务人的义务。金融工具的基本特征有:期限性、流动性、风险性和收益性等。

利率亦称为利息率,是资金价格的一般表现形态。资金作为一种特殊的商品,其融通实际上是资源通过利率这个价格标准实行配置,因此,利率在资源配置及企业财务决策中起着重要作用。一般而言,资金的利率由纯利率、通货膨胀补偿和风险报酬构成,其中风险报酬又包含违约风险报酬、期限风险报酬和流动性风险报酬。纯利率是指没有风险和通货膨胀情况下的均衡点利率,由资金的供求关系决定。通货膨胀补偿是指由于通货膨胀会使货币的实际购买力受损,资金供给者为补偿损失而要求提高的利率。违约风险报酬是指为了弥补因债务人无法按时还本付息而带来的风险,由债权人要求提高的利率。期限性风险报酬是指为了弥补与更长期限相应的更多的不确定性而导致的风险,由资金供给者要求提高的利率。流动性风险报酬是指为了弥补金融工具的变现能力的不确定性而导致的风险,由资金供给者要求提高的利率。

五、企业组织及内部环境

企业组织及内部环境是指企业财务管理工作本身所处的企业内部运行环境,是由企业的组织形式、治理结构、企业实力、生产技术条件等引发产生的环境。

从历史发展的横断面来看,任何国家的企业并非完全一致地采取同样的组织形式和管理体制。目前,我国企业的组织形式主要包括国有企业、集体企业、私营企业、外资企业和股份制企业等。它们按投资主体可分为三种:独资企业、合伙企业与公司制企业。独资企业由一个自然人投资,并由投资者个人所有,个人经营和控制,投资人对企业的债务承担无限责任。合伙企业由两个或两个以上的人共同出资、共同经营、共同所有和控制,各出资人对企业的债务承担无限连带责任。公司制企业由两个以上的人出资,依据法定的条件和程序设立,具有独立法人资格。公司制企业又分为有限责任公司和股份有限公司。不同组织形式的企业面临不同的法律环境和政策环境，在资金来源渠道、税收、投资、利润分配等方面享受着不完全相同的待遇，这都是财务管理过程中必须认真考虑的因素。

企业的治理结构，即企业控制权和剩余索取权分配的一整套法律、文化和制度安排，决定着企业的目标，谁在什么状态下实施控制、如何控制，风险和收益如何在不同的企业利益相关者之间分配等一系列问题。例如在公司制企业内，由股东大会、董事会、监事会和高层管理人员组成了公司治理结构的执行机构，它们分别拥有哪些权利，决定了股东及股东大会与董事会之间、董事会与高层管理人员之间以及与监事会之间存在的委托代理关系，并形成一个委托代理链条。这些委托代理关系处理得好坏，公司治理机制的规范与否，对公司财务管理的影响非常重大。

企业实力体现在企业占有的经济资源和企业的核心竞争力上，而经济资源又可分为人力资源和非人力资源。企业的人力资源状况，决定了企业财务管理人员及其他相关人员的实际工作能力。企业的非人力资源，如厂房、设备、材料等在一定程度上反映了企业的规模、生产经营的复杂程度以及财务管理的难易程度。企业的核心竞争力，即企业组织独特的累积性知识，特别是关于如何协调不同生产技能和各种技术手段的知识，是企业的智力、技术、产品、管理、文化的综合优势在市场上的反映，决定了企业财务管理所能达到的水平和结果。

企业的生产技术条件表现在企业的生产特征和生产技术水平，它们的改善需要得到财务支持，反过来也制约着企业财务管理。生产的劳动密集型、技术密集型或资本密集型，很大程度上决定了企业所需投入资本的数量以及企业的财务绩效特征。生产技术水平则会影响企业新产品的开发、产品质量及产品成本进而对财务绩效产生重要影响。

第四节 财务管理机构及财务人员的职责

一、财务管理机构的设置

财务管理机构是指在企业中组织、领导、管理和控制财务活动的机构，是财务管理的主体。目前，较小的企业往往不单独设置财务管理机构，但在一些大型企业中，财务管理非常重要，独立的财务管理机构能够帮助企业完成资金筹集、投资决策等方面的工作。

(一)不独立的财务管理机构

不独立的财务管理机构是指企业设有一个财务与会计机构，这个机构集财务管理职能和会计职能于一身，但往往以会计职能为主，财务管理职能为辅。这种形式的机构如图 1-2 所示：

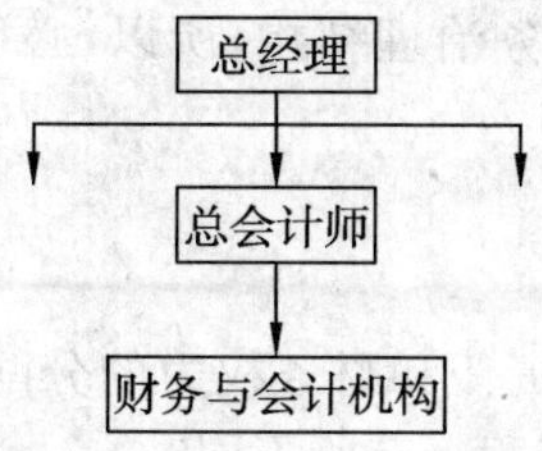

图 1-2 不独立的财务机构图

在这种组织形式下，企业一般在厂长或总经理的领导下，由总会计师或财务副总经理分管财务或会计部门。会计核算人员直接负担财务管理工作，财务管理的过程直接融入会计核算过程，这样企业就能够掌握和控制企业的财务活动。这种设置的优点是能够充分利用会计信息，及时根据会计信息实施可行的财务管理措施，减少财务人员与会计人员之间的摩擦，提高管理效率。不利之处是企业容易忽视财务管理工作，将财务管理简化为费用开支标准的管理。

(二)半独立的财务管理机构

半独立的财务管理机构是指企业将财务管理部门从单一的财会机构中分离出来，财务管理工作不再由会计机构负责，而是独立出一个专业的部门来负责。企业的财务部门与会计部门同等重要，均由 CFO(Chief Financial Officer)或总会计师、财务副总经理、财务总监分管。财务管理机构由财务经理或财务长、财务主管领导，会计机构由会计经理或主计长、会计主管领导。这种形式的结构如图 1-3 所示：

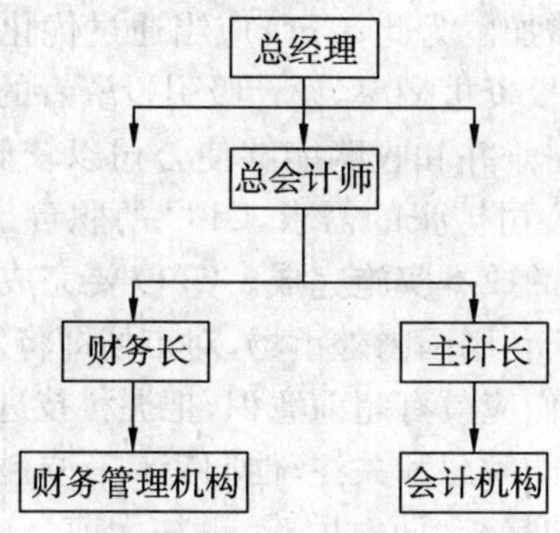

图 1-3 半独立的财务管理机构

由于企业所处的行业特点以及企业本身对财务管理的需求各不相同，因此，企业在决定财务管理机构的工作职能和人员的设置时也会有所不同，但总的来说，一般企业财务管理部门的职能不外乎财务活动的四个方面：筹资活动、投资活动、营运资金管理活动以及股利分配活动。

应该指出，企业在设置财务管理机构决定财务管理机构的职能、人员设置时，由于涉及企业的财权安排和财务治理结构，所以，必须服从于企业治理结构的要求，由企业组织体制所决定。

二、财务人员的职责

企业财务管理人员的财务责任和财务权力的分配，一般由企业的财务管理体制决定，不同层次的财务人员其职责有所不同。

我国《总会计师条例》对总会计师的职责进行了界定，规定总会计师应当负责本单位的财务管理和经济核算，参与单位的重大经济活动。总会计师的主要职责有：组织编制和执行各种预算和计划，建立经济核算制度，强化成本管理，负责人员配备和考核。总会计师协助参与的工作包括：协助业务部门做出决策，参与新产品开发、技术改造、项目研究、薪酬方案的制订等。

CFO，直译过来是首席财务执行官的意思，在我国更多地称为财务副总经理或财务总监。CFO在西方被认为是企业内仅次于董事长和首席执行官(CEO)的第三号人物，可以说企业财务的一切行为和关系都由CFO来负责。CFO和CEO作为公司的最高领导层，更多地需要做出战略决策。这些决策主要包括以下三个方面：(1)制定战略，创造价值。CFO被要求通过财务手段进行战略层面的操作，使企业转变为一个优秀的价值管理公司。CFO将企业战略与财务职责联系在一起，全过程参与企业价值创造战略的制定，并与CEO一起，全方位培养企业的价值创造能力。(2)协调投资者关系。CFO应当像做销售一样把公司推销给投资者，把公司的业绩展现给投资者，以使得投资者对公司产生兴趣进而慷慨解囊，这将使得公司股价上涨，公司价值增加。为此，CFO应当通过优化资本结构，做出正确投资决策，控制财务风险，提高投资报酬率，设计吸引投资者的股利分配政策等，提升公司业绩。(3)兼并与收购。兼并和收购能够使公司以较低的风险和较少的代价控制一家较好的企业，满足公司扩张的需求，CFO的职责是通过兼并与收购或其他方式将公司的战略以最低的成本实施完成。CFO要完成这些职责，就要求他们应具有高度的战略眼光，善于利用国内外市场，对市场即将发生的变化应具有准确的预测，并善于捕捉商机；他们应具有超前意识，把握科技进步的趋势，并对先进企业的经营管理动态保持高度的敏感和关注；他们应具有卓越的领导才能，善于发挥群体力量；他们应具有坚韧的精神，面对困难，一往无前。这要求他们应该具备良好的职业道德、超强的专业能力、杰出的战略领导能力以及杰出的协调能力，以便协调股东、政府、债权人、供应商、客户以及企业职工等利益相关者之间的利益关系，兼顾各方利益。

另外，财务人员的职责还包括财务预测、财务预算、财务控制和财务分析等工作。所谓财务预测，是指根据企业财务活动的历史资料，考虑现实的要求和条件，对企业未来的财务活动和财务成果做出科学的预计和测算。所谓财务预算，是指运用科学的技术手段和数量方法，对未来财务活动的内容及指标所进行的具体规划。所谓财务控制，是指在企业财务管理中，以预算的各项定额为依据，利用有关信息和特定手段，对企业财务活动所施加的影响或进行的调节，以便实现预算或既定的目标。所谓财务分析，是指根据有关信息资料，运用特定方法，对企业财务活动过程及其结果进行分析和评价的工作。

【思考题】

1. 什么叫财务管理？
2. 为什么说企业价值最大化是现代财务管理的目标？
3. 企业财务管理的环境有哪些？
4. CFO 的职责和一般财务人员的职责有什么关系？

【实训题】

一、单项选择题

1. 财务的本质是 （ ）
A. 企业经济活动的成本即利润方面
B. 企业经济活动的价值即资金方面
C. 企业经济活动的目标即财富方面
D. 企业经济活动的内容即实物方面

2. 企业财务活动是以现金收支为主的企业（ ）活动的总称。
A. 资金收支 B. 实物收发 C. 经营 D. 生产

3. 现代财务管理的最优目标是 （ ）
A. 产值最大化 B. 利润最大化
C. 每股盈余最大化 D. 企业价值最大化

4. 以下几类影响财务管理的因素中，起决定性作用的是 （ ）
A. 政治和法律环境 B. 经济环境
C. 社会文化环境 D. 企业组织和内部环境

5. 经济环境是指影响企业财务活动的（ ）经济因素。
A. 企业微观 B. 社会宏观 C. 行业 D. 世界

6. 利率也为利息率，是（ ）的一般表现形态。
A. 借贷款 B. 报酬率
C. 资金价格 D. 资金供应量

7. 财务管理所指的投资通常是指 （ ）
A. 长期投资 B. 短期投资
C. 实物投资 D. 无形资产投资

8. 长期投资与短期投资相比，其风险要 （ ）

A. 高 B. 低 C. 相同 D. 不好区分

9. 中国的中央银行是 （ ）

A. 中国人民银行 B. 中国银监会

C. 中国银行 D. 国家开发银行

10. 在金融机构中，（ ）是金融管理体系的核心。

A. 商业银行 B. 政策性银行

C. 非银行类金融机构 D. 中央银行

二、多项选择题

1. 决定企业财务管理目标的两个最基本因素是 （ ）

A. 政府 B. 资本提供者（企业所有者）

C. 劳动力提供者（企业职工） D. 社会公众

2. "利润最大化"目标的缺陷在于 （ ）

A. 没有考虑货币的时间价值 B. 没有考虑风险因素

C. 利润的含义是模糊的 D. 利润计算是不准确的

3. 财务管理的内容包括 （ ）

A. 筹资管理 B. 投资管理

C. 利润分配管理 D. 内部经营管理

4. 企业组织形式的主要类型是 （ ）

A. 独资企业 B. 合伙企业

C. 公司制企业 D. 手工业者

5. 金融市场的基本构成要素有 （ ）

A. 交易对象 B. 交易主体 C. 交易工具 D. 交易价格

6. 金融工具的基本特征有 （ ）

A. 期限短 B. 流动性 C. 风险性 D. 收益性

7. 一般而言，资金的利率构成部分有 （ ）

A. 纯利率 B. 通货膨胀补偿

C. 风险报酬 D. 名义利率

8. 下列财务关系中，属于债权债务关系的是 （ ）

A. 企业与国家之间的财务关系

B. 企业与债权人之间的财务关系

C. 企业与受资者之间的财务关系

D. 企业与债务人之间的财务关系

三、判断题

1.“利润最大化”目标没有考虑资金的时间价值，但考虑了风险因素。（ ）

2.企业进行筹资管理的目标是筹集到尽可能多的资金。（ ）

3.投资包括长期投资和短期投资，但财务管理所指的投资通常是长期投资。（ ）

4.企业的股利分配是企业决定的，不需遵循有关法律和法规。（ ）

5.中央银行采取紧缩货币政策时，企业的筹资成本会上升。（ ）

第二章 财务管理的两项基本原理

【学习目标】

通过本章的学习，理解货币时间价值的概念；掌握时间价值的基本计算及其应用；了解风险的概念、种类；掌握标准离差及标准离差率的计算并对风险做出衡量；掌握价值评估的计算公式并能计算债券和股票的内在价值。

第一节 货币的时间价值

一、货币时间价值的概念

货币时间价值的含义：

货币时间价值又称为资金时间价值，它是财务管理的一个重要概念。

在西方经济学中，对资金时间价值的一般解释是：即使在没有风险和通货膨胀的条件下，资金在不同时间的价值也是不同的。例如，将现在的100元钱存入银行，如果银行存款利息率为10%，则一年后可以得到110元钱。一年后多得的10元钱是放弃现在使用资金的机会而换取的按放弃时间长短计算的报酬，这就是资金的时间价值。这种解释认为，投资者进行投资（开办企业、购买商品等）就必须推迟消费，对投资者推迟消费的耐心应该给予报酬。这种报酬的量应该与推迟消费的时间长度成正比。因此，资金的时间价值就是对投资者推迟消费给予的一种报酬。

其实，西方经济学家和财务管理专家的这种解释，只是说明了一些表面现象，并没有说明资金时间价值的本质。

首先，借贷关系的存在是资金时间价值产生的前提。在市场经济中，由于资金的所有权和使用权的分离，使得资金的使用者必须向资金的提供者支付一定的报酬或花费一定的代价。另外，从资金时间价值的来源看，它是社会资金使用效益的一种表现，企业利润是其根本来源。当资金使用者把资金投入生产经营之后，劳动者借以进行生产经营活动，实现价值转移和价值创造，从而使价值增值。如果资金周转速度不变，增值能力不变，则资金周转使用的时间越长，所获得的利润或价值增值就越多。在借贷关系的基础上，资金的提供者则必须要分享一部分资金增值额。

基于以上分析可以看出，所谓货币时间价值是资金周转使用中，由于时间因素而形成的差额价值。这种差额价值包括两个部分：一是由于时间延长从而周转次数增加而带来的差额价值；二是由于上一次周转带来的增值又被重新投入周转而带来的差额价值。

货币时间价值可以用绝对数表示，也可以用相对数表示，即利息额或利息率。在财务管理中，通常利用利息率计量居多。这里的利息率实际是指社会平均资金利润率，它与各种形式的利息率（贷款利率、债券利率、股票利率）并不一样。各种形式的利息率除了包括时间价值因素外，还包括风险价值和通货膨胀因素。实际工作中，只有在购买国库券等政府券时几乎没有风险，如果通货膨胀率很低的话，可以用政府债券利率来表现时间价值。作为货币时间价值表现形态的利息率，是没有风险和通货膨胀因素影响的社会平均资金利润率。

货币时间价值作为一个客观存在的经济范畴，是财务管理中必须考虑的重要因素。在实务中，它可以作为企业资金利润率的最低界限，也可作为评价经济效益的考核指标，能揭示不同时点资金量的换算关系，还可作为筹资、投资决策的基础。

为了便于分层次地、由简到难地研究问题，本章在讲述货币时间价值的计算时均假设没有风险和没有通货膨胀，以利率代表时间价值。

二、货币时间价值的计算

为了有效地做好财务管理工作，必须弄清楚不同时间收到或付出的资金之间的数量关系，掌握不同时间点资金价值的换算方法。

（一）终值与现值

1. 终值也叫本利和（记为 F），是指现在一定量的资金在未来某一时点上的价值。如图 2-1 所示，F 即为第 n 期期末的价值。

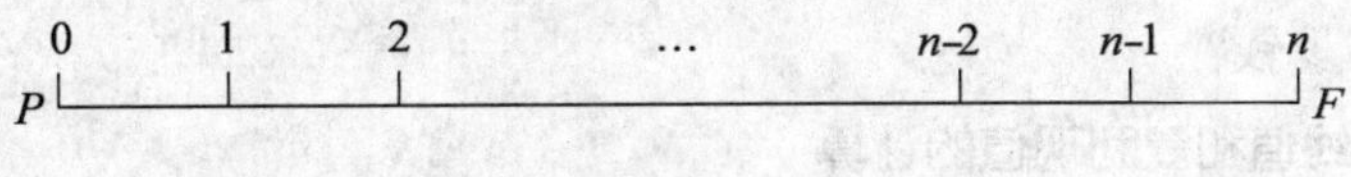

图 2-1

2. 现值也叫本金（记为 P），是指未来某一时点上的一定量的资金相当于现在时点的价值。如图 2-1 所示，P 即为第一期期初的价值。

终值和现值之间存在着一定的函数关系，即它们之间互为逆运算。

货币时间价值的计算经常使用的符号有：

P 为现值（本金）；F 为终值（本利和）；i 为利率；I 为利息；n 为计息期数。

（二）单利终值和单利现值的计算

为便于同复利计算方式相比较，这里先介绍单利的有关计算。单利是计算利息的一种方法，是指在计算每期的利息时，只以本金计算利息，所生利息不再计息。

1. 单利终值的计算(已知现值 P,计算终值 F)

单利终值是指一定量的货币在若干期之后按单利计算的本利和。计算公式为:

$$F=P+P\times i(n=1)$$

$$F=P+P\times i\times 2(n=2)$$

$$\cdots$$

$$F=P+I=P\times(1+i\times n)(\text{通用公式})$$

【做中学 2-1】 某公司将 5 000 元存入银行,假设年利率为 6%,单利计息,则 3 年后的本利和为多少?

$F=5\ 000\times(1+6\%\times 3)=5\ 900$(元)

即 3 年后的本利和为 5 900 元。

2. 单利现值的计算(已知终值 F,计算现值 P)

单利现值是指在单利计息条件下未来发生的款项相当于现在的价值。即 F 点的价值相当于 P 点的价值是多少。显然,单利现值是单利终值的逆运算。将单利终值计算公式变形即可得到单利现值的计算公式:

$$P=\frac{F}{(1+i\times n)}$$

【做中学 2-2】 某人拟在 3 年后得到 5 000 元,银行年利率 6%,单利计息,则该人现在应存入银行的资金为多少?

$$P=\frac{5\ 000}{(1+3\times 6\%)}=4\ 237.29(\text{元})$$

即该人现在应存入银行的资金为 4 237.29 元。

【学中做 2-1】 某人拟存入一笔资金以备 5 年后使用。假定银行 5 年期存款年利率为 5.76%,该人 5 年后需用的资金总额为 60 000 元,则在单利计息情况下目前需存入多少钱?

(三)复利终值和复利现值的计算

复利是指本金生息,利息也生息的计息方式,俗称“利滚利”。在资本不断资本化的条件下,现代财务管理中一般用复利方式计算终值与现值。

在以后的有关章节中,如果不做说明,均假设用复利计息。

1. 复利终值的计算(已知现值 P,求终值 F)

复利终值是指一定量的货币在若干期之后按复利计算的本利和。计算公式为:

$$F=P\times(1+i)^n$$

其中:$(1+i)^n$ 为复利终值系数或 1 元的复利终值,通常记为$(F/P,i,n)$,可通过本书所附“复利终值系数表”查找相应值。该表的第一行是利率 i,第一列是计息期数 n,行列交叉处即是相应的复利终值系数。

【做中学 2-3】 现在将 100 万元存入银行,存期 3 年,已知 3 年期存款年利率约为4%，则到期可以取出的现金为多少？

$F=100\times(1+4\%)^{3}$

$=100\times(F/P,4\%,3)=100\times1.1249=112.49$(万元)

复利终值系数可以通过查阅“1元复利终值表”直接获得。

【学中做2-2】　现在将8万元存入银行，存期5年，已知5年期存款年利率约为5%，则到期可以取出的现金为多少？

2. 复利现值的计算(已知终值 F，求现值 P)

复利现值相当于原始本金，它是指今后某一特定时间收到或付出的一笔款项，按折现率(i)所计算的现在时点价值。复利现值是复利终值的逆运算。其计算公式为：

$$P=F\times(1+i)^{-n}=F\times(P/F,i,n)$$

式中：$(1+i)^{-n}$为复利现值系数或一元的复利现值，通常记为$(P/F,i,n)$，可通过本书所附“复利现值系数表”查找相应值。

【做中学2-4】　某投资项目预计6年后可获得收益80 000元，按年利率(折现率)12%计算，则这笔收益的现值为：

查“复利现值系数表”，利率为12%、期数为6的复利现值系数是0.506 6，则

$P=F\times(1+i)^{-n}=F\times(P/F,i,n)$

$=80\,000\times(P/F,12\%,6)=80\,000\times0.506\,6=40\,528$(元)

即这笔收益的现值为40 528元。

【学中做2-3】　某企业购买一项设备有两种付款方式。方式一：一次性付款60 000元；方式二：首次付款30 000元，3年后付35 200元。设同期银行存款利率为3%，问哪种付款方式更经济？

3. 名义利率与实际利率

复利的计息期间不一定是一年。例如：某些债券半年计息一次；有的抵押贷款每月计息一次；股利有时每季支付一次；银行之间拆借资金均每日计息一次等等。因此，名义利率是指当利息在一年内要复利几次时给出的年利率，而将相当于一年复利一次的利率叫做实际利率，即投资者实际获得的报酬率。

当利率在一年内复利多次时，每年计息多次的终值会大于每年计息一次的终值，实际利率一定会大于名义利率。

名义利率换算成实际利率，其换算公式如下：

$$i=\left(1+\frac{r}{m}\right)^{m}-1$$

式中：i为实际利率；r为名义利率；m为每年复利的次数。

实际工作中如果遇到一年内多次复利的情况下，时间价值的有关计算可采用两种方法进行。

【做中学2-5】　某公司取得银行贷款100 000元，年利率8%，若每季计息一

次，则三年后应归还的本利之和为多少？

方法一：先将名义利率换算成实际利率，然后再按实际利率计算时间价值。

$$i=\left(1+\frac{r}{m}\right)^{m}-1=\left(1+\frac{8\%}{4}\right)^{4}-1=8.24\%$$

$$F=100\ 000\times(1+8.24\%)^{3}=126\ 812.88(\text{元})$$

方法二：不计算实际利率，而是调整相关指标，利率为每期利率，即 r/m，期数相应变为 $m\times n$，直接计算出时间价值。

$$F=100\ 000\times\left(1+\frac{8\%}{4}\right)^{4\times3}=100\ 000\times(F/P,2\%,12)$$

$$=100\ 000\times1.268\ 2=126\ 820(\text{元})$$

【学中做 2-4】 假设有两家银行可向你提供贷款，年利率均为 12%，A 银行按月计息，B 银行按半年计息。那么，哪家银行的实际贷款利率更高？高多少？若将 20 000 元分别存入 A、B 两家银行，存期 10 年，则到期分别能取出多少钱？

(四)年金的计算

以上介绍的均是一次性收付款项，除此之外，在现实生活中，还有一定时期内发生多次收付款项的，即系列收付款项。年金就是系列收付款项的特殊形式。它是指某一特定时期内，每间隔相等的时间收付相等金额的款项。如租金、优先股股利、直线法计提的折旧、保险费、零存整取、整存零取、等额分期收(付)款等。年金按其每次收付发生的时点不同，可以分为普通年金、即付年金、递延年金、永续年金等几种。

1. 普通年金

普通年金又称后付年金，是指一定时期内每期期末等额发生的系列收付款项。

(1)普通年金终值的计算(已知年金 A，求年金终值 F)

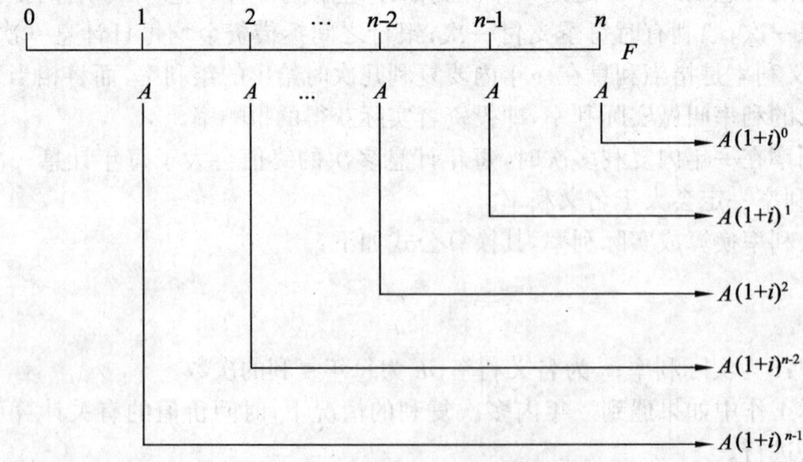

图 2-2

由图 2-2 可以看出：

$$F=A(1+i)^0+A(1+i)^1+\cdots+A(1+i)^{n-2}+A(1+i)^{n-1}=A\times\frac{(1+i)^n-1}{i}$$

式中：$\frac{(1+i)^n-1}{i}$称为年金终值系数，通常表示为$(F/A,i,n)$，可通过直接查找“年金终值系数表”求得有关数据。

【做中学 2-6】　某人定期在每年年末存入银行 5 000 元，银行年利率为 6%。则 10 年后此人可以一次性从银行取出多少款项？

这是一个普通年金终值的计算问题。该题中 $A=5\ 000$，$i=6\%$，$n=10$，查“1 元年金终值表”，得知年金终值系数$(F/A,6\%,10)=13.180\ 8$，则：

$$F=5\ 000\times(F/A,6\%,10)=5\ 000\times13.180\ 8=659\ 04(\text{元})$$

即 10 年后能一次性取出 65 904 元。

【学中做 2-5】　某人在银行办理了零存整取业务，每年存入银行 1 000 元，年利率 6%，存期 8 年，则期满可以一次性从银行取出多少款项？

(2)偿债基金的计算(已知年金终值 F，求年金 A)

偿债基金是指为了偿付未来某一时点的一定金额的债务或积聚一定数额的资金而分次等额形成的存款准备金。由于每年存入等额款项属于年金形式，将来某一时点需要偿还的债务也就是普通年金终值，所以偿债基金的计算实际上是普通年金终值的逆运算。其计算公式如下：

$$A=F\times\frac{i}{(1+i)^n-1}$$

式中：$\frac{i}{(1+i)^n-1}$称为偿债基金系数，记为$(A/F,i,n)$，它是年金终值系数的倒数。

【做中学 2-7】　某企业为了在 5 年后偿还 1 000 万元的贷款，拟每年年末等额存入一笔款项，若年利率为 4%，则该公司每年年末应存入款项的数额为多少？

$$A=1\ 000\times(A/F,4\%,5)=1\ 000\times\frac{1}{(F/A,4\%,5)}=1\ 000\times\frac{1}{5.461\ 3}=183.11(\text{万元})$$

即该公司每年年末应存入 183.11 万元。

【学中做 2-6】　某企业有 100 万元借款，期限是 10 年，为此设立偿债基金，每年存入银行一笔钱，假设年利率 6%，计算每年年末需存入多少资金？

(3)普通年金现值的计算(已知年金 A，求年金现值 P)

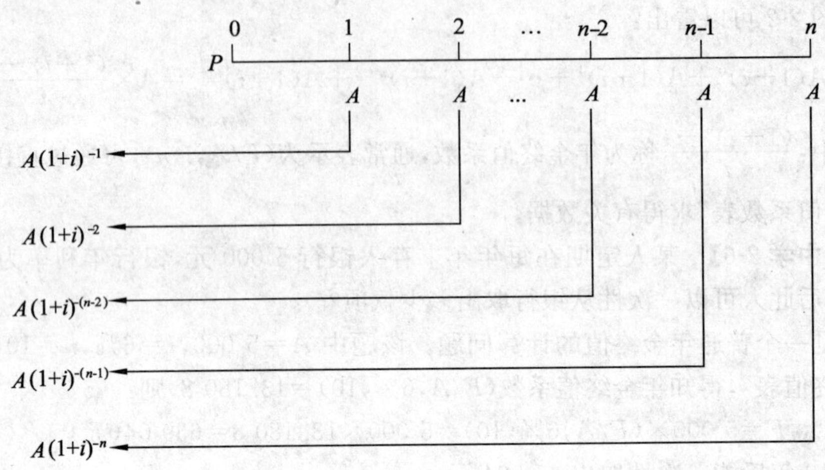

图 2-3

由图 2-3 可以看出：

$$P=A(1+i)^{-1}+A(1+i)^{-2}+\cdots+A(1+i)^{-(n-1)}+A(1+i)^{-n}$$
$$=A\times\sum_{t=1}^{n}(1+i)^{-t}=A\times\frac{1-(1+i)^{-n}}{i}$$

式中：$\frac{1-(1+i)^{-n}}{i}$称为年金现值系数，通常表示为$(P/A,i,n)$，可通过直接查找“普通年金现值系数表”求得有关数据。上式也可表述为$P=A\times(P/A,i,n)$。

【做中学 2-8】 假设某人在今后的 20 年内，每年年末需要支付保险费 710 元，银行年利率 4%，则他现在应一次性存入银行的现金为多少？

$P=A\times(P/A,i,n)=710\times(P/A,4\%,20)$

$=710\times13.590\ 3=9\ 649.11$(元)

即该人现在应一次性存入银行的现金为 9 649.11 元。

【学中做 2-7】 某企业购买一台车床，有两个付款方案。

方案一：立即支付，买价 35 万元。

方案二：采取融资租赁方式，每年年末需支付租金 4 万元。

假设车床寿命期为 10 年，年利率 6%。哪种方案更省钱？

(4)投资回收额的计算(已知年金现值 P，求年金 A)

投资回收额是指在未来一定时期内等额回收初始投入的资本。这里的等额回收是年金形式，初始投入的资本是普通年金现值。显然，投资回收额的计算是普通年金现值计算的逆运算。其计算公式如下：

$$A=P\times\frac{i}{1-(1+i)^{-n}}=P\times\frac{1}{(P/A,i,n)}$$

式中：$\frac{i}{1-(1+i)^{-n}}$称为资本回收系数，也可表示为$(A/P,i,n)$。显然，资本回收系数与年金现值系数互为倒数。上式也可表示为$A=P\times(A/P,i,n)$。

【做中学 2-9】　某企业借得 2 000 万元的贷款，在今后 5 年内每年年末等额支付本息，年利率为 9%，每年应支付的款项为多少？

$$A=P\times\frac{1}{(P/A,i,n)}$$

$$A=2\ 000\times\frac{1}{(P/A,9\%,5)}=2\ 000\times\frac{1}{3.889\ 7}=514.18(\text{万元})$$

即每年应支付的款项为 514.18 元。

【学中做 2-8】　某企业投资于某项目 250 万元，该项目寿命为 10 年。假设年利率是 8%，每年至少要收回多少现金，10 年内才能收回全部投资？

2.即付年金

即付年金也叫预付年金或先付年金，是指在一定时期内每期期初等额收付的系列款项。

(1)即付年金终值的计算(已知即付年金 A，求年金终值 F)

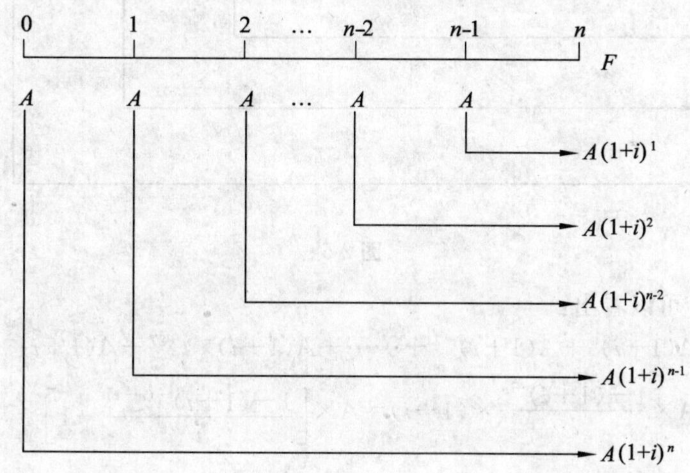

图 2-4

由图 2-4 可以看出：

$$F=A(1+i)^1+A(1+i)^2+\cdots\cdots+A(1+i)^{n-1}+A(1+i)^n$$
$$=A\times\frac{(1+i)^n-1}{i}\times(1+i)=A\times\left[\frac{(1+i)^{n+1}-1}{i}-1\right]$$

式中：$\left[\frac{(1+i)^{n+1}-1}{i}-1\right]$称为即付年金终值系数。它是在普通年金终值系数的基础上，期数加 1，系数减 1 的结果。因此，即付年金终值系数也可记为$[(F/A,i,n+1)-1]$。

【做中学 2-10】 某人每年年初存入银行 2 000 元，存款年利率 8%，则第 10 年年末的本利和为多少？

$$F=2\,000\times[(F/A,8\%,10+1)-1]=2\,000\times(16.645\,5-1)=31\,291(\text{元})$$

即第 10 年年末的本利和为 31 291 元。

【学中做 2-9】 某企业拟建立一项基金，每年年初投入 100 000 元，若年利率为 10%，5 年后该项基金的本利之和将为多少？

(2)即付年金现值的计算(已知即付年金 A，求年金现值 P)

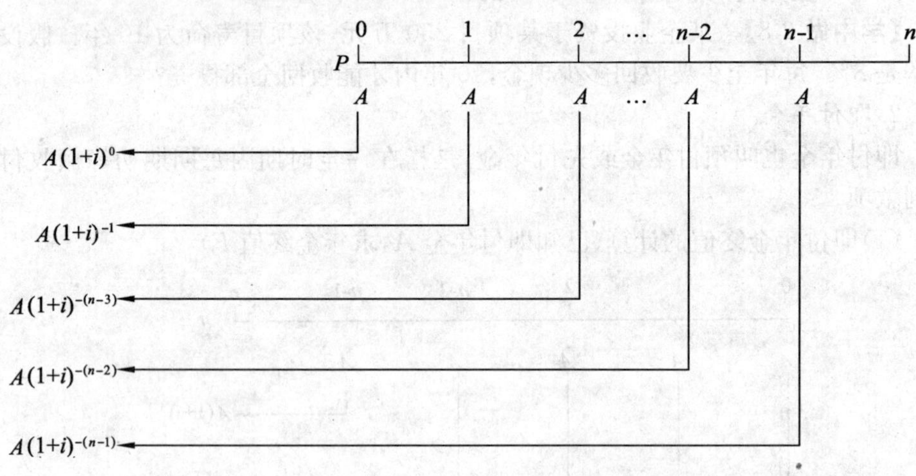

图 2-5

由图 2-5 可以看出：

$$P=A(1+i)^{0}+A(1+i)^{-1}+\cdots\cdots+A(1+i)^{-(n-2)}+A(1+i)^{-(n-1)}$$

$$=A\times\frac{1-(1+i)^{-n}}{i}\times(1+i)=A\times\left[\frac{1-(1+i)^{-(n-1)}}{i}+1\right]$$

式中：$\left[\frac{1-(1+i)^{-(n-1)}}{i}+1\right]$称为即付年金现值系数，它是在普通年金现值系数的基础上，期数减 1，系数值加 1 所得的结果。也可记作$[(P/A,i,n-1)+1]$。

【做中学 2-11】 某人 10 年期分期付款购房，每年年初支付 20 000 元，设银行利率为 10%，则该项分期付款相当于一次支付多少现金？

$$P=20\,000\times[(P/A,10\%,9)+1]$$

$$=20\,000\times(5.759\,0+1)=135\,180(\text{元})$$

即该项分期付款相当于一次支付 135 180 元。

【学中做 2-10】 见【学中做 2-7】，若其他条件均相同，方案二采取融资租赁方式，每年年初需支付租金 4 万元，则哪种方案更省钱？

3. 递延年金

递延年金是指第一次收付发生在若干期（假设为 s 期，$s \geqslant 1$）以后，即从 $s+1$ 期开始每期末收付的等额款项。它是普通年金的特殊形式，凡不是从第一期开始的普通年金都是递延年金。s 称为递延期。如图 2-6 所示。

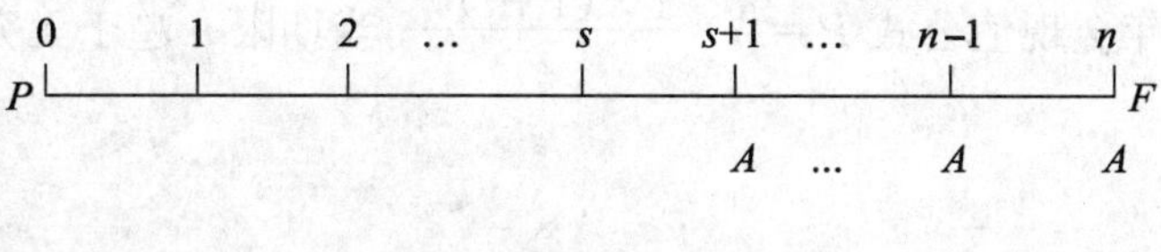

图 2-6

(1)递延年金终值的计算

递延年金终值的计算与递延期 s 无关，其计算方法与普通年金终值相同。

$$F=A\times(F/A,i,n-s)$$

【做中学 2-12】　见【做中学 2-6】，若从第 3 年年末开始存钱，其他条件相同，则 10 年后能一次性从银行取出的款项为多少？

$F=5\ 000\times(F/A,6\%,8)=5\ 000\times9.897\ 5=49\ 487.5$（元）

【学中做 2-11】　若上题从第 3 年年初开始存钱，应如何计算？

(2)递延年金现值的计算

方法一：先计算出 n 期的普通年金现值，然后减去前 s 期的普通年金现值，即递延年金现值。

$$P=A\times[(P/A,i,n)-(P/A,i,s)]$$

方法二：先将递延年金视为 $(n-s)$ 期普通年金，求出在第 s 期的现值，然后再折算为第一期期初的现值。

$$P=A\times\frac{1-(1+i)^{-(n-s)}}{i}\times(1+i)^{-s}=A\times(P/A,i,n-s)\times(P/F,i,s)$$

【做中学 2-13】　天宇公司融资租赁一台设备，协议中约定从第 5 年年初开始，连续 6 年每年年初支付租金 5 600 元，若年利率为 10%，则相当于现在一次性支付的金额为多少？

$$\begin{aligned}P&=A\times[(P/A,10\%,9)-(P/A,10\%,3)]\\&=5\ 600\times(5.759\ 0-2.486\ 9)=18\ 323.76\text{（元）}\end{aligned}$$

$$\begin{aligned}\text{或 }P&=5\ 600\times(P/A,10\%,9-3)\times(P/F,10\%,3)\\&=5\ 600\times4.355\ 3\times0.751\ 3=18\ 323.97\text{（元）}\end{aligned}$$

【学中做 2-12】　某人年初存入银行一笔款项，从第 3 年年末，每年取出 1 000 元，到第 6 年年末全部取完，银行存款年利率 4%，要求计算最初时一次存入银行的款项是多少？

4. 永续年金

永续年金是指无限期的等额定期收付的年金，也可视为普通年金的特殊形式，即期限趋于无穷大的普通年金。

在实际工作中，如优先股股利、奖学金等均可看做永续年金。由于永续年金的期限 n 趋于无穷大，因此，它只能计算现值，不能计算终值。

根据普通年金现值公式 $P=A\times\frac{1-(1+i)^{-n}}{i}$，当期限 n 趋于无穷大时，求其极限得：

$$P=A\times\frac{1}{i}$$

【做中学 2-14】 某学校拟建立一项奖学金，每年计划颁发 10 000 元奖学金，假设银行利率为 10%，现在应存入多少钱？

$$P=\frac{10\ 000}{10\%}=100\ 000(\text{元})$$

(五)利率与期间的推算

由上述的有关计算可以看出，时间价值的计算受 F、P、i、n 四个因素影响，只要已知其中的 3 个因素，即可推知第 4 个。关于 F 与 P 之间的计算都已经介绍，这里主要讲述期间 n 与利率 i 的有关推算。应用广泛的是插值法，也叫内插法。

1. 利率的推算

(1)对于一次性收付款项，可根据其复利终值(或现值)的计算公式推算利率，公式为：

$$i=(F/P)^{\frac{1}{n}}-1$$

也可以直接根据复利终值(或现值)的计算公式查复利终值(或现值)系数表，采用插值法来计算。

【做中学 2-15】 某人把 5 000 元存入银行，5 年后可获本利之和为 6 250 元，问银行存款的利率为多少？

已知 $F=6\ 250$，$P=5\ 000$，$n=5$　求 i

则
$$6\ 250=5\ 000\times(1+i)^5$$
$$(1+i)^5=6\ 250/5\ 000=1.25$$

方法一：$i=\sqrt[5]{1.25}-1=4.56\%$。

方法二：查“复利终值系数表”，当利率为 4%时，系数为 1.216 7；当利率为 5%时，系数为 1.276 3。因此，利率应介于 4%～5%之间。

$$\left.\begin{array}{l}\text{利率}\\ 4\%\\ i\\ 5\%\end{array}\right\}\qquad\left.\begin{array}{l}\text{复利终值系数}\\ 1.216\ 7\\ 1.25\\ 1.276\ 3\end{array}\right\}$$

利用内插法计算如下：

$$\frac{i-4\%}{5\%-4\%}=\frac{1.25-1.2167}{1.2763-1.2167}$$

$$i=4\%+\frac{1.25-1.2167}{1.2763-1.2167}(5\%-4\%)$$

$$i=4.56\%$$

【学中做 2-13】 利达公司将 50 万元委托给某投资公司代为投资，期限 5 年，双方商定到期投资公司需返回给利达公司 70 万元，假设复利计息，则利达公司的投资收益率为多少？

(2)普通年金折现率(利率)的计算

【做中学 2-16】 现在向银行存入 4 000 元，在利率为多少时，才能保证在以后的 10 年中每年年末得到 550 元？

根据题意得：

$$(P/A,i,10)=4000/550=7.2727$$

查“年金现值系数表”，当利率为 6%时，系数为 7.360 1；当利率为 7%时，系数为 7.023 6。所以，利率应介于 6%～7%之间。

利率	年金现值系数
6%	7.360 1
i	7.272 7
7%	7.023 6

利用内插法计算如下：

$$i=6\%+\frac{7.3601-7.2727}{7.3601-7.0236}(7\%-6\%)=6.26\%$$

【学中做 2-14】 某人在银行办理了整存零取业务，一次性存入银行 5 000 元，在 5 年内每年年末可从银行取出 1 180 元，假设复利计息，则银行利率为多少？

(3)即付年金折现率(利率)的计算

【做中学 2-17】 见【做中学 2-16】其他条件相同，在利率为多少时，才能保证在以后的 10 年中每年年初得到 550 元？

根据题意得：

$$[(P/A,i,10-1)+1]=4000/550=7.2727$$

$$(P/A,i,9)=7.2727-1=6.2727$$

用插值法计算即可。

【学中做 2-15】 见【学中做 2-14】，其他资料相同，如若在 5 年内每年年初可从银行取出 1 180 元，假设复利计息，则银行利率为多少？

2. 期间的推算

期间 n 的推算，其原理和步骤同折现率（利息率）i 的推算相类似。现以普通年金为例说明在已知 P、A、i 的情况下，推算期间 n 的基本步骤。

【做中学 2-18】 某项目建成投产后每年可为利达公司创造 20 万元的收益，该项目投资额为 80 万元，要求的最低报酬率为 8%，则该项目的最短寿命期应为多少？

根据年金现值计算公式得：$80=20\times(P/A,8\%,n)$

则 $(P/A,8\%,n)=4$

查“年金现值系数表”。在 $i=8\%$ 时

$$(P/A,8\%,n)=4$$

当 $n=5$ 时，年金现值系数为 3.992 7；当 $n=6$ 时，年金现值系数为 4.622 9，于是

期数	年金现值系数
5	3.992 7
n	4
6	4.622 9

$$n=5+\frac{4-3.9927}{4.6229-3.9927}\times(6-5)=5.01(\text{年})$$

即该项目最低应使用 5.01 年才能使公司获利。

【学中做 2-16】 有甲、乙两台设备可供选用，甲设备的年使用费比乙设备低 2 000元，但价格高于乙设备 8 000 元。若折现率为 10%，则甲设备的使用期应长于多少年，选用甲设备才是有利的？

第二节 风险与报酬

一、风险的概念及其分类

（一）风险的概念

风险一般是指某一事件其结果的不确定性。在谈到货币的时间价值时，我们都是假定没有风险和通货膨胀因素的。但是，风险是客观存在的，企业财务活动几乎都是在一定风险或不确定条件下进行的；离开风险因素，就无法正确评价企业的财务活动。

从财务管理角度分析风险主要是指无法达到预期报酬的可能性，或由于各种难以预料和无法控制的因素作用，使企业的实际收益与预期收益发生背离，而蒙受

经济损失的可能性。风险不仅能带来超出预期的损失,呈现其不利的一面,而且还可能带来超出预期的收益,呈现其有利的一面。

(二)财务决策的类型

为了理解风险及风险价值的概念,我们有必要先了解企业财务决策的几种类型。

企业的财务决策按风险性质分类,可分为确定性决策、风险性决策和不确定性决策。

1.确定性决策

决策者对未来的情况和结果能够完全确定的决策,称为确定性决策。例如,某企业将10万元投资于14%利息率的三年期国债上。这样的投资决策,就可以认为是确定性决策。因为,国家的财力是雄厚的,企业三年后得到4.2万元利息几乎是可以肯定的。

2.风险性决策

决策者对未来的情况和结果不能完全确定,但它们出现的可能性即概率是已知的或是可以估计的,这种情况下的决策称为风险性决策。例如,把50万元投资于某种股票,这种股票在较好的情况下可获得25%的收益;在一般的情况下可获得15%的收益;在较差的情况下可获得5%的收益。根据资料分析,明年情况较好的可能性为40%,一般的可能性为50%,较差的可能性为10%。这种投资决策就是风险性决策。因为这种决策虽然其后果并不十分肯定,但其后果风险的大小及作用范围至少是可以估计的,而且企业对其有一定的控制力。

3.不确定性决策

决策者对未来的情况不仅不能完全确定,而且就其可能性也不清楚或无法估计,这种情况下的决策称为不确定性决策。例如,某公司正在进行一种新产品的研制,如果研制成功,可给企业带来巨大的利润;如果研制失败,则会给公司带来非常大的损失。但是,成功与失败的可能性有多大,事先却无法得知,这种投资决策就属于不确定性决策。

企业的财务决策几乎都是在风险和不确定性情况下做出的。在以后的介绍中,我们通常把风险和不确定性作为一种情况来看待,其衡量也不加以区别。

(三)风险的分类

1.按风险能否分散分为不可分散风险和可分散风险

不可分散风险是指那些影响所有企业的风险,也称市场风险或系统风险。如战争、自然灾害、通货膨胀、利率调整等。因为这些因素影响所有投资,所以不可能通过多极化投资分散风险。

可分散风险也称公司特有风险或非系统风险,是指发生于个别公司的特有事件给企业造成的风险。如企业职工罢工、新产品开发失败等。这类事件是随机发生的，仅影响与之相关的公司，可以通过多极化投资分散风险。

2. 按风险形成的原因分为经营风险与财务风险

经营风险是指企业因经营上的原因导致利润变动的不确定性。如原材料价格变动、市场销售因素、生产成本因素等变动，使得企业的收益变得不确定。经营风险是不可避免的。

财务风险也叫筹资风险，是指因举债或发行优先股而增加的风险，是筹资决策带来的风险。因为举债的利息和优先股股利固定，当企业经营状况不佳时，将导致企业所有者收益下降甚至无法按期支付利息或优先股股利，影响偿债能力。财务风险是可以避免的，如果企业不举债也不发行优先股，则企业就没有财务风险。

二、风险的衡量

风险是客观存在的，广泛影响着企业的财务和经营活动，因此，正视风险并将风险程度予以量化，就成为企业财务管理中的一项重要工作。衡量风险大小需要使用概率和统计方法，下面分别进行介绍。

(一)概率分布

概率是用百分数或小数来表示随机事件发生可能性的大小，或出现某种结果可能性大小的数值。一般用 P_i 表示，它是介于 0～1 之间的一个数，且 $\sum P_i=1$。

【做中学 2-19】 某投资项目收益的概率分析，见表 2-1 所示。

表 2-1 投资收益概率分析

可能出现的情况	投资收益率(X_i)	概率(P_i)
投资情况好	25%	0.30
投资情况一般	20%	0.50
投资情况差	15%	0.20

(二)期望值

期望值是一个概率分布中的所有可能结果以其概率为权数进行加权平均的加权平均数，反映事件的集中趋势。其计算公式为：

$$\overline{E}=\sum_{i=1}^{n} P_iX_i$$

式中：X_i 为第 i 种结果出现的预期收益(或预期收益率)；P_i 为第 i 种结果出现的概率；n 为所有可能结果的数目。

根据表 2-1 的资料，计算该投资的期望收益率如下：

$$\overline{E}=P_1X_1+P_2X_2+P_3X_3=0.30\times25\%+0.50\times20\%+0.20\times15\%=20.5\%$$

(三)标准离差

上面计算的期望收益率，是一种估计平均数，它并不是实际投资收益水平。两者的差异体现着实际投资收益水平相对于期望收益率的不确定性，即投资的风险。因此，要想测定投资的风险程度，必须测定实际投资收益水平对期望收益率可能发生的偏离程度。这种偏离程度通常用标准离差来反映，用以作为衡量风险大小的尺度。计算公式为：

$$标准离差\ \sigma=\sqrt{\sum_{i=1}^{n}(X_i-\bar{E})^2 P_i}$$

在期望值相等的情况下，标准离差越大，意味着风险越大。

以上例资料为基础，计算的投资风险程度：

$$\sigma=\sqrt{(25\%-20.5\%)^2\times0.3+(20\%-20.5\%)^2\times0.5+(15\%-20.5\%)^2\times0.2}$$
$$=3.5\%$$

(四)标准离差率

标准离差率是标准离差同期望值的比值。其计算公式为：

$$V=\frac{\sigma}{\bar{E}}$$

标准离差率越大，风险程度就越大。在期望值不相等的情况下，应用标准离差率比较风险大小。

依前例，其标准离差率为：

$$V=\frac{3.5\%}{20.5\%}\times100\%=17.07\%$$

通过上述方法将决策方案的风险加以量化后，决策者便可据此做出决策。对于单个方案，决策者可根据其标准离差(率)的大小，并将其同设定的可接受的此项指标最高限值加以比较，看前者是否低于后者，然后做出取舍。对于多方案择优，决策者的行动准则应是选择低风险高收益的方案，即选择标准离差最低、期望收益最高的方案。然而高收益往往对应高风险，低收益一般对应低风险，究竟如何决策，就要权衡期望收益与风险，而且还取决于决策者对风险的态度。

【学中做 2-17】 某企业进行一项投资，根据不同的情况，准备了 A、B 两种方案。有关资料见表 2-2 所示。

表 2-2　投资方案相关资料

可能出现的情况	A 方案		B 方案	
	投资报酬率	概率	投资报酬率	概率
投资环境好	40%	0.1	35%	0.3
投资环境一般	30%	0.8	30%	0.5
投资环境差	20%	0.1	15%	0.2

试比较A方案与B方案风险的大小。

三、风险报酬的计算

(一)风险报酬的概念

风险报酬是指投资者由于冒风险进行投资而获得的超过货币时间价值的额外收益,又称投资风险收益或投资风险价值,可以用风险报酬额或风险报酬率来反映。风险报酬额与投资额的比率即风险报酬率。

(二)风险报酬的计算

风险与报酬的关系是风险越大要求的报酬率越高。用公式表示如下:

$K=R_F+bv$ =无风险报酬率+风险报酬系数×标准离差率

=无风险报酬率+风险报酬率

式中:K 为期望投资报酬率;R_F 为无风险报酬率;b 为风险报酬系数;v 为标准离差率。

在财务管理实务中,一般把短期政府债券(如短期国债)的收益率作为无风险报酬率 R_F。风险报酬的计算关键是风险报酬系数 b 的确定,风险报酬系数 b 的数学意义是指该项投资的风险收益率占该项投资标准离差率的比率,它是个经验数据,它可以根据对历史资料的分析、统计回归、专家评议获得,或者由政府等专门机构公布。

【做中学 2-20】 见【做中学 2-19】,假设无风险报酬率为5%,股票投资的风险报酬系数为0.2,则该投资项目的风险报酬率和期望投资报酬率分别为多少?

风险报酬率=0.2×17.07%=3.414%

期望投资报酬率=5%+3.414%=8.414%

第三节 价值评估的方法与模型

一、价值的定义

价值有多种定义,这里的价值是指资产的价值,即资产值多少钱。虽然价值的评估比较困难,但却是财务管理活动不可回避的问题。

(一)清算价值

清算价值是指一项资产从使用它的组织中分离出来单独出售能得到的价值。公司清算时,清算价值是所有财产的变现价值减去负债及清算费用后的净值。清算财产的价值主要取决于财产的变现速度。清算价值反映了一个公司的最低价值。

(二)账面价值

账面价值是指资产在企业会计账面上列示的价值,它是以原始成本入账的,对于一个历史悠久的企业而言,其账面上的资产价值并不代表企业目前的真实价值。

(三)公允价值

公允价值亦称公允市价、公允价格,是指熟悉情况的买卖双方在公平交易的条件下所确定的价格,或无关联的双方在公平交易的条件下一项资产可以被买卖的成交价格。公允价值的确定,需要依靠专业人员的职业判断。

(四)内在价值

内在价值主要在股票投资中经常出现。内在价值在理论上的定义很简单:它是一家企业在其余下的寿命中可以产生的现金流量的折现值。因此,要计算内在价值,应当推测出将来的现金流量,确定适当的折现率。事实上,要精确或甚至大概地计算一家企业的内在价值是很困难的。

【学中做 2-18】 请思考:价值有哪些含义?

二、债券估价

(一)债券的概念

债券是某一社会经济主体为筹措资金而向债券投资者出具的、承诺按一定利率定期支付利息,并到期偿还本金的债权债务凭证。

1. 债券票面价值

债券的票面价值也称为到期价值,是在债券上标明到期时须偿还的金额。票面价值在债券发行后不会更改,虽然市场价格有升有降,但债券的票面价值不会变动。它代表发行公司承诺于未来某一特定日期偿付给债券持有人的金额。

2. 债券票面利率

债券票面利率是指债券发行者预计一年内向投资者支付的利息占票面金额的比率,一般在债券的发行契约中规定。与票面利率相对应的是市场利率,即债券发行时,金融市场通行的利率。在多数情况下,债券的票面利率与市场利率是不一致的,正是由于这种不一致,使得债券的购入价格与债券的票面价值不一致。

3. 债券的到期日

债券的到期日是指偿还本金的日期。债券一般都有明确的到期日,债券持有者可以根据此日期计算何时可以收回本金及其债券现在的价值。债券的发行日至债券的到期日之间的期限称为债券的期限。

(二)债券的价值

债券的价值是发行人按照合同规定从现在至债券到期日所支付的款项的现

值。即债券按票面利率计算的利息和到期收回的本金现值之和，也称为债券的内在价值。债券有分期付息、到期一次还本和到期一次还本付息两种类型，而投资者又可以在发行日至到期日期间内任何时候买卖，情况比较复杂。下面举几个典型例子说明其价值的计算方法。

1. 分期付息、到期一次还本，投资者持有至到期日

按照这种模式，债券价值计算的基本模型是：

$$V=\sum_{t=1}^{n}\frac{M\times r}{(1+i)^t}+\frac{M}{(1+i)^n}=I\times(P/A,i,n)+M\times(P/F,i,n)$$

其中：V 为债券的价值；M 为债券面值；r 为债券票面利率；i 为贴现率，一般采用当时的市场利率或投资人要求的必要报酬率；n 为债券的期限。

【做中学 2-21】 某公司购买 A 公司发行的面值 1 000 元，票面利率为 10%，每年付息一次，期限为 5 年的债券，假设公司要求的必要报酬率为 12%，该债券的价值为：

$$V=\sum_{t=1}^{n}\frac{M\times r}{(1+i)^t}+\frac{M}{(1+i)^n}=\sum_{t=1}^{5}\frac{1\ 000\times 10\%}{(1+12\%)^t}+\frac{1\ 000}{(1+12\%)^5}$$

$$=100\times(P/A,12\%,5)+1\ 000\times(P/F,12\%,5)=100\times3.604\ 8+1\ 000\times0.567\ 4$$

$$=927.88(\text{元})$$

债券作为一种投资对象，只有当其价值大于购买价格时，才值得购买。像上题中 A 公司的债券价格小于或等于 927.88 元时，投资公司才会购买。也只有这样，才能获得不低于 12%的报酬。

【学中做 2-19】 假设上例中，该投资公司要求的必要报酬率为 10%，则该债券的价值为多少？

2. 到期一次还本付息且单利计息，投资者持有至到期日

$$\text{债券价值 }V=\frac{M\times r\times n+M}{(1+i)^n}$$

式中，n 为债券发行日至到期日的付息期，其余字母意义同前。

【做中学 2-22】 某企业拟购买另一家企业发行的利随本清的企业债券，该债券面值 1 000 元，期限 5 年，票面利率为 10%，单利计息。市场利率为 8%。该债券的发行价格多少元才值得购买？

$$\text{债券价值 }V=\frac{1\ 000\times10\%\times5+1\ 000}{(1+8\%)^5}=1\ 020.89(\text{元})$$

债券的发行价格不高于 1 020.89 元时，企业才可以购买。

(三)债券的到期收益率

债券的收益水平通常用到期收益率来衡量。到期收益率是指以特定价格购买债券并持有至到期日所能获得的收益率。它是使未来债券收益的现值等于债券购

买价格的折现率。

即：

购进价格＝每年利息×年金现值系数＋面值×复利现值系数

$$P=I\times(P/A,i,n)+M\times(P/F,i,n)$$

其中：P 为债券购买价格；I 为每年的利息；M 为面值；n 为到期的年数；i 为贴现率。

【做中学 2-23】 某公司于 2003 年 4 月 1 日以 1 000 元购买一张面值 1 000 元，票面利率 8%，每年 4 月 1 日支付一次利息，2008 年 4 月 1 日到期的债券。该公司持有债券至到期日，计算其到期收益率。

$1\ 000=1\ 000\times8\%\times(P/A,i,5)+1\ 000\times(P/F,i,5)$

计算 i 要用逐步测试法。

先按 8%折现：

$1\ 000\times8\%\times(P/A,8\%,5)+1\ 000\times(P/F,8\%,5)=80\times3.992\ 7+1\ 000\times0.680\ 6=1\ 000$（元）

则该公司持有债券至到期日的到期收益率为 8%，即到期收益率与票面利率相等，这是因为债券的购买价格与面值相等。如果债券的价格高于或低于面值，则情况将发生变化。下面举一个债券价格高于面值的例子：

【做中学 2-24】 接【做中学 2-23】，假设其他条件不变，债券购买价格为 1 105 元。则到期收益率为多少？

$1\ 105=80\times(P/A,i,5)+1\ 000\times(P/F,i,5)$

通过前面试算已知，$i=8\%$时等式右方为 1 000 元，小于 1 105 元，可判断收益率低于 8%，降低贴现率进一步试算：

用 6%试算：

$80\times(P/A,6\%,5)+1\ 000\times(P/F,6\%,5)=80\times4.212\ 4+1\ 000\times0.747\ 3=1\ 084.29$（元）

由于贴现结果仍小于 1 105，还应进一步降低贴现率。用 $i=4\%$试算：

$80\times(P/A,4\%,5)+1\ 000\times(P/F,4\%,5)=80\times4.451\ 8+1\ 000\times0.821\ 9=1\ 178.04$（元）

贴现结果高于 1 105，可以判断，收益率高于 4%。用插值法计算近似值：

$$i=4\%+\frac{1\ 178.04-1\ 105}{1\ 178.04-1\ 084.29}\times(6\%-4\%)=5.56\%$$

由于逐步测试法比较麻烦，在计算时可采用下面的简便算法求得近似结果：

$$i=\frac{I+(M-P)\div N}{(M+P)\div 2}$$

其中：i 为债券到期收益率；I 为每年的利息；M 为债券面值；P 为买价；N 为

年数。

将数据代入：

$$i=\frac{80+(1\ 000-1\ 105)\div 5}{(1\ 000+1\ 105)\div 2}=5.6\%$$

从此例可以看出，如果买价和面值不等，则到期收益率和票面利率亦不同。

【学中做 2-20】 假设天宇公司以 950 元的价格购买债券，其他条件不变，则债券的到期收益率是多少？

三、股票估价

(一)股票的有关概念

1. 什么是股票

股票是股份有限公司发给股东的所有权凭证，是股东借以取得股东权的一种有价证券。股票持有者即为公司的股东，对该公司拥有剩余控制权。

2. 股票价格

股票本身没有价值，仅是一种凭证。它之所以有价格，可以买卖，是因为它能给持有人带来收益。一般来说，公司第一次发行股票，要规定发行总额和每股金额，一旦股票发行后上市买卖，股票价格就与原来的面值分离。这时的价格主要由预期股利和当时的市场利率决定，即股利的资本化价值决定了股票价格。此外，股票价格还受整个经济环境变化和投资者心理等复杂因素的影响。

股市上的价格分为开盘价、收盘价、最高价和最低价等，投资人在进行股票估价时主要使用收盘价。

股票价格会随着经济形势和公司的经营状况而升降。

3. 股利

股利是公司对股东投资的回报，它是股东所有权在分配上的体现。股利是公司税后利润的一部分。

(二)股票的价值

股票的价值是指股票期望提供的所有未来收益的现值。投资者购买股票，有的打算永远持有，有的在持有一段时间后将其售出，下面介绍几种情况：

1. 股票股价的基本模型

股票持有者持有股票所能获取的现金流量包括每期的预期现金股利和出售股票而得到的现金收入。股票的价值也就是未来所得现金收入折为现值的总额。

如果股东购入股票后永久持有，不在市场上售出，那么他只能获得股利，是一个永续的现金流入，这个现金流入的现值就是股票的价值，可表示为：

$$V=\sum_{t=1}^{\infty}\frac{D_t}{(1+R_S)^t}$$

其中：V 为股票的价值；D_t 为第 t 年的股利；R_S 为贴现率，即必要报酬率；t 为年份。

如果股票持有者并不想永久持有股票，且可预知持有一段时间后的售价时，其股票的估价模型为：

$$V=\sum_{t=1}^{n}\frac{D_t}{(1+R_S)^t}+\frac{P_n}{(1+R_S)^n}$$

其中：P_n 为预计股票的售价。

【做中学 2-25】 某人购入一批股票，预计 3 年后出售可得 50 000 元，这批股票 3 年中每年获得股利收入为 8 000 元，假设股票投资的必要报酬率为 18%，则其价值为：

$$V=\sum_{t=1}^{3}\frac{8\ 000}{(1+18\%)^t}+\frac{50\ 000}{(1+18\%)^3}=8\ 000\times(P/A,18\%,3)+50\ 000\times(P/F,18\%,3)=8\ 000\times2.174\ 3+50\ 000\times0.608\ 6=47\ 824.4(\text{元})$$

【学中做 2-21】 某企业计划购入某种股票，预定持有 3 年，预期的收益率为 12%，持有期终了时每股市价预计为 30 元，预计每年分得的股利分别为 3 元、4 元和 4.5 元。试对该股票进行估价，并据以进行投资决策。

2. 零成长股票的价值

零成长股就是公司每年发放给股东的股利相等，即预期股利的增长率为零。这种股票的估价模型为：

$$V=\frac{D}{R_S}$$

其中：V 为股票的价值；D 为每年的股利；R_S 为股东要求的报酬率。

【做中学 2-26】 某公司购入一种股票，预计每年获得股利为 3 元，购入这种股票要求得到的报酬率为 15%，则此股票的价值为：

$$V=\frac{D}{R_S}=\frac{3}{15\%}=20\text{ 元}$$

3. 固定成长股票的价值

企业的股利一般不是固定不变的，而应当不断成长。一般来说，这种股票的估价模型比较复杂。但如果假设一种股票的股利永远按照一个固定的比率增长的话，那么股票的基本估价模型可以简化为下列公式：

$$V=\frac{D_0\times(1+g)}{R_S-g}=\frac{D_1}{R_S-g}$$

其中：V 为股票的价值；D_0 为公司最近发放的股利；D_1 为预期的第 1 年的股利，可以用 $D_0(1+g)$ 计算；R_S 为贴现率，即必要报酬率；g 为股利增长率。

将其变为计算股票预期报酬率的公式：

$$R_S=\frac{D_1}{V}+g$$

【做中学 2-27】 某企业持有 B 公司发行的股票，B 公司最近实际发放的股利为每股 2 元，预计股利增长率为 12%，公司要求的报酬率为 16%，则该股票的内在价值为：

$$V=\frac{2\times(1+12\%)}{16\%-12\%}=\frac{2.24}{4\%}=56(\text{元})$$

【学中做 2-22】 某人持有 A 公司发行的股票，A 公司预计第 1 年的股利为每股 1.5 元，预计股利增长率为 4%，假设投资者要求的报酬率为 12%，则该股票的价值是多少？

4. 非固定成长股票的价值

现实生活中，公司的股利一般是不固定的。但同时又具有一定的特征，例如，在一段时间里高速成长，在另一段时间里正常固定成长或固定不变。在这种情况下，要分段计算，才能确定股票的价值。

【做中学 2-28】 某投资者准备购买 B 公司的股票，要求达到 12% 的收益率，该公司今年股利为 0.6 元/股，预计 B 公司未来 3 年以 15% 的速度高速增长，而后以 9% 的速度转入正常的成长。则 B 公司的股票价值为：

(1)计算非正常增长期的股利现值：

年份	股利	12%复利现值系数	现值
1	0.6×(1+15%)=0.69	0.892 9	0.616 1
2	0.69×(1+15%)=0.793 5	0.797 2	0.632 6
3	0.793 5×(1+15%)=0.912 5	0.711 8	0.649 5
合计			1.898 2

(2)计算第 3 年年底的普通股内在价值：

$$V_3=\frac{D_4}{R_S-g}=\frac{D_3(1+g)}{R_S-g}=\frac{0.912\,5\times(1+9\%)}{12\%-9\%}=33.154\,2(\text{元})$$

(3)最后计算股票目前的内在价值：

$$V=33.154\,2\times0.711\,8+1.898\,2=25.50(\text{元})$$

【思考题】

1. 什么是货币时间价值？
2. 什么是年金？年金包括哪些种类？
3. 什么是风险？风险有哪些种类？
4. 债券价值的计算和哪些要素有关？
5. 股票价值的股价形式主要有哪些？

【实训题】

一、单项选择题

1. 为在第5年年末获得本利之和为10 000元,求每年年末应存款多少,应用 ( )

A. 年金现值系数　　B. 年金终值系数

C. 复利现值系数　　D. 复利终值系数

2. 在下列各项中,无法计算出确切结果的是 ( )

A. 后付年金终值　　B. 即付年金终值

C. 递延年金终值　　D. 永续年金终值

3. 为比较期望报酬率不同的两个或两个以上的方案的风险程度,应采用的标准是 ( )

A. 标准离差　　B. 标准离差率　　C. 概率　　D. 风险报酬率

4. 某种股票的标准离差率为0.4,风险报酬系数为0.3,假设无风险报酬率为8%,则该股票的期望投资报酬率为 ( )

A. 40%　　B. 12%　　C. 20%　　D. 3%

5. 某公司准备购买一种预期未来股利不变的零成长股票,预期该股票的股利为每股2元,该公司要求的投资报酬率为10%,则该股票的价格在( )元以下时,公司才可以购买。

A. 25　　B. 20　　C. 30　　D. 35

6. 在下列各项货币时间价值系数中,与资本回收系数互为倒数关系的是 ( )

A. $(P/F,i,n)$　　B. $(P/A,i,n)$　　C. $(F/P,i,n)$　　D. $(F/A,i,n)$

7. 某公司发行的股票,预期报酬率为10%,最近刚支付的股利为每股1元,估计股利年增长率为4%,则该种股票的价值为( )元。

A. 17.33　　B. 10　　C. 25　　D. 16.67

8. 若希望3年后取得500元,利率为10%,则在单利情况下现应存入银行( )元。

A. 384.6　　B. 650　　C. 375.6　　D. 665.5

9. 普通年金是指在一定时期内每期( )等额收付的系列款项。

A. 期初　　B. 期末　　C. 期中　　D. 期内

10. 因经营方面的原因给企业盈利带来的不确定性为 ( )

A. 财务风险　　B. 经营风险　　C. 生产风险　　D. 盈利风险

11. 在复利终值和计息期确定的情况下,折现率越高,则复利现值 ( )

A. 越大　　B. 越小　　C. 不变　　D. 不一定

12. 在期望值相同的情况下,标准离差越大的方案,其风险 ( )

A. 越大　　B. 越小　　C. 二者无关　　D. 无法判断

13. 企业年初借得 50 000 元贷款，10 年期，年利率 12%，每年年末等额偿还。那么，每年年末应付金额为(　　)元。[$(P/A,i,n)=5.650\ 2$]

A. 8 849　　B. 5 000　　C. 6 000　　D. 4 532

14. 某人年初存入银行 1 000 元，假设银行按每年 10%的复利计息，每年年末取出 200 元，则最后一次能够足额提款的时间是　　(　　)

A. 5 年末　　B. 8 年末　　C. 7 年末　　D. 9 年末

二、多项选择题

1. 在各项中，影响债券收益率的有　　(　　)

A. 债券的票面利率、期限和面值　　B. 债券的持有时间

C. 债券的买入价和卖出价　　D. 债券的流动性

2. 下列说法正确的是　　(　　)

A. 普通年金终值系数和偿债基金系数互为倒数

B. 普通年金终值系数和普通年金现值系数互为倒数

C. 复利终值系数和复利现值系数互为倒数

D. 普通年金现值系数和资本回收系数互为倒数

3. 企业的财务风险是指　　(　　)

A. 因销售量变化带来的风险　　B. 因借款带来的风险

C. 筹资决策带来的风险　　D. 外部环境带来的风险

4. 在下列各项情况下，会给企业带来经营风险的有　　(　　)

A. 企业举债过度　　B. 原材料价格发生变动

C. 企业产品更新换代周期过长　　D. 企业产品的生产质量不稳定

5. 在不考虑通货膨胀的情况下，投资报酬率包括　　(　　)

A. 通货膨胀补偿率　　B. 无风险收益率

C. 资本成本率　　D. 风险收益率

6. 下列属于影响股票投资收益的主要因素的是　　(　　)

A. 股份公司经营业绩　　B. 股票市场的价格变化

C. 公司的股利政策　　D. 购买价格和出售价格

7. 若甲的期望值高于乙的期望值，且甲的标准离差小于乙的标准离差，下列表述不正确的是　　(　　)

A. 甲的风险小，应选择甲方案

B. 乙的风险小，应选择乙方案

C. 甲的风险与乙的风险相同

D. 难以确定，因期望值不同，应进一步计算标准离差率

8. 下列可视为永续年金的例子的是　　(　　)

A. 零存整取　　B. 存本取息

C. 固定不变且长期持有的普通股股利　　D. 整存整取

三、判断题

1. 在利率同为10%的情况下，第10年年末1元的复利现值系数大于第8年年末1元的复利现值系数。（　）

2. 标准离差反映风险的大小，可以用来比较各种不同方案的风险程度。（　）

3. 股票的价值是预期的未来现金流入量的现值，它是股票的真实价值，是股票本身的价值，但它与股票的价格不一定相同。（　）

4. 任何还本形式的债券，当市场利率与票面利率相等时其价值将与面值相等。（　）

5. 由于举债而给企业财务成果带来的不确定性称为财务风险。（　）

四、业务题

1. 某公司准备购买一台设备，设备价款为120 000元，使用期限6年，估计该设备每年可为企业带来40 000元的收益，假设利率为15%。计算分析该设备是否应该购买。

2. 某债券面值为1 000元，票面利率为10%，期限为5年。某企业要对这种债券进行投资，当前的市场利率为12%，问债券价格为多少时才能进行投资？

3. 甲企业计划利用一笔长期资金投资购买股票。现有A公司股票和B公司股票可供选择，甲企业只准备投资一家公司股票。已知A公司股票现行市价每股9元，上年每股股利0.15元，预计以后每年以6%的增长率增长。B公司股票现行市价每股7元，上年每股股利0.60元，股利分配政策将坚持固定股利政策。甲企业所要求的投资必要报酬率为8%。要求：

(1)利用股票估价模型，分别计算A公司股票和B公司股票的价值。

(2)代甲企业做出投资决策。

4. 某企业为生产甲产品准备新上一条生产线，甲产品投产后预计收益情况和市场销售量有关，其收益和概率分布情况如下表：

甲产品收益概率分布表

市场情况	事件发生的概率 P_i	年收益 X_i（万元）
销量很好	0.1	500
销量较好	0.2	400
销量一般	0.4	300
销量较差	0.2	200
销量很差	0.1	100

若市场无风险报酬率为6%,风险报酬系数为0.3,试计算甲产品的预期投资报酬率。

【自测题】

1. 某企业拟购置一处房产,房主提出两种付款方案:

(1)从现在起,每年年初支付20万元,连续支付10年;

(2)从第5年开始,每年年初支付25万元,连续支付10年。

假设该企业的资金成本率(即最低报酬率)为10%,你认为该企业应选择哪个方案?

2. 某公司拟购买A公司的股票,该股票最近支付股利为3.2元,以后每年以4%的增长率增长。该公司要求获得15%的报酬率,问该股票的价格为多少时,公司才能购买?

3. 某企业集团准备对外投资,现有两家公司可供选择,具体资料如下:

市场状况	概率	预期收益(万元)	
		甲公司	乙公司
良好	0.3	40	50
一般	0.5	20	20
较差	0.2	5	−5

要求:若企业为稳健型决策,请依据风险与收益原理做出选择。

第三章　筹资概论

【学习目标】

通过本章的学习，了解公司筹资的基本概念；熟悉资金需要量预测的基本方法；理解资本成本、财务杠杆和资本结构的基本原理；掌握资本成本和杠杆系数以及资本结构决策的计算方法；学会运用所学知识合理进行筹资决策。

第一节　筹资中的基本概念

企业筹资，是指企业根据其生产经营、对外投资以及调整资本结构等的需要，通过一定的筹资渠道，采取适当的筹资方式，获取所需资金的一种行为。筹资是企业财务管理的重要内容，是资金运动的起点。

一、企业筹资的目的与要求

(一)企业筹资的目的

企业之所以要筹集一定数量的资金，目的大概有以下几个方面：

1.满足企业设立的需要。新企业的设立，必须准备充足的开业资金，以便购置厂房、机器设备，购进原材料等。作为企业设立的前提，筹资活动是财务活动的起点。

2.满足生产经营的需要。为满足生产经营需要而进行的筹资活动是企业最为经常性的财务活动，一是满足简单再生产的资金需要；二是满足扩大再生产的资金需要，如开发新产品、提高产品质量与生产工艺技术、追加对外投资、开拓企业经营领域和对外兼并等。这些都需要大量的资金投入。

3.偿还原有债务。企业为了生产经营以及获取财务杠杆利益，都会有一定程度的负债。债务到期必须偿还，如果到期时企业现金支付能力不够，或者虽有一定的支付能力但支付后将影响目前的目标资本结构时，便产生了筹资的需要。

4.满足资本结构调整的需要。资本结构的调整是企业为降低筹资风险、减少资本成本而对权益资本与负债间的比例关系进行的调整，属于企业重大的财务决策事项，也是企业筹资管理的重要内容。

(二)企业筹资的原则

企业在筹资过程中，必须合理贯彻下列原则：

1. 合理确定资金需求量,适时控制资金投放时间

企业筹集资金必须有个合理的数量界限,否则,资金不足会影响企业生产经营,资金过剩则会影响资金使用效果。在实际工作中,一般以企业最低必要资金需求量为筹资的数量标准。企业在核定资金需求量时,不仅要考虑企业的生产经营规模,还要预测产品的销售趋势,以免造成资金的闲置浪费;同时,在计划一年的资金需求量时,要掌握和测定不同月份的资金需求量,以合理控制资金的投放时间。

2. 科学选择筹资方式,力求降低资本成本

企业筹集资金可以采用的渠道和方式多种多样。采用不同的筹资渠道和筹资方式,资本成本各不相同,取得资金的难易程度不尽一致,企业承担的风险也大小不一。因此,企业财务人员在筹资过程中要综合考虑风险、成本和收益,要做到投资风险与筹资风险相匹配,资本成本与经营利润相匹配。

3. 妥善安排资本结构,保证举债规模适度

企业的资本结构包括自有资金和借入资金的比例问题、长期资金和短期资金的比例问题。妥善安排资本结构,就是要使企业的举债规模适度,长期资金与短期资金的组合合理。

请思考:企业筹资的目的与要求具体有哪些?

二、企业筹资的渠道与方式

(一)企业筹资的渠道

筹资渠道是指企业筹措资金的方向与通道,体现着资金的来源与流量。现阶段,我国企业筹集资金的渠道主要有:

1. 国家财政资金。国家财政资金是指国家对企业的直接投资,是国有企业的主要资金来源渠道。在国有企业的资金来源中,其资本金大部分是由国家财政拨款形成的。另外,还有国家对企业的“税前还贷”或减免各种税款形成的。企业从国家财政取得的资金,都是国家投入的资金,产权归国家所有。

2. 银行信贷资金。银行对企业的各种贷款,目前是我国企业最主要的借入资金的来源渠道。我国银行分为商业银行和政策性银行两种。商业银行是以盈利为目的、从事信贷资金投放的金融机构,它主要为企业提供各种贷款。如中国银行、中国建设银行、中国工商银行和中国农业银行。政策性银行是为特定企业提供政策性贷款的银行,如国家开发银行、进出口信贷银行、中国农业发展银行等。

3. 非银行金融机构资金。非银行金融机构是指由各级政府及其他经济组织主办的,在经营范围上受到一定限制的金融企业。非银行金融机构主要包括信托投资公司、保险公司、租赁公司、证券公司、企业集团所属的财务公司等。非银行金融机构可以为企业及个人提供各种金融服务,包括信贷资金的投放、物资的融通及为

企业承销证券等金融服务。

4.其他法人资金。法人包括以盈利为目的的企业法人,又包括社团法人,这些单位都会有一部分暂时闲置的资金,此处主要指企业法人资金。企业在生产经营过程中,为了使资金更多地增值或控制其他企业,会将资金对外投资。另外,企业间的购销业务一部分是通过商业信用方式来完成的,从而形成企业间的债权债务关系,形成债务人对债权人短期信用的资金占用。这样,企业可以通过其他企业对本企业的投资及商业信用而取得资金。

5.民间资金。民间资金是指企业职工和城乡居民手中暂时不用的资金。企业可以通过一定的方式,比如发行公司债券、股票等,吸收这些闲置的资金。民间资金是公司筹资中不可缺少的渠道,并且随着市场经济的进一步发展,这个渠道的地位将越来越突出。

6.企业自留资金。企业自留资金是指企业内部形成的资金,又称为内部资金,包括计提的固定资产折旧、提取的盈余公积与未分配利润等。这些资金不需要企业通过一定的方式去筹集,而由企业内部自动生成或转移。与其他筹资渠道相比,企业自留资金不仅筹资成本相对较低,而且简便易行。

7.外商资金。随着我国的对外开放,外来资本不断流入我国,中外合资企业已成为我国经济建设队伍中的一支有生力量。外商资金既包括外资企业又包括外国投资者及我国港、澳、台地区投资者的投资,我国部分企业还直接在境外或中国香港地区发行股票或债券。

(二)筹资方式

筹资方式是指企业筹集资金所采取的具体方法和形式,即如何取得资金。筹资渠道是客观存在的,而筹资方式则是企业的主观行为。企业筹资管理的主要内容是如何选择合理的筹资方式进行筹资,为此,必须要了解筹资方式的种类和特点,根据本企业的特点选择适当的筹资方式,有效地进行筹资组合,降低筹资成本,提高筹资效益。

企业的筹资方式主要有以下几种:

1.吸收直接投资

吸收直接投资是指直接从投资者处取得货币资金或财产物资作为资本金,用于企业的生产经营活动。吸收直接投资不以股票为媒介,是非股份制企业筹集自有资金的基本方式。

2.发行股票

股票是股份有限公司为筹集自有资金而发行的一种有价证券,是持股人拥有公司股份的凭证,它代表了持股人对公司的所有权。公司通过发行股票筹资,是股份有限公司筹资的基本方式。

3. 利用留存收益

留存收益是指企业按规定从税后利润中提取的盈余公积、根据投资人意愿和企业具体情况留存的应分配给投资者的利润。利用留存收益是企业将留存收益转化为投资的过程，是构成企业权益资本的重要内容。

4. 发行债券

债券是发行债券的公司为了筹集负债资金而发行的一种有价证券，发行公司会承诺在一定期限内，向债券持有人还本付息。发行公司债券是公司筹措资金的一种重要方式。

5. 银行借款

银行借款是指企业根据借款合同的规定，向银行以及非银行的金融机构借入的按规定还本付息的款项，是企业筹措短期以及长期负债资金的主要方式。

6. 商业信用

商业信用是指商品交易过程中由于延期付款或延期交货而形成的企业间的借贷关系，它表现为企业之间的直接信用关系，是一种自然筹资方式。目前，我国商业信用形式多样、使用广泛，比较常见的商业信用有应付账款、应付票据和预收账款等。

7. 融资租赁

融资租赁又称财务租赁，是由租赁公司按照承租企业的要求融资购买设备，并在契约或合同规定的较长期限内提供给承租企业使用的信用性业务，它是现代租赁的主要类型之一。融资租赁集融资与融物于一身，具有借贷性质，是承租企业筹集长期负债资金的一种特殊方式。

（三）筹资渠道与筹资方式

筹资渠道解决的是资金的来源问题，筹资方式解决企业如何取得资金的问题，两者之间既有联系又有区别。一定的筹资方式可能只适用于某一特定的筹资渠道，但同一渠道的资金往往可以通过不同的筹资方式筹集到，而同一种筹资方式又往往适用于不同的筹资渠道。两者之间的对应关系见表 3-1。

表 3-1　　筹资方式与筹资渠道的对应关系

筹资方式 筹资渠道	吸收直接投资	发行股票	利用留存收益	发行债券	银行借款	商业信用	融资租赁
国家财政资金	√	√					
银行信贷资金					√		
非银行金融机构资金	√	√		√	√		√
其他法人资金	√	√		√		√	
民间资金	√	√		√			
企业自留资金			√				
外商资金	√	√		√			

请思考:企业的各种筹资渠道与筹资方式有何不同?

三、筹集资金的分类

企业从不同渠道,利用不同筹资方式筹集的资金,由于其来源、方式、期限、用途等有所不同,形成不同的筹资类别。

(一)自有资金和负债资金

按所筹集资金性质不同,资金可分为自有资金和负债资金。

1.自有资金。自有资金又称为主权资金或权益资本,是企业依法筹集并长期拥有、自主支配的资金。它的特点是:首先,自有资金的所有权归属所有者,所有者可以参与企业经营管理,取得收益并承担一定的责任;其次,企业在经营期间可以长期占用,所有者一般无权以任何形式抽回资本,企业也没有还本付息的压力;再次,自有资金主要通过国家财政资金、其他企业资金、居民个人资金、外商资金等渠道,采用吸收直接投资、发行股票、留存收益等方式筹集形成。

2.负债资金。负债资金又称为借入资金或债务资金,是企业依法筹集并依约使用、按期偿还的资金。它的特点是:首先,负债资金只能在约定的期限内享有使用权,并负有按期还本付息的责任,筹资风险较大;其次,债权人有权按期索取利息或要求到期还本,但一般无权参与企业经营,也不承担企业的经营风险;再次,负债资金主要通过银行信贷资金、非银行金融机构资金、居民个人资金等渠道,采用银行借款、发行债券、商业信用、融资租赁等方式筹措取得。

(二)长期资金和短期资金

企业所筹集资金中,按期限可分为长期资金和短期资金两类。

1.长期资金。长期资金是指占用期限在一年或一个营业周期以上的资金。长期资金占用期限长,对企业短期经营的影响较小,但成本相对较高。主要包括自有资金和长期债务资金。

2.短期资金。短期资金是指占用期限在一年或一个营业周期内的资金。短期资金具有占用期限短、对短期经营影响大、资本成本相对较低的特点。主要有商业信用与银行短期借款。

请思考:企业筹集的资金有哪些分类? 有什么联系?

四、资金需要量的预测

适当的筹资规模是筹集资金的基本原则,要合理确定筹资规模,必须先采用科学的方法预测资金需要量。资金需要量的预测有很多方法,现主要介绍销售百分比法和资金习性法。

(一)销售百分比法

销售百分比法是根据销售额与资产负债表中有关项目间的比例关系，预测各项目短期资金需要量的方法。该方法的使用建立在两个基本假设条件上：其一，假定某项目与销售额的比例(即销售百分比)已知且不变；其二，假定未来的销售额可以较准确地预测出来。销售百分比法一般通过编制预计资产负债表来确定企业的资金需用量。

预计资产负债表是利用销售百分比法原理预测外部筹资需要量的报表，其基本格式、内容与实际资产负债表大致相同。通过编制预计资产负债表，可以预测资产、负债和留存收益等有关项目的数额，进而预测企业需要对外筹资的数额，具体过程如下：

第一，确定资产、负债中与销售额有稳定比率关系的项目，这种项目称之为敏感项目。敏感项目包括敏感资产项目，如现金、应收账款、存货等；还包括敏感负债项目，如应付账款、预提费用等。与敏感项目相对应的是非敏感项目，它是指在短期内不随着销售收入的变动而变动的项目，如对外投资、长期负债、实收资本等。在生产能力范围内，增加销售量一般不需增加固定资产，如果在生产能力已经饱和的情况下继续增加产销量，可能需增加固定资产投资额，因此固定资产项目既可能是非敏感性资产，也可能是敏感性资产。

【做中学 3-1】 利达公司 2007 年 12 月 31 日的资产负债表见表 3-2。公司 2007 年的销售收入为 100 000 元，假定 2008 年销售收入为 110 000 元，税后销售利润率为 5%，生产能力尚有剩余。

资产负债表

表 3-2　　2007 年 12 月 31 日　　单位：元

资　　产		负债与所有者权益	
现金	5 000	应付费用	5 000
应收账款	20 000	应付账款	15 000
存货	30 000	短期借款	25 000
固定资产净值	35 000	应付债券	13 000
		实收资本	20 000
		留存收益	12 000
资产合计	90 000	负债及所有者权益合计	90 000

第二，根据上列资料，编制该企业 2008 年预计资产负债表，如表 3-3。

表 3-3　　2008 年预计资产负债表

项　　目	2007 年实际数(1)	2007 年销售百分比(%)(2)	2008 年预计数(3)
资产：			
现金	5 000	5	5 500
应收账款	20 000	20	22 000
存货	30 000	30	33 000
固定资产净值	35 000	—	35 000
资产总额	90 000	55	95 500
负债及所有者权益：			
应付费用	5 000	5	5 500
应付账款	15 000	15	16 500
短期借款	25 000	—	25 000
应付债券	13 000	—	13 000
实收资本	20 000	—	20 000
留存收益	12 000	—	14 200
追加外部筹资额		20	1 300
负债及所有者权益总额	90 000		95 500

编制预计资产负债表的主要步骤如下：

1. 取得基期资产负债表资料，计算敏感项目与销售额的百分比，并列示于表 3-3的(1)、(2)栏中。

第(2)栏的百分比表明，销售收入每增加 100 元，必须增加 55 元的资金需要，其中可由敏感负债自动解决 20 元，剩余的 35 元需要从企业内部和外部筹措。本例中，销售额增加 10 000 元，需要净增资金 3 500 元。

2. 用 2008 年预计销售收入 110 000 元，乘以第(2)栏所列的百分比，计算出第(3)栏所列示的敏感项目的金额。第(3)栏的非敏感项目按第(1)栏数额填列。至此，确定了第(3)栏中除留存收益以外的各个项目的数额。

3. 确定 2008 年留存收益增加额及资产负债表中的留存收益累计额。

假设公司净利润的 60%将分配给投资者，则留存收益增加额为

110 000×5%×(1－60%)＝2 200 (元)

2008 年累计留存收益为

12 000＋2 200＝14 200(元)

4.资产负债表两方要保持平衡,这样就可以计算出公司需要的外部筹资额。

或者根据第一步可知,公司由于收入的增加,需要净增资金 3 500 元,其中增加的留存收益(内部筹资额)为 2 200 元,因此,公司只需要从外部筹集 1 300 元(3 500—2 200)即可。

以上介绍了运用预计资产负债表预测外部筹资额的过程。为简便起见,也可用预测公式预测追加的外部筹资额。预测公式如下:

$$需要追加的外部筹资额=\Delta S\times\frac{A}{S_1}-\Delta S\times\frac{D}{S_1}-S_2\times P\times E$$

式中:S_1 为基期销售额;S_2 为预测期销售额;ΔS 为销售变动额;

P 为销售净利率;E 为留存收益比率;

$\frac{A}{S_1}$为对销售敏感的资产总额占基期销售额的百分比;

$\frac{D}{S_1}$为对销售敏感的负债总额占基期销售额的百分比。

根据利达公司的资料可求得对外筹集资金的数额为:

55%×(110 000—100 000)—20%×(110 000—100 000)—5%×(1—60%)×110 000=1 300(元)

【学中做 3-1】 如上例假设利达公司生产能力已经饱和,其他条件不变,试计算对外筹资的需要量。

(二)资金习性法

资金习性法是指根据资金变动同产销量变动之间的依存关系,预测企业资金需要量的方法。按照资金同产销量之间的依存关系,可以把资金区分为不变资金、变动资金和半变动资金。

不变资金是指在一定的产销量范围内,不受产销量变动的影响保持固定不变的那部分资金。包括:为维持营业而占用的最低数额的现金,原材料的保险贮备,必要的成品贮备,厂房、机器设备等固定资产占用的资金。

变动资金是指随产销量的变动而同比例变动的那部分资金。它一般包括直接构成产品实体的原材料等占用的资金。另外,在最低储备以外的现金、存货、应收账款等也具有变动资金的性质。

半变动资金指虽然受产销量变化的影响,但不成比例变动的资金,如在一些辅助材料上占用的资金。半变动资金可采用一定的方法划分为不变资金和变动资金两部分。

资金习性法的基本预测模型为

$$Y=a+bX$$

式中:Y 为资金总需要量;a 为不变资金;b 为单位变动资金;X 为一定时期的

产销量。

用资金习性法预测资金需要量，主要有以下两种方法：

1.高低点法

高低点法是用最高产量与最低产量及其相对应的资金需要量，计算出不变资金 a 和单位变动资金 b，从而预测资金需要量的一种方法。其计算公式为：

单位产销量所需变动资金 $b=\frac{Y_H-Y_L}{X_H-X_L}$

式中：Y_H 为最高销售期的资金需要量；Y_L 为最低销售期的资金需要量；X_H 为最高销售量；X_L 为最低销售量。

将 b 代入方程式求得 $a=Y_H-bX_H$

或 $a=Y_L-bX_L$

【做中学 3-2】 利达公司产销量与资金需要量的资料，见表 3-4。若 2008 年预计产量为 140 万件，则资金需要量是多少？

表 3-4 利达公司产销量与资金需要量统计表

年度	产量 X（万件）	资金需要量 Y（万元）
2003	120	100
2004	110	95
2005	100	90
2006	120	100
2007	130	105

根据所给的历史资料，得

$$b=\frac{105-90}{130-100}=0.5$$

$$a=105-0.5\times130=40$$

将 2008 年预计产量 140 万件代入模型，则资金需要量为

$$Y=40+0.5\times140=110(\text{万元})$$

2.回归分析法

回归分析法是根据有关历史资料，运用最小二乘法原理，用回归方程求得资金需要量的方法。其回归方程为

$$y=a+bx$$

根据最小二乘法原理运算、整理可得：

$$a=\frac{\sum x^2\sum y-\sum x\sum xy}{n\sum x^2-(\sum x)^2}$$

$$b=\frac{n\sum xy-\sum x\sum y}{n\sum x^2-(\sum x)^2}$$

【做中学 3-3】 利达公司 2003～2007 年度销售量与资金需要量资料，见表 3-5。

表 3-5　　销售量与资金需要量统计表

年度	销售量 x(万件)	资金需要量 y(万元)
2003	500	350
2004	600	410
2005	550	380
2006	750	500
2007	700	470

(1)根据上表资料计算出有关数据，见表 3-6。

表 3-6　　资金需要量回归分析计算表

年度	销售量 x(万件)	资金需要量 y(万元)	xy	x^2
2003	500	350	175 000	250 000
2004	600	410	246 000	360 000
2005	550	380	209 000	302 500
2006	750	500	375 000	562 500
2007	700	470	329 000	490 000
$n=5$	$\sum x=3\ 100$	$\sum y=2\ 110$	$\sum xy=1\ 334\ 000$	$\sum x^2=1\ 965\ 000$

(2)将表 3-6 的数据代入公式，得

$$a=50\quad b=0.6$$

(3)将 $a=50$，$b=0.6$ 代入回归直线方程，求得

$$y=50+0.6x$$

(4)2008 年度预计销售量 800 万件，则资金需要量为

$$y=50+0.6\times800=530(\text{万元})$$

请思考：企业资金需要量的预测方法有哪些？

第二节　资本成本

资本是债权人和所有者提供的，用以进行长期资产投资的长期资金来源，包括利用股票、债券、长期借款、留存收益等方式所筹集的资金。由于企业资金中长期资金

所占的比重较大，成本较高，因此，研究资金成本的关键问题是研究长期资本成本。

一、资本成本的概念

资本成本是指资本的价格。从资本的供应者角度看，它是投资者提供资本时要求得到的资本报酬率；从资本的需求者角度看，它是企业为获取资本所必须支付的代价。资本成本具体包括用资费用和筹资费用两部分。

（一）用资费用。用资费用是指企业在投资、生产经营过程中因使用资金而支付的费用。如向股东支付的股息、向债权人支付的利息、向出租人支付的租金等，这是资本成本的主要组成部分。

（二）筹资费用。筹资费用是指企业在筹集资金过程中，为取得资金而支付的费用。如发行股票或债券的发行费、向银行支付的借款手续费等。筹资费用是在筹资时一次发生，而在用资过程中不再发生的费用。

二、个别资本成本的计算

采用不同的筹资方式取得的资本，由于筹资费用和用资费用不相同，因此资本成本的计算方法也不尽相同，但根据资本的一般估价模型，资本成本均可用下列公式表示：

$$C_0=\frac{C_1}{1+k}+\frac{C_2}{(1+k)^2}+\cdots+\frac{C_n}{(1+k)^n}$$

或简化为：$C_0=\sum_{t=1}^{n}\frac{C_t}{(1+k)^t}$

式中，C_0 表示第 1 年年初企业筹集资金时的净得现金；C_t 表示企业在第 t 年年末对投资者的税后净支出；n 表示企业从收到现金至最后一次向投资者付款的持续年数；k 表示资本成本。这一通用公式运用于各种不同资本来源时，C_0 和 C_t 具有不同的内容。

在不考虑资金时间价值的情况下，资本成本可以表示为用资费用与实际筹得资金（筹资总额减去筹资费用）的比率。当企业所筹集的资金使用时间较长时，其资本成本的计算公式为：

$$\text{资本成本}=\frac{\text{年用资费用}}{\text{筹资总额}-\text{筹资费用}}\times 100\%$$

$$=\frac{\text{年用资费用}}{\text{筹资总额}\times(1-\text{筹资费用率})}\times 100\%$$

（一）长期借款成本

按照国际惯例，债务的利息一般在企业所得税前支付。这样长期借款就具有减税作用，减税额为“利息额×所得税税率”，所以长期借款实际负担的利息额就要小于实际支付的利息额，实际负担的利息额为“利息额×(1－所得税税率)”。

不存在筹资费用时，长期借款资本成本的计算公式为：

$$K_l=\frac{I\times(1-T)}{L}=\frac{L\times i\times(1-T)}{L}=i\times(1-T)$$

其中：K_l 为长期借款成本；L 为长期借款筹资总额；i 为长期借款利息率；T 为所得税率。

存在筹资费用，并且借款时间比较长时，长期借款资本成本的计算公式为：

$$K_l=\frac{i\times(1-T)}{1-f}$$

其中：f 为长期借款筹资费用率。

【做中学 3-4】 利达公司取得 10 年期借款 800 万元，年利率 8%，每年付息一次，到期一次还本。已知企业所得税税率为 33%，筹资费用率为 0.5%，则该项长期借款的资本成本为多少？

$$K_l=\frac{8\%\times(1-33\%)}{1-0.5\%}\times100\%=5.39\%$$

(二)债券资本成本

债券资本成本主要是指债券利息和筹资费用。由于债券利息在税前支付，具有减税效应，其债券利息的处理与长期借款相同。债券的筹资费用一般较高，主要包括申请发行债券的手续费、债券注册费、印刷费等，其计算公式为：

$$K_b=\frac{I(1-T)}{P_0(1-f)}=\frac{M\times r\times(1-T)}{P_0(1-f)}$$

其中：K_b 为债券资本成本；M 为债券面值；r 为债券票面利率；P_0 为债券发行总额，即债券的实际发行价格；T 为所得税率；f 为债券筹资费用率。

【做中学 3-5】 利达公司按面额发行 500 万元的 10 年期债券，票面利率为 12%，筹资费用率为 5%，公司所得税率为 33%，该债券的成本为多少？

$$K_b=\frac{500\times12\%\times(1-33\%)}{500\times(1-5\%)}\times100\%=8.46\%$$

【做中学 3-6】 假定上述利达公司发行面额为 500 万元的 10 年期债券，票面利率为 12%，筹资费用率为 5%，发行价格为 600 万元，公司所得税率为 33%，该债券的成本为多少？

$$K_b=\frac{500\times12\%\times(1-33\%)}{600\times(1-5\%)}\times100\%=7.05\%$$

【做中学 3-7】 假定上述利达公司发行面额为 500 万元的 10 年期债券，票面利率为 12%，筹资费用率为 5%，发行价格为 400 万元，公司所得税率为 33%，该债券的成本为多少？

$$K_b=\frac{500\times12\%\times(1-33\%)}{400\times(1-5\%)}\times100\%=10.58\%$$

【学中做 3-2】 某公司发行总面值为 1 000 万元的 5 年期债券，票面利率为 10%，发行费用率为 3%，公司所得税率为 33%，当债券的发行价格为 1 200 万元、1 000万元、900 万元时，分别计算债券的资本成本。

(三)优先股资本成本

企业发行优先股，既要支付筹资费用，又要定期支付股利。它与债券不同的是股利在税后支付，并且没有固定的到期日。优先股成本计算公式为：

$$K_P=\frac{D}{P_0(1-f)}$$

其中：K_P 为优先股资本成本；D 为优先股每年的股利；P_0 为优先股发行总额；f 为优先股筹资费用率。

【做中学 3-8】 利达公司按面值发行 5 000 万元的优先股股票，共支付筹资费用 50 万元，优先股年股利率为 10%，其资本成本应为多少？

$$K_P=\frac{5\ 000\times 10\%}{5\ 000-50}\times 100\%=10.1\%$$

(四)留存收益资本成本

留存收益是企业缴纳所得税后形成的，其所有权属于股东。股东将这一部分作为分派的税后利润留存于企业，实质上是对企业追加投资。如果企业将留存收益用于再投资所获得的收益率低于股东自己进行另一项风险相似的投资的收益率，企业就不应该保留留存收益而应将其分派给股东。

留存收益成本的估算难于债务成本，这是因为很难对诸如企业未来发展前景及股东对未来风险所要求的风险溢价做出准确的测定。计算留存收益成本的方法很多，主要包括以下三种：

1. 股利增长模型法

股利增长模型法是依照股票投资的收益率不断提高的思路计算留存收益成本。一般假定收益以固定的年增长率递增，则留存收益成本的计算公式为：

$$K_s=\frac{D_1}{P_0}+g$$

其中：K_s 为留存收益资本成本；D_1 为预计公司第 1 年的股利；P_0 为普通股发行总额；g 为普通股股利增长率。

【做中学 3-9】 利达公司准备发行普通股，面值发行，发行价格为 2 000 万元，预计第 1 年年末支付 10%的股利，预计未来股利年增长率为 3%，其资本成本应为多少？

$$K_s=\frac{2\ 000\times 10\%}{2\ 000}\times 100\%+3\%=13\%$$

【学中做 3-3】 某公司普通股目前市价为每股 80 元，本年发放股利为每股 2 元，预计股利增长率为 12%，计算公司留存收益的成本。

2.资本资产定价模型

资本资产定价模型的含义可以简单地描述为:普通股投资的必要报酬率等于无风险报酬率加上风险报酬率。用公式表示如下:

$$K_s = R_f + \beta(R_m - R_f)$$

其中:R_f 代表无风险报酬率;R_m 代表市场报酬率或市场投资组合的期望收益率;β 为股票的贝他系数,代表某公司股票收益率相对于市场投资组合期望收益率的变动幅度。

【做中学 3-10】 某公司普通股股票的 β 为 1.2,无风险利率为 10%,市场投资组合的期望收益率为 14%,则该公司留存收益的成本为多少?

$$K_s = 10\% + 1.2 \times (14\% - 10\%) = 14.8\%$$

3.风险溢价法

根据某项投资"风险越大,要求的报酬率越高"的原理,普通股股东对企业的投资风险大于债券投资者,因而会在债券投资者要求的收益率上再要求一定的风险溢价。根据这一理论,留存收益成本的计算公式为:

$$K_s = K_b + RP_c$$

其中:K_b 为债务成本;RP_c 为股东比债权人承担更大风险所要求的风险溢价。

在上式中,债务成本(长期借款成本、债券成本)比较容易计算,难点在于风险溢价的确定。风险溢价可以凭借经验估计。一般认为,某企业普通股风险溢价对其自己发行的债券来讲,在 3%~5%之间,而通常情况下,常常采用 4%的平均风险溢价。

【做中学 3-11】 某企业债券成本为 9%,而普通股股东所要求的风险溢价率为 4%,则其留存收益的成本是多少?

$$K_s = 9\% + 4\% = 13\%$$

(五)普通股资本成本

发行普通股筹集的资金为企业的基本资金,其股利要取决于企业生产经营情况,不能事先确定,因此,普通股的资本成本很难预先准确地加以计算。如果公司采用固定的股利增长率政策,假设固定股利增长率为已知数,则其资本成本计算公式为:

$$K_s = \frac{D_1}{P_0(1-f)} + g$$

其中:K_s 为普通股资本成本;D_1 为预计公司第 1 年的股利;P_0 为普通股发行总额;f 为普通股筹资费用率;g 为普通股股利增长率。

【做中学 3-12】 利达公司准备发行普通股,每股发行价为 15 元,发行费用为每股 0.3 元,预计第 1 年发放现金股利每股为 1.5 元,以后每年股利增长 5%,则其普通股成本为多少?

$$K_s=\frac{1.5}{15-0.3}+5\%=15.2\%$$

【学中做 3-4】 某企业发行普通股筹资，股票面值1 000万元，实际发行价格为1 600万元，筹资费用率为5%，第1年年末股利率为10%，预计股利每年增长3%。要求：计算普通股资本成本。

三、加权平均资本成本的计算

如前所述，企业筹集资金的渠道不相同，其资本成本也不同。在资金运用决策时，如果只以某一种资本成本作为依据，往往会造成决策失误。计算加权平均资本成本主要是保证企业有一个合理的资本来源结构，使各种资本保持合理的比率，并尽可能使企业加权平均资本成本有所降低。加权平均资本成本是以各种资金所占的比重为权数，对各种资本成本进行加权平均计算出来的。其计算公式为：

加权平均资本成本$=\sum$(各种资本来源成本×该种资本来源占全部资本的比重)

【做中学 3-13】 利达公司采用多种筹资方式，共筹资1 000万元，有关资料见表3-7。计算其加权平均资本成本。

表3-7　加权平均资本成本计算表

筹资方式	筹资总额	所占比重(%)	资本成本(%)
长期借款	100	10	7.24
长期债券	250	25	6.27
优先股	150	15	9.57
普通股	450	45	14.1
留存利润	50	5	14
合计	1 000	100	

加权平均资本成本为：

$10\%\times7.24\%+25\%\times6.27\%+15\%\times9.57\%+45\%\times14.1\%+5\%\times14\%$
$=10.772\%$

【学中做 3-5】 设某企业计划采取向银行借款、发行债券和发行股票三种方式筹集资金100万元，其资本成本已分别确定，需从四种备选方案中选择一种。有关资料如下表：

资金来源	资金来源结构(%)				资本成本(%)
	A	B	C	D	
银行借款	30	40	45	50	8
长期债券	30	40	25	20	8.5
普通股	40	20	30	30	10

根据上述资料分析确定企业应选择哪种筹资方案。

四、边际资本成本的计算

边际成本本来是一个经济学概念，其原意是企业进行扩大再生产时，产量增加一个单位而增加的成本。边际资本成本是指企业追加筹资时，资金增加一个单位而增加的成本。实际工作中，企业无法以某一固定的资本成本来筹措无限的资金，当企业筹集的资金超过一定限度时，原来的资本成本就会增加。

确定不同追加筹资总额范围的关键是确定筹资突破点。由于企业追加筹资的金额一旦突破某一规模，资本成本就开始变化，我们将这一点称为筹资突破点（或称筹资总额分界点）。其计算公式为：

$$筹资突破点=\frac{某种筹资方式的筹资限额}{该种方式追加的资金占全部追加资金的比重}$$

【做中学 3-14】 利达公司拥有长期资金 400 万元，其中长期借款 60 万元，长期债券 100 万元，普通股 240 万元。由于扩大经营规模的需要，拟筹集新资金。经分析，认为筹集新资金后仍应保持目前的资本结构，即长期借款占 15%，长期债券占 25%，普通股占 60%，并测算出了随筹资的增加各种资本成本的变化，见表 3-8。

表 3-8　利达公司筹资资料

筹资方式	目标资本结构(%)	新筹资的数量范围（元）	资本成本(%)
长期借款	15	45 000 元以内 45 000～90 000 元 90 000 元以上	3 5 7
长期债券	25	200 000 元以内 200 000～400 000 元 400 000 元以上	10 11 12
普通股	60	300 000 元以内 300 000～600 000 元 600 000 元以上	13 14 15

第一，计算筹资突破点。利达公司筹资突破点的计算见表 3-9。

表 3-9　　筹资突破点计算表

筹资方式	目标资本结构(%)	资本成本(%)	个别筹资方式的筹资范围	筹资突破点	筹资总额的范围
长期借款	15	3 5 7	45 000 元以内 45 000～90 000 元 90 000 元以上	45 000/0.15 =300 000 90 000/0.15 =600 000	300 000 元以内 300 000～600 000 元 600 000 元以上
长期债券	25	10 11 12	200 000 元以内 200 000～400 000 元 400 000 元以上	20 000/0.25 =800 000 400 000/0.25 =1 600 000	800 000 元以内 800 000～1 600 000 元 1 600 000 元以上
普通股	60	13 14 15	300 000 元以内 300 000～600 000 元 600 000 元以上	300 000/0.6 =500 000 600 000/0.6 =1 000 000	500 000 元以内 500 000～1 000 000 元 1 000 000 元以上

第二,计算边际资本成本。根据上一步计算的筹资突破点,可以得到七组筹资总额范围:(1)30 万元以内;(2)30 万元～50 万元;(3)50 万元～60 万元;(4)60 万元～80 万元;(5)80 万元～100 万元;(6)100 万元～160 万元;(7)160 万元以上。对以上七组筹资总额范围分别计算加权平均资本成本,即可得到各种筹资总额范围的边际资本成本。计算结果见表 3-10 所示:

表 3-10　　边际资本成本计算表

筹资总额的范围	筹资方式	资本结构(%)	个别资本成本(%)	边际资本成本
30 万元以内	长期借款 长期债券 普通股	15 25 60	3 10 13	3%×15%=0.45% 10%×25%=2.5% 13%×60%=7.8%
				10.75%
30 万元～50 万元	长期借款 长期债券 普通股	15 25 60	5 10 13	5%×15%=0.75% 10%×25%=2.5% 13%×60%=7.8%
				11.05%

续表

筹资总额的范围	筹资方式	资本结构(%)	个别资本成本(%)	边际资本成本
50万元～60万元	长期借款	15	5	5%×15%=0.75%
	长期债券	25	10	10%×25%=2.5%
	普通股	60	14	14%×60%=8.4%
				11.65%
60万元～80万元	长期借款	15	7	7%×15%=1.05%
	长期债券	25	10	10%×25%=2.5%
	普通股	60	14	14%×60%=8.4%
				11.95%
80万元～100万元	长期借款	15	7	7%×15%=1.05%
	长期债券	25	11	11%×25%=2.75%
	普通股	60	14	14%×60%=8.4%
				12.2%
100万元～160万元	长期借款	15	7	7%×15%=1.05%
	长期债券	25	11	11%×25%=2.75%
	普通股	60	15	15%×60%=9%
				12.8%
160万元以上	长期借款	15	7	7%×15%=1.05%
	长期债券	25	12	12%×25%=3%
	普通股	60	15	15%×60%=9%
				13.05%

表3-10最后一列计算得出的各项加权平均资本成本，就是随着筹资额增加而增加的边际资本成本。

请思考：什么是筹资突破点？如何计算筹资突破点？

第三节 杠杆原理

自然界中的杠杆原理，是指人们通过利用杠杆，用较少的力量移动较重物体的现象。财务管理中也存在着类似的杠杆效应，表现为由于特定费用(如固定生产成本或固定的财务费用)的存在，而导致当某一财务变量以较小的幅度变动时，另一相关变量会以较大幅度变动。了解这些杠杆的原理，计算有关杠杆系数，可以衡量风险的大小，有助于企业合理地规避风险，提高财务管理水平。财务管理中的杠杆系数主要有经营杠杆系数、财务杠杆系数和复合杠杆系数。

一、杠杆原理的相关概念

(一)成本习性

成本习性是指成本总额(y)与业务量(x)之间在数量上的依存关系。成本按习性分类可分成固定成本、变动成本和混合成本。

1. 固定成本。固定成本是指其总额在一定时期和一定业务量(销售量或产量)范围内不随业务量的变化而发生变动的那部分成本。如直线法计提的折旧费、保险费、管理人员工资、办公费、租金等。它具有下列特点:一是总额不变;二是单位固定成本将随业务量的增加而逐渐减少。

2. 变动成本。变动成本是指其总额在一定时期和一定业务量范围内随业务量成正比例变动的那部分成本。如直接材料、直接人工、计件工资、工作量法计提折旧费等。它具有下列特点:一是总额随业务量成正比例变动;二是单位变动成本保持不变。

3. 混合成本。有些成本虽然也随业务量的变动而变动,但不成正比例变动,不能简单地归入变动成本或固定成本,这类成本称为混合成本。例如有的租约预先规定一个起点支付额(相当于固定成本),在此基础上每运转一小时支付一定数额(相当于变动成本);再比如化验员、质量检查人员工资、销售人员佣金等成阶梯状变化,即当业务量增长到一定限度,这种成本就跳跃到一个新水平。

(二)总成本习性模型

从以上分析我们知道,成本按习性分为固定成本、变动成本和混合成本三类,但混合成本又可以按照一定的数学方法分解成变动部分和固定部分。因此,可以建立总成本模型如下:

$$y=a+bx$$

式中:y 为总成本;a 为固定成本;b 为单位变动成本;x 为相关业务量。

显然,在相关范围内(即相关时期以及相关业务量),a 与 b 均为常数。因此,只要已知 a 与 b,即可进行成本预测。

(三)边际贡献及其计算

边际贡献是指销售收入减去变动成本后的余额。其计算公式为:

$$M=px-bx=(p-b)x=mx$$

式中:M 为边际贡献总额;p 为单价;m 为单位边际贡献。

(四)息税前利润及其计算

息税前利润(简称 EBIT)是指支付利息和缴纳所得税前的利润。其计算公式为:

$$\text{EBIT}=px-bx-a=(p-b)x-a=M-a$$

息税前利润也可以用利润总额加上利息费用求得。

二、经营杠杆与经营风险

(一)经营杠杆

经营杠杆是指固定经营成本对息税前利润的影响。相对于固定成本低且变动成本高的企业来说,固定成本高且变动成本低的企业,其息税前利润的变动幅度较大,即经营杠杆作用较大。这是因为固定成本不随业务量的增加而增加,在一定业务量范围内,随着业务量的增加,单位业务量所负担的固定成本会相应减少,从而给企业带来较大的利润。

经营杠杆的作用程度,通常用经营杠杆系数来表示,它是指息税前利润的变动率与产销量变动率的比率。用公式表示为:

$$\text{经营杠杆系数(DOL)}=\frac{\Delta \text{EBIT}/\text{EBIT}}{\Delta S/S}=\frac{\Delta \text{EBIT}/\text{EBIT}}{\Delta Q/Q}$$

式中:ΔEBIT 为息税前利润的变动额;EBIT 为基期息税前利润;

ΔS 为销售收入的变动额;S 为基期的销售收入;

ΔQ 为产销量的变动额;Q 为基期产销量。

实际工作中,对上式加以简化得到如下公式:

$$\text{DOL}=\frac{M}{\text{EBIT}}=\frac{M}{M-a}$$

【做中学 3-15】 利达公司 2007 年销售产品 1 000 件,单位售价为 20 元,单位变动成本为 15 元,固定成本为 1 000 元,EBIT 为 4 000 元,预计 2008 年该产品的销售量为 1 200 件(即增长 20%),固定成本保持不变,具体分析数据见表 3-11。试计算经营杠杆系数(DOL)。

表 3-11 经营杠杆系数计算分析表 单位:元

项 目	2007 年	2008 年
销售收入	20 000	24 000
减:变动成本	15 000	18 000
边际贡献(M)	5 000	6 000
减:固定成本	1 000	1 000
息税前利润(EBIT)	4 000	5 000

方法一:根据定义公式可得:

$$\text{经营杠杆系数(DOL)}=\frac{\Delta \text{EBIT}/\text{EBIT}}{\Delta S/S}=\frac{\Delta \text{EBIT}/\text{EBIT}}{\Delta Q/Q}$$

$$\text{息税前利润变动率}=\frac{5\ 000-4\ 000}{4\ 000}\times 100\%=25\%$$

$$销售收入(销售量)变动率=\frac{1\ 200-1\ 000}{1\ 000}\times100\%=20\%$$

因此，经营杠杆系数$=\frac{25\%}{20\%}=1.25$

方法二：根据简化公式可得：

$$DOL=\frac{M}{M-a}=\frac{5\ 000}{5\ 000-1\ 000}=1.25$$

这表示利达公司的销售收入(或销售量)每增长1%，其息税前利润(EBIT)将增长1%×1.25=1.25%。如例题中该企业预计2008年销售收入(或销售量)增长20%，其息税前利润(EBIT)增长了20%×1.25=25%。反之，若销售收入(或销售量)下降1%，则其息税前利润(EBIT)将下降1%×1.25=1.25%。

【学中做3-6】 上例中，若利达公司的固定成本为2 000元，其他条件均不变，试比较经营杠杆系数发生了怎样的变化。

(二)经营杠杆与经营风险

引起企业经营风险的主要原因是市场需求和成本等因素的不确定性，经营杠杆本身并不是利润不稳定的根源。但是，经营杠杆扩大了市场和生产等不确定因素对利润变动的影响。而且通过上述计算可以看出，经营杠杆系数越大，利润变动越激烈，企业的经营风险就越大。一般来说，在其他条件相同的情况下，经营性固定成本占总成本的比例越大，经营杠杆系数越高，经营风险就越大。如果经营性固定成本为零，则经营杠杆系数为1，息税前利润变动率将恒等于产销量变动率，企业就没有经营风险。

三、财务杠杆与财务风险

(一)财务杠杆

财务杠杆也称融资杠杆或资本杠杆，是指资本结构中长期负债的运用对每股收益的影响。企业的融资来源不外乎两种：债务资金与权益资本。不论企业营业利润为多少，债务的利息、融资租赁的租金和优先股的股息通常都是固定不变的。这种由于固定性财务费用的存在而导致普通股每股收益变动大于息税前利润变动的杠杆效应，称为财务杠杆效应。

财务杠杆效应的大小，通常用财务杠杆系数来表示，它是指普通股每股收益(EPS)的变动率与息税前利润(EPIT)变动率的比率。用公式表示为：

$$财务杠杆系数(DFL)=\frac{\Delta EPS/EPS}{\Delta EBIT/EBIT}$$

式中：ΔEPS为普通股每股收益的变动额；EPS为基期每股收益。

上述公式是计算财务杠杆系数的理论公式，必须同时已知变动前后两期的资料才能计算，比较麻烦。实际工作中，可以简化如下：

$$DFL=\frac{EBIT}{EBIT-I-\frac{d}{(1-T)}}$$

式中：I 为债务利息；d 为优先股股息；T 为所得税税率。

如果企业没有发行优先股，其财务杠杆系数的计算公式可以进一步简化为：

$$DFL=\frac{EBIT}{EBIT-I}$$

必须说明的是，上述公式中的 EBIT、I、d、T 均为基期值。

下面仍以利达公司为例说明财务杠杆系数的计算方法。

【做中学 3-16】 依上例利达公司 2008 年预测需要资金 20 000 元。现有两种融资方案可供选择，方案 A：发行 2 000 股普通股，每股面值 10 元；方案 B：25%采用负债筹资，利率 10%，75%采用权益筹资，每股面值为 10 元。若 2007 年 EBIT 为 4 000 元，所得税税率 33%，预计 2008 年 EBIT 增长 20%，具体分析数据见表 3-12。试计算财务杠杆系数(DFL)。

表 3-12　利达公司的融资方案与每股收益计算分析表　单位：元

时间	项　目	方案 A	方案 B
2007 年度	发行普通股股数(股)	2 000	1 500
	普通股股本(每股面值 10 元)	20 000	15 000
	债务(利率 10%)	0	5 000
	资金总额	20 000	20 000
	息税前利润	4 000	4 000
	减：债务利息	0	500
	税前利润	4 000	3 500
	减：所得税	1320	1 155
	税后净利	2680	2 345
	每股收益(元/股)	1.34	1.563
2008 年度	息税前利润增长率	20%	20%
	增长后的息税前利润	4 800	4 800
	减：债务利息	0	500
	税前利润	4 800	4 300
	减：所得税	1 584	1 419
	税后净利	3 216	2 881
	每股收益(元/股)	1.608	1.921
	每股收益增加额	0.268	0.358
	普通股每股收益增长率	20%	22.9%

方法一：$$DFL=\frac{\Delta EPS/EPS}{\Delta EBIT/EBIT}$$

A 方案 $DFL=\frac{20\%}{20\%}=1$

B 方案 $DFL=\frac{22.9\%}{20\%}=1.14$

方法二：根据简化公式，$DFL=\frac{EBIT}{EBIT-I}$

A 方案 $DFL=\frac{4\ 000}{4\ 000-0}=1$

B 方案 $DFL=\frac{4\ 000}{4\ 000-500}=1.14$

表 3-11 显示了在每种筹资方式下的财务杠杆对每股收益的影响。本例中两种方案的资金总额均相同，EBIT 相等，EBIT 增长的幅度也相等，不同的仅仅是资本结构（各种来源的资金占资金总额的比重）。当 EBIT 增长 20%时，A 方案的 EPS 也增长 20%，这是因为该方案没有举债，其财务杠杆系数等于 1；B 方案 EPS 的增长幅度超过了 EBIT 增长的幅度，为 22.9%，这是因为它借入了资金，这就是财务杠杆效应。同样，如果公司的 EBIT 下降，B 方案 EPS 的下降幅度也会超过 EBIT 的下降幅度。

【学中做 3-7】 若上例还有 C 方案，40%采用负债融资，其他条件均不变，计算其财务杠杆系数。

(二)财务杠杆与财务风险

从简化公式可以看出，若企业资金中没有负债，即 I 为 0，则财务杠杆系数将恒等于 1，EPS 的变动率将恒等于 EBIT 的变动率。企业也就得不到财务杠杆利益，当然也就没有财务风险。在资金总额、息税前利润相同的情况下，负债比率越高，财务杠杆系数越大，普通股每股收益波动幅度越大，财务风险就越大；反之，负债比率越低，财务杠杆系数越小，普通股每股收益波动幅度越小，财务风险就越小。

实务中，企业的财务决策者在确定企业负债的水平时，必须认识到负债可能带来的财务杠杆收益和相应的财务风险，从而在利益与风险之间做出合理的权衡。

四、复合杠杆与复合风险

(一)复合杠杆

复合杠杆又称总杠杆，是由经营杠杆和财务杠杆共同作用形成的总杠杆。如前所述，由于存在固定性的经营成本，产生经营杠杆作用，使息税前利润的变动幅度大于产销业务量的变动幅度；同样由于存在固定性财务费用，产生财务杠杆效应，使企业每股收益的变动率大于息税前利润的变动率。如果两种杠杆共同起作用，那么产销业务量稍有变动，每股收益就会发生更大的变动。这种由于固定生产经营成本和固定财务费用的共同存在而导致的每股收益变动率大于产销业务量变动率的杠杆效应称为复合杠杆效应。

复合杠杆效应的大小用复合杠杆系数（简称 DCL）来衡量，它是经营杠杆与财务杠杆的乘积，是指每股收益变动率与产销业务量变动率的比率。其计算公式为：

$$\mathrm{DCL}=\frac{\Delta \mathrm{EPS}/\mathrm{EPS}}{\Delta S/S}=\frac{\Delta \mathrm{EPS}/\mathrm{EPS}}{\Delta Q/Q}$$

或

$$\mathrm{DCL}=\mathrm{DOL}\times\mathrm{DFL}=\frac{M}{\mathrm{EBIT}-I}$$

【做中学 3-17】 仍以利达公司为例，假设其成本结构及成本行为不变，企业选择融资方案 B，即 25%采用债务融资。根据表 3-11 及表 3-12 所示资料，得出分析数据如表 3-13 所示，试计算复合杠杆系数（DCL）。

表 3-13 利达公司复合杠杆分析表 单位：元

项　　目	2007 年	2008 年	增减百分比（%）
销售收入	20 000	24 000	20
减：变动成本	15 000	18 000	
边际贡献	5 000	6 000	
减：固定成本	1 000	1 000	
息税前利润	4 000	5 000	25
减：利息费用	500	500	
税前利润	3 500	4 500	
减：所得税	1 155	1 485	
税后净利	2 345	3 015	
普通股数量（股）	1 500	1 500	28.6
每股收益（EPS）	1.563	2.01	28.6

方法一：根据定义公式

$$\mathrm{DCL}=\frac{28.6\%}{20\%}=1.43$$

方法二：根据简化公式

$$\mathrm{DCL}=\frac{5\ 000}{4\ 000-500}=1.43$$

$$\text{或 } \mathrm{DCL}=\mathrm{DOL}\times\mathrm{DFL}=1.25\times1.14=1.43$$

复合杠杆系数为 1.43，表明当销售收入增长 1%时，每股收益（EPS）将增长 1.43%；反之，当销售收入下降 1%时，每股收益（EPS）将下降 1.43%。

（二）复合杠杆与复合风险

由于复合杠杆作用使每股收益大幅度波动而造成的风险，称为复合风险。从以上分析可以看出，在复合杠杆的作用下，当企业经济效益好时，每股收益会大幅度上升；当经济效益差时，每股收益会大幅度下降。企业复合杠杆系数越大，每股收益的波动幅度越大。在其他因素不变的情况下，复合杠杆系数越大，复合风险越大；复合杠杆系数越小，复合风险越小。

第四节 资本结构

一、资本结构理论

资本结构是指企业各种长期资金筹集来源的构成及其比例关系，它是企业筹资决策中的关键问题。20 世纪 50 年代前的资本结构理论被美国财务学者归纳为“早期资本结构理论”，50 年代后以 MM 理论为代表的资本结构理论被称为“现代资本结构理论”。

资本结构理论主要有以下几种：

（一）净利理论

净利理论的基本观点是：企业价值不只取决于息税前利润，更取决于由资产盈利能力和资本结构共同决定的归于股东的净利润。

净利理论有两个假设：1. 假设企业能以固定利率筹措负债资金，即企业筹资中债务资本成本保持不变；2. 股票投资者要求的报酬率不变，即权益资本成本固定不变。

在财务理论分析中，一般债务资本成本小于权益资本成本。那么随着负债比例的上升，企业加权平均资本成本将趋于下降，企业价值会因负债的增加而增加。因此，当负债率接近 100%时，企业的加权平均资本成本最低，企业价值将最大。

（二）营业净利理论

营业净利理论的基本观点是：企业价值仅仅取决于企业资产的获利能力即息税前利润，而与资本结构无关。也就是说，是营业净利而不是净利润决定企业价值。

营业净利理论观点建立在以下假设条件下：1. 假设债务资本成本固定不变，企业能以固定的利率筹措负债资金；2. 权益资本成本随着企业负债率的提高而上升，即假设随着负债程度的增加，股东认为自身风险会增加，因此会要求更高的报酬率；3. 假设负债带来的收益正好被负债带来的成本（权益资本成本上升）所抵消。

在上述假设条件成立的情况下，不管企业的负债程度怎样，加权平均资本成本固定不变，企业价值也保持不变。也就是说，资本成本以及企业价值与资本结构无关。

(三)传统理论

根据净利理论,企业最佳资本结构应该是负债率接近100%。根据营业净利理论,企业不存在最佳资本结构。

西方大多数财务学者和实际工作者在20世纪50年代前都采用了一种折中理论,这种理论介于净利理论和营业净利理论之间,称为传统理论。该理论假设:1.债务资本成本和权益资本成本并非固定不变,因此,企业加权平均资本成本也是变化的;2.在一定的负债率范围内,债务资本成本和权益资本成本的上升均不明显,但超过一定负债率范围后,债务资本成本和权益资本成本均不断加速上升。

根据上述假设:在一定负债率范围内,随着负债程度的增加,尽管权益资本成本也随着上升,但不会完全抵消利用较低的债务资本所获得的好处,因此,企业加权平均资本成本会下降,企业价值上升。当企业负债率超过一定范围后,债务资本成本和权益资本成本均不断加速上升,因此加权平均资本成本会整体上升,企业价值下降。那么,加权平均资本成本由下降变为上升的转折点,就是加权平均资本成本的最低点,这时企业价值最大,对应资本结构就是企业最佳资本结构。

(四)权衡理论(MM理论)

MM理论是Modigliani和Miler提出的学说。权衡理论是在MM理论的基础上产生的,它是指同时考虑负债的减税利益和预期成本或损失,并将利益和成本损失进行权衡来确定企业价值的理论。权衡理论考虑的因素更为现实,因此其研究结论更符合实际情况。

预期成本主要指破产成本,也就是与破产有关的成本,税负利益-破产成本权衡理论可以用图3-1描述:

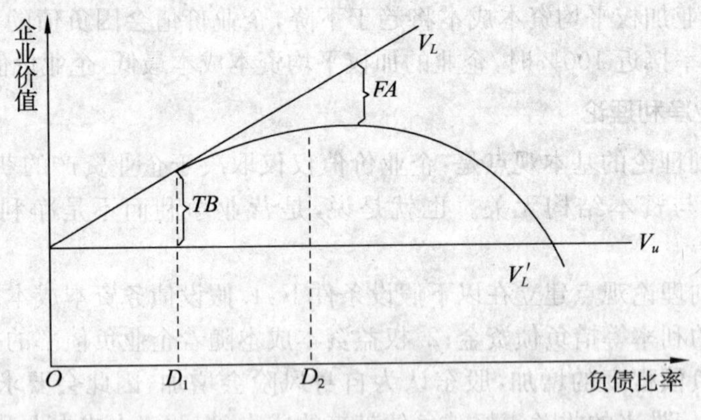

图3-1

图中:V_L 为只有负债税额庇护而没有破产成本的企业价值;

V_u 为无负债时的企业价值;

V_L'为同时存在负债税额庇护和破产成本的企业价值；

TB 为负债税额庇护利益的现值；FA 为破产成本；

D_1 为破产成本变得重要时的负债水平；D_2 为最佳资本结构。

图 3-1 说明：1. 负债可以为企业带来税额庇护利益。

2. 当负债比率未超过 D_1 点时，破产成本并不明显；当负债比率达到 D_1 点时，破产成本开始变得重要，负债税额庇护利益开始被破产成本所抵消；

当负债比率达到 D_2 点时，边际负债税额庇护利益恰好与边际破产成本相等，企业价值最大，达到最佳资本结构；当负债比率超过 D_2 点后，破产成本大于负债税额庇护利益，导致企业价值下降。

请思考：资本结构理论主要有哪些？你认同哪种理论？

二、最佳资本结构的确定

企业的资本结构是由企业采用的各种筹资方式筹集资金而形成的，各种筹资方式的不同组合决定了企业的资本结构及其变化。企业的筹资方式虽然有多种，但主要分为债务资本和权益资本两大类。因此，资本结构的问题主要是指债务资本的比例问题。

负债筹资具有两面性，既可以降低企业的资本成本，又会给企业带来财务风险。因此，在进行筹资决策时，企业必须权衡财务风险和资本成本的关系，确定最佳资本结构。所谓最佳资本结构就是使企业加权平均资本成本最低，企业价值最大的资本结构。

（一）息税前利润（EBIT）——每股收益（EPS）分析法

每股收益分析法，是利用每股收益无差别点来进行资本结构决策的方法。每股收益无差别点，是指两种筹资方式下普通股每股收益相等时的息税前利润点，也称息税前利润平衡点或筹资无差别点，简称 EBIT——EPS 分析法。当预期息税前利润大于每股收益无差别点时的息税前利润，负债筹资会增加每股收益。

【做中学 3-18】 利达公司 2006 年 12 月 31 日的长期负债及所有者权益总额为 1 800 万元。2007 年 1 月 1 日，该公司拟投资一个新的建设项目，需追加筹资 200 万元。这些资金可采用发行股票的方式筹集，也可采用发行债券方式。原资本结构和新资本结构情况见表 3-14 和表 3-15。要求根据资本结构变化情况运用 EBIT——EPS 分析法确定最佳资本结构。

表 3-14　　利达公司资本结构变化情况表　　单位：万元

筹资方式	原资本结构	增加筹资后资本结构	
		增发普通股(A)	增发企业债券(B)
企业债券(利率 8%)	200	200	400
普通股(面值 1 元)	800	840	800
资本公积	400	560	400
留存收益	400	400	400
资金总额	1 800	2 000	2 000
普通股股数(万股)	800	840	800

注：新股发行价为 5 元。

表 3-15　　不同资本结构下每股收益　　单位：万元

项　目	增发普通股	增发企业债券
预计息税前利润	600	600
减：利息	16	32
税前利润	584	568
减：所得税(33%)	192.72	187.44
净利润	391.28	380.56
普通股股数(万股)	840	800
每股收益（元）	0.465	0.476

从表中可以看到，在息税前利润为 600 万元的情况下，利用增发企业债券的形式筹集资金能使每股收益上升较多，这可能更有利于股票价格上涨，更符合理财目标。

那么，究竟息税前利润为多少时发行普通股有利，息税前利润为多少时发行公司债券有利呢？这就要测算每股收益无差别点处的息税前利润。

其计算公式为：

$$\frac{(\mathrm{EBIT}-I_1)(1-T)}{N_1}=\frac{(\mathrm{EBIT}-I_2)(1-T)}{N_2}=\mathrm{EPS}$$

式中：EBIT 为每股收益无差别点处的息税前利润；I_n 为两种筹资方式下的年利息；N_n 为两种筹资方式下的流通在外的普通股股数；T 为所得税税率。

根据公司的资料代入公式得：

$$\frac{(\mathrm{EBIT}-200\times8\%)(1-33\%)}{840}=\frac{(\mathrm{EBIT}-200\times8\%-200\times8\%)(1-33\%)}{800}$$

求得 EBIT＝352(万元)，此时的 EPS＝0.4(元)。

上述每股收益无差别点的分析可描绘如图 3-2 所示。

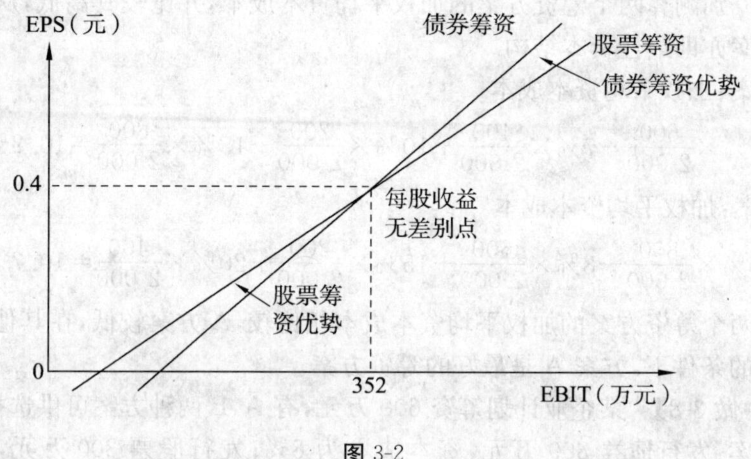

图 3-2

这就是说，当息税前利润 EBIT>352 万元时，利用负债筹资较为有利；当息税前利润 EBIT<352 万元时，以发行普通股筹资较为有利。本公司预计 EBIT 为 600 万元，故采用发行公司债券的方式较为有利。

(二)比较资本成本法

比较资本成本法是计算不同资本结构（或筹资方案）的加权平均资本成本，并以此为标准相互比较进行资本结构决策。企业的资本结构决策可分为初始筹资和追加筹资两种情况。前者可称为初始资本结构决策，后者可称为追加资本结构决策。

1. 初始资本结构决策

在实际中，企业对拟定的筹资总额，可以采用多种筹资方式来筹集，同时每种筹资方式的筹资数额亦可有不同安排，由此形成若干个可供选择的资本结构（或筹资方案）。企业可以通过计算比较不同方案的资本成本对方案进行选择。

【做中学 3-19】 利达公司初创时拟筹资 2 000 万元，有 A、B 两个筹资方案可供选择，有关资料见表 3-16。

表 3-16 利达公司筹资资料

资本来源	A 方案		B 方案	
	筹资额（万元）	资本成本（%）	筹资额（万元）	资本成本（%）
长期借款	600	6	800	7
长期债券	400	7	600	8
优先股	200	10	200	15
普通股	800	15	400	20
合计	2 000		2 000	

下面分别测算两个筹资方案的加权平均资本成本，并比较其高低，从而确定最佳筹资方案亦即最佳资本结构。

A 方案：加权平均资本成本

$$6\%\times\frac{600}{2\ 000}+7\%\times\frac{400}{2\ 000}+10\%\times\frac{200}{2\ 000}+15\%\times\frac{800}{2\ 000}=10.2\%$$

B 方案：加权平均资本成本

$$7\%\times\frac{800}{2\ 000}+8\%\times\frac{600}{2\ 000}+15\%\times\frac{200}{2\ 000}+20\%\times\frac{400}{2\ 000}=10.7\%$$

以上两个筹资方案的加权平均资本成本相比较，A 方案较低，在其他有关因素大体相同的条件下，方案 A 是最好的筹资方案。

【学中做 3-8】 某企业计划筹资 600 万元，有 A、B 两种方案可供选择：

A 方案：发行债券 300 万元，资本成本为 8%；发行股票 300 万元，资本成本为 15%。

B 方案：向银行借款 200 万元，资本成本为 5%；发行债券 200 万元，资本成本为 9%；发行股票 200 万元，资本成本为 18%。

试分析评价 A、B 两个方案的优劣。

2. 追加资本结构决策

企业在持续的生产经营过程中，由于扩大业务或对外投资的需要，有时会增加筹集资金，即所谓追加筹资。因追加筹资以及筹资环境的变化，企业原有的资本结构就会发生变化，从而使原定的最佳资本结构未必仍是最优的。因此，企业应在资本结构不断变化中寻求最佳资本结构，保持资本结构的最优化。

一般而言，按照最佳资本结构的要求，选择追加筹资方案可有两种方法：一种方法是直接测算比较各备选追加筹资方案的边际资本成本，从中选择最优筹资方案；另一种方法是将备选追加筹资方案与原有最佳资本结构汇总，测算各追加筹资条件下汇总资本结构的加权平均资本成本，比较确定最优追加筹资方案。

【做中学 3-20】 利达公司原有的资本结构见表 3-17。

表 3-17　利达公司资本结构

资本来源	资本额(万元)	资本成本(%)
长期借款	400	6
长期债券	400	8
优先股	200	10
普通股	600	14
合计	1 600	

该企业由于扩大经营规模拟增资 400 万元，有两种追加筹资方案可供选择。

A 方案：发行长期债券 100 万元，资本成本为 8.5%；另发行普通股 300 万元，资本成本为 16%。

B 方案：长期借款 300 万元，资本成本为 7%；另发行普通股 100 万元，由于增加负债增加了风险，普通股资本成本上升为 18%。

追加筹资方案的加权平均资本成本也要按加权平均法计算，两个追加筹资方案的加权平均资本成本计算如下：

(1)A 方案

$$\frac{400}{2\,000}\times6\%+\frac{400+100}{2\,000}\times\frac{400\times8\%+100\times8.5\%}{500}+\frac{200}{2\,000}\times10\%+\frac{900}{2\,000}\times\frac{600\times14\%+300\times16\%}{900}=10.825\%$$

(2)B 方案

$$\frac{400+300}{2\,000}\times\frac{400\times6\%+300\times7\%}{700}+\frac{400}{2\,000}\times8\%+\frac{200}{2\,000}\times10\%+\frac{600+100}{2\,000}\times\frac{600\times14\%+100\times18\%}{700}=9.95\%$$

比较两个方案追加筹资后新的资本结构下的加权平均资本成本，结果是 B 方案的加权平均资本成本低于 A 方案的加权平均资本成本，因此，追加筹资实施 B 方案优于 A 方案。

由此可见，该企业追加筹资后，虽然改变了资本结构，但经过科学的测算，做出正确的筹资决策，企业仍可保持其资本结构的最优化。

【思考题】

1. 企业筹资的目的与要求分别是什么？
2. 企业可以通过哪些渠道筹集资金？可供选择的筹资方式有哪些？
3. 什么是资本成本？如何计算资本成本？
4. 如何计算经营杠杆系数、财务杠杆系数和复合杠杆系数？
5. 什么是资本结构？如何确定最佳资本结构？

【实训题】

一、单项选择题

1. 某公司 2007 年销售收入为 600 000 元，销售净利率为 10%，留存收益比率为 20%，对销售敏感的资产项目占销售额的百分比为 24%，对销售敏感的负债项目占销售额的百分比为 8%。预测 2008 年的销售收入为 800 000 元，则需要追加的外部筹资额为(　　)元。

A. 14 000　　B. 15 000　　C. 16 000　　D. 17 000

2. 下列筹资方式中，资本成本最高的是　　(　　)

A. 长期借款成本　　B. 债券成本

C. 留存收益成本　　D. 普通股成本

3. 企业发行债券，面值1 000元，期限5年，票面利率为10%，每年付息一次，发行费用率为5%，所得税率为33%，发行价格为1 100元。则该债券的资本成本为　　(　　)

A. 6.7%　　B. 6.41%　　C. 6.82%　　D. 7.54%

4. 某公司普通股目前的股价为每股10元，筹资费率为8%，公司最近支付的股利为每股2元，股利固定增长率为5%，则该股票的资本成本为　　(　　)

A. 22.39%　　B. 21.74%　　C. 24.74%　　D. 27.83%

5. 已知某企业目标资本结构中长期债务的比重为20%，债务资金的增加额在0～10 000元范围内，其利率维持5%不变。该企业与此相关的筹资总额分界点为(　　)元。

A. 5 000　　B. 20 000　　C. 50 000　　D. 200 000

6. 某公司的财务杠杆系数为1.4，经营杠杆系数为1.5，则该公司销售额每增长1倍，就会造成每股收益增加　　(　　)

A. 1.9倍　　B. 1.5倍　　C. 2.1倍　　D. 0.1倍

7. 某企业2007年的销售额为1 000万元，变动成本600万元，固定经营成本200万元，则2007年的经营杠杆系数为　　(　　)

A. 2　　B. 3　　C. 4　　D. 无法计算

8. 如果一个企业预计的息税前利润大于每股收益无差异点时的息税前利润，则较为有利的筹资方式是　　(　　)

A. 权益　　B. 负债

C. 负债或权益均可　　D. 无法确定

9. 某企业2007年的销售额为1 000万元，变动成本600万元，固定经营成本200万元，利息费用10万元，没有融资租赁和优先股，预计2008年息税前利润增长率为10%，则2008年的每股利润增长率为　　(　　)

A. 10%　　B. 10.5%　　C. 15%　　D. 12%

10. 在其他条件不变的情况下，借入资金的比例越大，财务风险　　(　　)

A. 越大　　B. 不变　　C. 越小　　D. 无法确定

二、多项选择题

1. 在下列各项中，属于企业筹资动机的有　　(　　)

A. 设立企业　　B. 企业扩张　　C. 企业收缩　　D. 偿还债务

2. 企业自有资金的筹集方式有　　(　　)

A. 发行债券　　B. 吸收直接投资

C. 发行股票　　D. 利用留存收益

3. 在计算个别资本成本时，需要考虑所得税抵减作用的筹资方式有　（　　）

A. 长期借款　　B. 发行债券

C. 发行优先股　　D. 发行普通股

4. 资本成本包括用资费用和筹资费用两部分，其中属于用资费用的是　（　　）

A. 向股东支付的股利　　B. 向债权人支付的利息

C. 借款手续费　　D. 债券发行费

5. 经营杠杆系数可以用哪一个公式来计算　（　　）

A. $\frac{\Delta EBIT/EBIT}{\Delta S/S}$　　B. $\frac{\Delta EBIT/EBIT}{\Delta Q/Q}$

C. $\frac{M}{EBIT}$　　D. $\frac{M}{M-a}$

三、判断题

1. 企业的自有资金都属于长期资金，而债务资金既有长期的，也有短期的。　（　　）

2. 资本成本是投资人对投入资金所要求的最低收益率，也可作为判断投资项目是否可行的取舍标准。　（　　）

3. 企业采用借入资金的方式筹资比采用自有资金方式筹资付出的资本成本低，但承担的风险大。　（　　）

4. 净利理论认为资本结构不影响企业价值，企业不存在最佳资本结构。　（　　）

5. 企业负债比例越高，财务风险越大，因此负债对企业总是不利的。　（　　）

四、业务题

1. 某企业拟筹资 5 000 万元，其中按面值发行债券 2 000 万元，票面利率为 10%，筹资费用率 2%；发行优先股 1 000 万元，股利率为 12%，筹资费用率 3%；发行普通股 2 000 万元，筹资费用率 5%，预计第一年股利率为 12%，以后每年按 4% 递增，所得税税率为 33%。

要求：(1)计算债券资本成本。

(2)计算优先股资本成本。

(3)计算普通股资本成本。

(4)计算加权平均资本成本。

2. 海成公司当前销售量为 10 000 件，售价为 50 元，单位变动成本为 20 元，固定成本为 200 000 元，预计下一个年度的销售量为 12 000 件（即增长 20%），固定成本保持不变。

下一个年度预计需要资金 400 000 元。假设有两种筹资方案可供选择，方案A：发行 40 000 股普通股，每股面值 10 元；方案 B：采用负债筹资，利率 8%，所得税税率 40%，预计下一个年度 EBIT 也同比增长 20%。

(1)计算该公司的经营杠杆系数。

(2)计算该公司不同筹资方案的财务杠杆系数。

(3)计算该公司的复合杠杆系数，并进行简单分析。

3. 某公司原有资本 1 000 万元，其中债务资本 400 万元(每年负担利息 30 万元)，普通股资本 600 万元(发行普通股 12 万股，每股面值 50 元)，企业所得税税率为 33%。由于扩大业务，需追加筹资 300 万元，其筹资方式有两种：

一是全部发行普通股，增发 6 万股，每股面值 50 元；

二是全部按面值发行债券，债券利率为 10%。

要求：(1)计算普通股筹资与债券筹资每股收益无差别点的息税前利润。

(2)假设扩大业务后的息税前利润为 300 万元，确定公司应当采用哪种筹资方式(不考虑风险)？

【自测题】

1. 某公司今年的销售额为 4 500 万元，该公司产品销售的边际贡献率为 30%，固定成本总额为 450 万元，全部负债的利息费用为 400 万元。在上述条件下，公司本年度的每股收益为 0.5 元。

(1)分别计算该公司今年的经营杠杆系数和财务杠杆系数。

(2)如果计划明年的销售额比今年增加 15%，其他条件不变，根据(1)的计算结果测算明年的每股收益将达到多少？

2. 金利公司采取多种筹资方式追加筹集资金，各种筹资方式的个别筹资范围及个别筹资方式追加筹集资金占全部追加筹资总额的比例见表 3-18。

表 3-18 金利公司筹资资料

筹资方式	目标资本结构(%)	新筹资的数量范围(元)	资本成本(%)
长期借款	40	100 000 元以内	5
		100 000～200 000 元	6
		200 000 元以上	7
普通股	60	120 000 元以内	13
		120 000～240 000 元	14
		240 000 元以上	15

计算金利公司筹资总额分界点及边际资本成本。

3. 某公司现有普通股 100 万股，股本总额为 1 000 万元，公司债券为 600 万元。公司拟扩大筹资规模，有两个备选方案：一是增发普通股 50 万股，每股发行价格为 15 元；一是平价发行公司债券 750 万元。若公司债券年利率为 12%，所得税率为 33%。

(1)计算两种筹资方式的每股利润无差异点。

(2)如果该公司预期息税前利润为 400 万元，试对两筹资方案做出择优决策。

4. 某企业拟筹资组建一分公司，投资总额为 500 万元，有三个方案可供选择。其资本结构分别是，甲方案：长期借款 50 万元、债券 100 万元、普通股 350 万元；乙方案：长期借款 100 万元、债券 150 万元、普通股 250 万元；丙方案：长期借款 150 万元、债券 200 万元、普通股 150 万元。三种筹资方案所对应的资本成本分别为 6%、10%、15%。

试分析哪种方案的资本结构是最佳资本结构。

第四章　权益资本筹集

【学习目标】

通过本章学习，学会各类权益资本的筹集方式；了解吸收直接投资的种类、程序，掌握吸收直接投资的含义、成本以及优缺点；了解股票的含义、种类、普通股股东及优先股股东的权利、股票发行和股票上市有关问题，掌握普通股筹资成本的计算、普通股和优先股筹资的优缺点；了解留存收益的渠道，掌握留存筹资收益的优缺点；了解发行可转换债券和认股权证的含义和优缺点。

第一节　吸收直接投资

吸收直接投资，是指企业按照“共同投资、共同经营、共担风险、共享利润”的原则吸收国家、法人、个人和外商等的直接投入资金，形成企业资本金的一种筹资方式。吸收直接投资不以股票为媒介，它是非股份制企业筹措资本金的一种基本方式。

一、吸收直接投资的种类

(一)按投资者分类

1. 吸收国家的直接投资，形成国家资本金。
2. 吸收企业、事业单位等法人的直接投资，形成法人资本金。
3. 吸收企业内部职工和城乡居民的直接投资，形成个人资本金。
4. 吸收外国投资者和我国港、澳、台地区投资者的直接投资，形成外商资本金。

(二)按投资者的出资形式分类

企业在采用吸收投资方式筹集资金时，投资者可以用下列出资方式：

1. 以现金方式出资

以现金方式出资是企业吸收投资中一种最主要的出资方式。企业有了现金，可用于购置各种资产、支付各类费用，使用方式灵活方便。因此，以现金方式出资是企业吸收直接投资最乐于采用的方式，企业一般都争取投资者以现金方式出资。很多国家的法律对吸收现金投资的份额都有限制，我国《公司法》规定，有限责任公司的全体股东的货币出资金额不得低于有限责任公司注册资本的30%。

2. 以实物方式出资

以实物方式出资是指投资者以房屋、建筑物、设备等固定资产和材料、燃料、产品等流动资产所进行的投资。企业吸收的实物投资一般应符合以下条件:确为企业科研、生产、经营所需;技术性能比较好;作价公平合理。与现金方式出资相比,实物方式出资会直接形成企业的生产经营能力,有利于缩短企业生产经营的筹备期,提高筹资效率。

《企业财务通则》第 14 条规定:企业接受投资者非货币资产出资时,法律、行政法规对出资形式、程序和评估作价等有规定的,依照其规定执行。

3. 以工业产权出资

以工业产权出资是指投资者以专有技术、商标权、专利权等无形资产所进行的投资。一般来说,企业吸收的工业产权应符合以下条件:能帮助研究和开发出新的高科技产品;能帮助生产出适销对路的高科技产品;能帮助改进产品质量,提高生产效率;能帮助大幅度降低各种消耗;作价比较合理。

因为技术具有一定的时效性,随着技术的不断老化,会导致其价值不断减少甚至完全丧失,有很大的风险,因此企业在吸收工业产权投资时必须特别谨慎,认真进行技术时效性分析和财务可行性研究。

《企业财务通则》第 14 条规定:企业接受投资者商标权、著作权、专利权及其他专有技术等无形资产出资的,应当符合法律、行政法规规定的比例。

4. 以土地使用权出资

投资者也可以土地使用权来进行投资。土地使用权是指单位和个人按照有关法律和合同的规定对土地所享有的占有、使用和收益的权利。企业吸收土地使用权投资应符合以下条件:是企业科研、生产、销售活动所需要的;交通、地理条件比较适宜;作价公平合理。

二、吸收直接投资的程序

企业采用吸收直接投资方式,一般应遵循以下程序:

(一)确定吸收直接投资的资金数量

企业新建或扩大规模而吸收直接投资时,应当合理确定所需要吸收直接投资的数量,以利于正确筹集所需资金。同时,要考虑两个因素:一是企业投资的需要,二是投资者的控制权。国有企业的增资,须由国家授权投资的机构或国家授权的部门决定。合资或合营企业的增资须由出资各方协商决定。

(二)选择吸收直接投资的具体方式

企业从哪些方面、以何种形式吸收直接投资,需要由企业和投资者双向选择、协商确定。企业应根据其生产经营等活动的需要以及协议等规定,选择吸收直接投资的具体方式;投资者根据市场需要和经济效益高低对企业进行选择。因此,企业既要了解有关投资者的意向和财力,又要主动介绍自身的经营状况和盈利能力。

(三)签署投资合同或协议等文件

企业吸收直接投资,不论是为了新建还是为了增资,都应当由有关方面签署合同或协议等书面文件。对于国有企业,应由国家授权投资的机构等签署创建或增资合同;对于合资企业,应由合资各方共同签订合资或增资协议。吸收直接投资合同或协议应明确双方的权利与义务,包括投资者的出资数额、出资方式、出资时间、违约责任、利润分配等内容。

(四)取得资金来源

企业和投资者签署文件后,企业应按文件规定取得资金来源。吸收现金投资的,企业应按文件约定的划款期限、每期数额及划款方式,足额取得现金。吸收出资各方以实物资产或无形资产投资的,应结合具体情况,采用适当方法,进行合理估价,然后办理产权的转移手续,取得资产。

《公司法》第29条规定:股东缴纳出资后,必须经依法设立的验资机构验资并出具证明。

三、吸收直接投资的优缺点

(一)吸收直接投资的优点

1.有利于增强企业信誉。吸收直接投资所筹集的资金属于企业的自有资金,与负债资金比较,它能提高企业的信誉和借款能力,有利于扩大企业经营规模、壮大企业实力。

2.有利于尽快形成生产能力。吸收直接投资不仅可以筹取现金,而且能够直接获得所需的先进设备和技术,它能尽快地形成生产经营能力,有利于开拓市场。

3.有利于降低财务风险。吸收直接投资可以按照企业的经营状况支付报酬,经营状况好就多支付,经营状况不好就少支付或不支付,支付方式比较灵活,所以财务风险较小。

(二)吸收直接投资的缺点

1.资本成本比较高。因为向投资者支付的报酬是根据其出资的数额和企业实现利润的比率来计算的。因此,一般来说,吸收直接投资的资本成本通常较高,特别是企业经营状况较好和盈利较高时,更是如此。

2.容易分散企业控制权。采用吸收直接投资方式筹集资金,投资者一般都要求获得与投资数量相适应的经营管理权。吸收直接投资由于没有证券作为媒介,产权关系有时不够明晰,也不便于产权的交易。

第二节 发行股票

股票是股份有限公司为筹集权益资本而发行的有价证券，是持股人拥有公司股份的凭证。发行股票是股份公司筹集权益资本的主要方式。

一、股票的分类

（一）按股东权利和义务的不同，可将股票分为普通股票和优先股票

普通股票简称普通股，是股份公司依法发行的具有无特别权利、股利不固定的股票，也是最基本、最标准的股票，是股份公司资本的最基本部分。持有普通股股份的股东为普通股股东。通常情况下，股份有限公司只发行普通股。

优先股票简称优先股，是股份公司依法发行的、相对于普通股具有一定优先权的股票。持有优先股股份的股东为优先股股东。

（二）按股票票面有无记名，可将股票分为记名股票和无记名股票

记名股票，是指在股票票面上记载股东姓名或名称并将其记入公司股东名册的股票。记名股票同时附有股权手册，只有同时具备股票和股权手册，才能领取股息和红利。记名股票的转让、继承都要办理过户手续。

无记名股票是指在股票票面上不记载股东姓名或名称，也不将其记入股东名册的股票。对于无记名股票而言，公司只记载股票数量、编号和发行日期。无记名股票的转让、继承比较自由，无须按照法律规定办理过户手续，只需直接交付股票就可实现股权的转移。

我国《公司法》规定：公司发行的股票，可以为记名股票，也可以为无记名股票；公司向发起人、法人发行的股票，应当为记名股票，并应当记载该发起人、法人的名称或者姓名；向社会公众发行的股票，可以为记名股票，也可以为无记名股票。

（三）按股票是否标明面值，可将股票分为有面值股票和无面值股票

有面值股票是指在发行的普通股票面上标明一定金额的股票。持有面值股票的股东，按照所持有的股票票面总额占公司发行在外的全部股票的面值总额的比例，来确定在公司享有的权利和承担义务的大小。

无面值股票是指在发行的普通股票面上不标明票面金额，只在股票上记载所占公司股本总额的比例或股份数的股票。持有无面值股票的股东，按照所持有的股票票面所标明的比例，来确定在公司享有的权利和承担义务的大小。股东所持有的无面值股票的价值随公司财产的增减变动而按持有比例相应变动。

目前，我国《公司法》不承认无面值股票，规定股票应当载明票面金额，并且其发行价格不得低于票面金额。

(四)按投资主体不同,可将股票分为国家股、法人股、外资股和个人股

国家股是指有权代表国家投资的部门或机构以国有资产向公司投入而形成的股份。国家股由国务院授权的部门或机构持有,并向公司委派股权代表。

法人股是指企业依法以其可支配的财产向公司投资而形成的股份,或者具有法人资格的事业单位或社会团体以国家允许用于经营的资产向公司投资而形成的股份。

外资股是指外国和我国港、澳、台地区的投资者,以外币购买的我国上市公司的境内上市外资股和境外上市外资股。

个人股是指社会个人或本公司职工以个人合法财产投入公司而形成的股份。其中社会个人持有的股票称为社会公众股,内部职工持有的股票称为内部职工股。

(五)按发行对象和上市地区,可将股票分成A股、B股、H股和N股

A股是供我国内地个人或法人买卖的,以人民币标明票面金额并以人民币认购和交易的股票。B股、H股、N股是专供外国和我国港、澳、台地区投资者买卖的,是以人民币标明票面金额但以外币认购和交易的股票(注:自2001年2月19日起,B股开始对境内居民开放)。其中,B股在上海、深圳上市;H股在香港上市;N股在纽约上市。

二、普通股筹资

(一)普通股股东的权利

普通股股票的持有人称为普通股股东,按照我国《公司法》的规定,普通股股东一般具有以下权利:

1. 公司管理权

公司管理权是指在公司董事会选举中有选举权和被选举权,通过选出的董事会代表所有股东对企业进行控制和管理。具体来说,普通股股东有权出席股东大会,有投票权、查账权等权利。

2. 分享盈余权

公司的盈余在弥补了亏损、提取了盈余公积金和支付了债务及优先股股东的固定股利后,剩余部分经董事会决定后分配给普通股股东。分享盈余权是普通股股东的一项基本权利。

3. 出售和转让股份权

普通股股东有权在其认为适当的时机出售和转让其所持有的股票。

4. 优先认股权

现有普通股股东在公司增发新的普通股股票时,有权优先按原来的持股比例认购新股,以保持其对公司资本的现有比例。现有股东也可以放弃或出售这种权利。

5.剩余财产要求权

当公司由于经营不善等原因破产或者解散清算时,公司的财产在清偿了债务、支付了优先股股利后,普通股股东对公司的剩余财产有要求权。

6.公司章程规定的其他权利

同时,我国《公司法》规定:普通股股东具有遵守公司章程、缴纳股款、对公司负有有限责任、不得退股等义务。

(二)股票的发行

我国股份公司发行股票必须符合《证券法》和《上市公司证券发行管理办法》的规定。主要包括股票发行类型、发行条件、发行程序和方式、销售方式等。

1.股票发行的类型

股票发行一般分为设立发行和增发新股。

(1)设立发行。设立发行又称为公司股票的初次发行,是指股份有限公司在成立过程中为筹集资本所进行的股票发行。设立发行的目的一般是筹集资本和组建股份有限公司。股份有限公司的设立,可以采取发起设立或者募集设立的方式,所谓发起设立,是指由发起人认购公司应发行的全部股份而设立公司;所谓募集设立,是指由发起人认购公司应发行股份的一部分,其余股份向社会公开募集或者向特定对象募集而设立公司。

按照《公司法》规定,设立股份有限公司,应当具备的条件是:①发起人符合法定人数,即应当有2人以上200以下为发起人,其中须有半数以上的发起人在中国境内有住所;②发起人认购和募集的股本达到法定资本最低限额,股份有限公司注册资本的最低限额为人民币500万元,以募集设立方式建立股份有限公司的,发起人认购的股份不得少于公司股份总数的35%;③股份发行、筹办事项符合法律规定;④发起人制定公司章程,采用募集方式设立的需经创立大会通过;⑤有公司名称,建立符合股份有限公司要求的组织机构;⑥有公司住所。

(2)增发新股。增发新股是指已设立的股份有限公司为增加股本而发行新股票。增发新股可分为有偿增资发行和无偿增资发行。

有偿增资发行可分为股东配股、第三者配股和公开招股三种。股东配股的股票发行是按股东持股的一定比例赋予股东以新股认购权利,股东可以行使该权利购买公司股票,也可以放弃该权利不购买公司股票。第三者配股的股票发行是指公司给予和公司有特殊关系的第三者以新股认购权,如公司配股承销商可以购买公司股东放弃的配股。公开招股发行是指公司公募发行新股票,它以非特定的投资者为发行对象。

无偿增资发行可分为股票分红、转增股本和股票分割三种。股票分红是指公司以股票形式向股东分配股利，股东可按所持股份的一定比例无偿获得股票。转增股本是指公司将公积金转入股本，股东可无偿获得股票。股票分割是指将大额股票细分化，使之成为小额股票，股东所持股票按分割的比例增加。

2.股票发行的规定与条件

按照我国《公司法》和《证券法》的有关规定，股份公司发行股票应符合以下规定与条件：

(1)每股金额相等。同次发行的股票，每股的发行条件和价格应当相同。

(2)股票发行价格可以按票面金额，也可以超过票面金额，但不得低于票面金额。

(3)股票应当载明公司名称、公司登记日期、股票种类、票面金额及代表的股份数、股票编号等主要事项。

(4)向发起人、国家授权投资的机构、法人发行的股票，应当为记名股票；向社会公众发行的股票，可以为记名股票，也可以为无记名股票。

(5)公司发行记名股票的，应当置备股东名册，记载股东的姓名或名称、住所、各股东所持股份、各股东所持股份编号、各股东取得其股份的日期；发行无记名股票的，公司应当记载其股票数量、编号及发行日期。

(6)公司发行新股，必须具备下列条件：具备健全且运行良好的组织结构；具有持续盈利能力，财务状态良好；最近3年财务会计文件无虚假记载、无其他重大违法行为；证券监督管理机构规定的其他条件。

(7)公司发行新股，应由股东大会做出有关下列事项的决议：新股种类及数额；新股发行价格；新股发行的起止日期；向原有股东发行新股的种类及数额。

3.股票发行的程序

设立股份有限公司时发行股票与增资扩股发行新股的程序并不相同，下面我们分别介绍两者的程序。

(1)设立股份有限公司时发行股票的程序

①提出募集股份申请。

②公告招股说明书，制作认股书，签订承销协议和代收股款协议。

③招认股份，缴纳股款。

④召开创立大会，选举董事、监事会。

⑤办理设立登记，交割股票。

(2)增资发行新股的程序

①股东大会做出发行新股的决议。

②董事会向国务院授权的部门或者省级人民政府申请批准。属于向社会公开募集的，须经国务院证券管理部门批准。

③公告新股招股说明书和财务会计报表及附属明细表，与证券经营机构签订承销合同，定向募集时向新股认购人发出认购公告或通知。

④招认股份，缴纳股款。

⑤改组董事会、监事会，办理变更登记并向社会公告。

4.股票发行方式与销售方式

(1)股票发行方式。股票发行方式，是指公司通过何种途径发行股票。一般可以分为两类：

①公开间接发行：指通过中介机构，公开向社会公众发行股票。我国股份有限公司采用募集设立方式向社会公开发行新股时，须由证券经营机构承销的做法，就属于股票的公开间接发行。这种发行方式的好处是：发行范围广、发行对象多，易于足额募集资本；股票的变现性强，流通性好；有助于提高发行公司的知名度并扩大其影响力。这种发行方式的不足之处主要是手续繁杂，发行成本高。

②不公开直接发行：指不公开对外发行股票，只向少数特定的对象直接发行，因而不需要中介机构承销。我国股份有限公司采用发起设立方式和以不向社会公开募集的方式发行新股的做法，就属于股票的不公开直接发行。这种发行方式弹性较大，发行成本低；但发行范围小，股票变现性差。

(2)股票的销售方式。股票的销售方式，指的是股份有限公司向社会公开发行股票时所采取的股票销售方法。股票销售方式有两类：自销和承销。

①自销方式：指发行公司自己直接将股票销售给认购者。这种销售方式可由发行公司直接控制发行过程，实现发行意图，并可以节省发行费用；但往往筹资时间长，发行公司要承担全部发行风险，并需要发行公司有较高的知名度、信誉和实力。

②承销方式：指发行公司将股票销售业务委托给证券经营机构代理。这种销售方式是发行股票所普遍采用的。我国《公司法》规定股份有限公司向社会公开发行股票，必须与依法设立的证券经营机构签订承销协议，由证券经营机构承销。股票承销又分为包销和代销两种具体的办法。所谓包销，是指证券公司将发行人的股票按照协议全部购入或者在承销期结束时将售后剩余股票全部自行购入的承销方式。对发行公司来说，包销的方法可以及时筹足资本，免于承担发行风险(股款未募足的风险由承销商承担)，但股票以较低的价格售给承销商会损失部分溢价；所谓代销，是指证券公司代发行人发售股票，在承销期结束时，将未售出的股票全部退还给发行人的承销方式，证券公司由此会获得一定的佣金。在代销方式下，发行公司可以获得溢价好处，但同时也要承担发行风险。

5.股票发行价格

股票的发行价格是股票发行时所使用的价格，也就是投资者认购股票时所支付的价格。股票发行价格通常由发行公司根据股票面额、股市行情和其他有关因素决定。以募集设立方式设立公司首次发行的股票价格,由发起人决定,公司增资发行新股的股票价格,由股东大会做出决议。股票的发行价格可以和股票的面额一致,但多数情况下不一致。股票的发行价格一般有以下三种:

(1)等价发行。等价就是以股票的票面额为发行价格,也称为平价发行。等价发行股票容易推销,但是不能获得股票的溢价收入。

(2)市价发行。市价发行,也称时价发行,即以股票市场上原股票现行市价为基准来确定股票发行价格。选用市价发行股票,考虑了股票的现行市场价值,对投资者有较大的吸引力。

(3)中间价发行。中间价发行,是取股票市场价格与面值的中间值作为股票的发行价格。

按市价或中间价发行股票,股票发行价格会高于或低于其面额。前者称溢价发行,后者称折价发行。如属溢价发行,发行公司所获溢价收入列入资本公积。

我国《公司法》规定,股票发行价格可以等于票面金额(等价),也可以超过票面金额(溢价),但不得低于票面金额(折价)。

(三)股票上市

1.股票上市的目的

股票上市,是指股份有限公司公开发行的股票经批准在证券交易所进行挂牌交易。经批准在交易所上市交易的股票称为上市股票,公司则称为上市公司。

股份公司申请股票上市,一般有以下目的:资本大众化,分散风险;提高股票的变现力;便于筹措资金;提高公司知名度,吸引更多顾客;便于确定公司价值等。但股票上市也有对公司不利的一面。主要指:公司将负担较高的信息披露成本;可能会暴露公司商业秘密;可能会分散公司控制权等。

2.股票上市的条件

在我国《证券法》中规定,股份有限公司申请其股票上市,应当符合下列条件:

(1)股票经国务院证券管理机构核准已公开发行。

(2)公司股本总额不少于人民币 3 000 万元。

(3)向社会公开发行的股份达到公司股份总数的25%以上;公司股本总额超过人民币 4 亿元的,其向社会公开发行股份的比例为10%以上。

(4)公司在最近 3 年内无重大违法行为,财务会计报告无虚假记载。

(5)证券交易所规定的其他条件。

证券交易所可以规定高于前款规定的上市条件,并报国务院证券监督管理机构批准。

股票上市交易申请被批准后，上市公司必须公告其股票上市报告，并将其申请文件存放在指定的地点供公众查阅。经批准的上市公司的股票，依照有关法律、行政法规上市交易。上市公司必须按照法律、行政法规的规定，定期公开其财务状况和经营情况，在每个会计年度内按规定时限公布财务会计报告。

3. 股票上市的有利影响

(1)有助于改善财务状况。公司公开发行股票可以筹得自有资金，能很快改善公司财务状况，并容易得到利率较低的贷款。同时，公司一旦上市，就可以有机会从证券市场上筹集更多的资金。

(2)利用股票收购其他公司。某些公司常常利用出让股票而非支付现金的方式收购其他公司。那些被收购公司往往也乐意接受上市公司的股票。因为上市股票的流通性较好，持股人很容易将股票出售而得到资金。

(3)利用股票市场客观评价企业。对于上市的公司来说，每日每时的股市行情，都是对企业客观的市场估价。

(4)利用股票可激励公司职工。上市公司可以利用股票作为激励关键人员的有效手段。

(5)提高公司知名度，吸引更多的顾客。股票上市为社会所知，并被认定为经营优良，这会给公司带来良好的声誉，从而吸引更多的顾客，扩大公司的销售。

4. 股票上市的不利影响

(1)使公司失去隐私权。因为国家证券管理机构要求上市公司将关键的经营情况向社会公众公开。所以，公司一旦转为上市公司，其最大的变化是公司隐私权的消失。

(2)限制经理人员操作的自由度。公司上市后，其所有重要决策都需要经董事会讨论通过，有些对企业至关重要的决策则须经全体股东投票决定，股东们常常以公司盈利、分红、股价等来判断经理人员的业绩，这些压力使得企业经理人员只注重短期效益而忽略长期发展。

(3)公开上市需要很高的费用。这些费用包括：资产评估费用、股票承销佣金、律师费、注册会计师费、材料印刷费、登记费等等。而这些费用的具体数额往往取决于企业的具体情况、整个上市过程的难易程度和上市融资的数额等因素。公司上市后还需花费一些费用为证券交易所、股东等提供资料，聘请注册会计师、律师等等。

(四)普通股筹资的优缺点

1. 普通股筹资的优点

与其他筹资方式相比，发行普通股筹资具有如下优点：

(1)无固定股利负担。普通股股利并不构成公司固定的股利负担,是否发放股利、什么时候发放股利以及发放多少股利,主要取决于公司的获利能力和股利政策。

(2)无固定到期日,无须还本。通过发行普通股来进行筹资,公司筹集的资金是永久性资金,也叫权益资本或自有资金,公司无须向投资人归还投资。这对于保证公司对资本的最低需要,维持公司长期稳定发展具有重要意义。

(3)普通股筹资的风险小。由于普通股筹资没有固定的股利负担,没有固定的到期日,无须还本,筹集的资金是永久性资金,投资人无权要求公司破产,因此,风险最小。

(4)普通股筹资能增强公司偿债和举债能力以及公司的信誉。发行普通股筹集的资金是公司的权益资本或自有资金,而权益资本或自有资金是公司偿债的真正保障,是公司以其他方式筹资的基础,它反映了公司的实力。所以利用普通股筹资可增强公司的偿债能力,增强公司的信誉,进而增强公司的举债能力。

(5)筹资限制较少。利用优先股或债券筹资,通常有许多限制,这些限制往往会影响公司经营的灵活性,而利用普通股筹资则没有这种限制。

2. 普通股筹资的缺点

(1)普通股的资本成本较高。从投资者的角度来说,投资于普通股风险较高,相应的要求有较高的投资报酬率。对于筹资公司来说,普通股股利从税后利润中支付,不像债券利息那样作为费用从税前支付,因而不具抵税作用。另外,普通股的发行费用一般也高于其他证券。

(2)容易分散控制权。当公司增资发行普通股时,新股东会相应加入,新股东的加入会稀释原有股东的参与权和控制权,因此,容易导致公司控制权的分散。此外,由于普通股具有同股、同权、同利的特点,所以新加入的股东会分享公司未发行新股前积累的盈余,这样公司的每股收益就会下降,从而可能导致普通股市价下跌。

【学中做 4-1】 某公司拟发行一批普通股,发行价格 12 元,每股发行费用 2 元,预定每年分派现金股利每股 1.2 元,试计算该普通股筹资成本是多少?

假定该公司准备增发普通股,每股发行价为 15 元,发行费用为 3 元,预定第一年分派现金股利每股 1.5 元,以后每年股利增长为 5%,试计算该普通股筹资成本为多少?

三、优先股筹资

优先股是相对普通股而言的,较普通股具有某些优先权利,同时也受到一定限制的股票。优先股的含义主要体现在"优先权利"上,包括优先分配股利和优先分配公司剩余财产权利。具体的优先条件需由公司章程予以明确规定。

（一）优先股的性质

优先股是一种特别的股票。从性质上看，优先股是一种具有双重性质的证券，发行优先股所筹集的资金虽然属于公司的自有资金，但同时兼有债券的性质；从法律上讲，发行优先股筹集的资金是企业自有资金的一部分，但优先股有固定的股利，这与债券利息相似，优先股对盈利的分配和剩余资产的分配具有优先权，这也类似于债券。

（二）发行优先股的动机

股份有限公司发行优先股，筹集自有资金只是其目的之一。由于优先股的特性，公司发行优先股往往还有其他的动机。

1. 防止公司股权分散化。由于优先股股东一般没有表决权，发行优先股可以避免公司股权分散，保障公司的原有股东控制权。

2. 调整现金余缺。公司在需要现金资本时发行优先股，在现金充足时将可赎回的优先股赎回，从而调整现金余缺。

3. 改善公司资本结构。公司在安排借入资金与自有资金的比例关系时，可较为便利地利用优先股的发行与转换来进行调整。

4. 维持举债能力。公司发行优先股，有利于巩固自有资金的基础，维持乃至增强公司的借款举债能力。

（三）优先股的特征

1. 约定股息率。优先股股票在发行时即已约定了固定的股息率，且股息率不受公司经营状况和盈利水平的影响。按照公司章程的规定，优先股股东可以优先于普通股股东向公司领取股息，所以，优先股股票的风险要小于普通股股票。

2. 优先分派股息和清偿剩余资产。当公司利润不够支付全体股东的股息和红利时，优先股股东可以先于普通股股东分取股息；当公司因解散、破产等进行清算时，优先股股东又可先于普通股股东分取公司的剩余资产。

3. 表决权受到一定限制。优先股股东一般不享有公司经营参与权，即优先股股票不包含表决权，优先股股东无权过问公司的经营管理。然而，在涉及优先股股票所保障的股东权益时，如公司连续若干年不支付或无力支付优先股股票的股息，或者，公司要将一般优先股股票改为可转换优先股股票时，优先股股东也享有相应的表决权。

4. 股票可由公司赎回。优先股股东不能要求退股，但却可以依照优先股股票上所附的赎回条款，由公司予以赎回。

（四）优先股的分类

优先股按照不同的方法大致可分为以下几类：

1. 按股利能否累积，可分为累积优先股和非累积优先股

累积优先股是指在任何营业年度内未支付的股利可累积起来，由以后营业年度的盈利一起支付的优先股股票。一般而言，一个公司只有把所欠的优先股股利全部支付以后，才能支付普通股股利。

非累积优先股是仅按当年利润分取股利。如果本年度的盈利不足以支付全部优先股股利，对所积欠的部分，公司不予累积计算，优先股股东也不能要求公司在以后年度中予以补发。

2. 按是否可转换为普通股股票，可分为可转换优先股与不可转换优先股

可转换优先股是股东可在一定时期内按一定比例把优先股转换成普通股的股票。转换的比例是事先确定的，其数值大小取决于优先股与普通股当时的价格。

不可转换优先股是指不能转换成普通股的股票。不可转换优先股只能获得固定股利报酬，而不能获得转换收益。

3. 按能否参与剩余利润分配，可分为参与优先股和非参与优先股

参与优先股是指不仅能取得固定股利，还有权与普通股一同参与利润分配的股票。根据参与利润分配的方式不同，又可分为全部参与分配的优先股和部分参与分配的优先股。前者表现为优先股股东有权与普通股股东共同等额分享本期剩余利润；后者则表现为优先股股东有权按规定额度与普通股股东共同参与利润分配，超过规定额度部分的利润，归普通股股东所有。

非参与优先股是指不能参与剩余利润分配，只能取得固定股利的优先股。

4. 按是否有赎回优先股票的权利，可分为可赎回优先股和不可赎回优先股

可赎回优先股又称为可收回优先股，是指股份公司可以按一定价格收回的优先股股票。在发行这种股票时，一般都附有赎回条款，并规定了赎回该股票的价格。此价格一般略高于股票的面值。至于是否赎回，在什么时候赎回，则由发行股票的公司来决定。

不可赎回优先股是指不能收回的优先股股票。因为优先股都有固定股利，所以，不可赎回优先股一经发行，便会成为公司一项永久性的财务负担。因此，在实际工作中，大多数优先股均是可赎回优先股。

5. 按股息是否可调整，可分为股息可调优先股和股息不可调优先股

股息可调优先股，是指股息率可以调整的优先股股票。这种优先股股票是为适应近年来国际金融市场动荡不定、各种有价证券的价格和银行存款的利率经常波动的特点而产生的，其目的在于保护股东的权益，扩大公司的股票发行量。

股息不可调优先股，是指股息率不能调整的优先股股票。经济活动中常见的优先股股票一般都是股息不可调优先股股票。

(五)优先股筹资的优缺点

1.优先股筹资的优点

(1)没有固定的到期日,不用偿还本金。发行优先股筹集资金,实际上近乎得到一笔无限期的长期贷款,公司不承担还本义务。

(2)股利的支付既固定又有一定的灵活性。一般而言,优先股都采用固定股利,但对固定股利的支付并不构成公司的法定义务。如果公司财务状况不佳,可以暂时不支付优先股股利,即使如此,优先股股东也不能像公司债权人那样迫使公司破产。

(3)有利于提高公司信誉。从法律上讲,优先股股本属于自有资金,发行优先股能加强公司的自有资本基础,可适当增强公司的信誉,提高公司的借款举债能力。此外,当公司既想向外界筹措自有资金,又想保持原有股东的控制权时,利用优先股筹资尤为恰当。

2.优先股筹资的缺点

(1)筹资成本高。优先股的成本虽低于普通股,但一般高于债券。

(2)筹资限制多。对优先股的筹资制约因素较多。

(3)财务负担重。优先股要求支付固定股利,但又不能在税前扣除,当盈利下降时,优先股的股利可能会成为一项较重的财务负担。

第三节　留存收益筹资

一、留存收益筹资的渠道

留存收益筹资的来源渠道有盈余公积和未分配利润两个方面。

1.盈余公积。是指公司按《公司法》规定从税后净利润中提取的、有指定用途的积累资金,包括法定盈余公积金和任意盈余公积金两种。

2.未分配利润。是指公司实现的税后净利润进行分配后剩余的、未限定用途的积累资金。

二、留存收益筹资的优缺点

留存收益是由公司税后利润形成的,属于权益资本。因此,留存收益是企业资金的一项重要来源,它实际上是股东对企业进行追加投资,股东对这部分投资与以前缴给企业的股本一样,也要求有一定的报酬。

【学中做 4-2】　某公司普通股目前的股价为 10 元/股,筹资费率为 8%,刚刚支付的每股股利为 2 元,股利固定增长率为 3%,试计算该公司留存收益筹资的成本是多少？

(一)留存收益筹资的优点

1.资本成本较普通股成本低。留存收益筹资的成本计算与普通股成本计算基本相同，但不用考虑筹资费用，因此资本成本较普通股成本低。

2.保持普通股股东的控制权。留存收益是由公司税后利润形成的，它实际上是股东对企业进行追加投资，不用对外发行股票，因此，追加的权益资本不会改变企业的股权结构，不会分散普通股股东的控制权。

3.增强公司的信誉。留存收益筹资能解决企业经营发展需要的资金，又能提高企业的举债能力，因此可以增强公司的信誉。

(二)留存收益筹资的缺点

1.筹资数额有限制。留存收益是由公司税后利润形成的，如果企业经营发生亏损，则不存在这一资金来源。此外，留存收益的多少，常常受到股东的限制。

2.资金使用受制约。留存收益中某些项目的使用，比如法定盈余公积金，要受国家有关规定的制约。

第四节 可转换债券和认股权证

可转换债券和认股权证可使企业自动调整未来的资本结构，因此增强了财务杠杆的灵活性。债券的可转换性可使企业在不追加资金来源的情况下改变资本结构。认股权证可使企业在将来某个时点通过发行普通股来筹集资金。

一、可转换债券

(一)可转换债券的性质

可转换债券是可转换公司债券的简称，是指可转换债券的持有人在一定时期内，可以按规定的价格或一定比例，自由地选择转换为普通股的债券。发行可转换债券筹得的资金具有债权性资金和权益性资金的双重性质，即可转换债券在转换权行使之前属于公司的债务资本，权利行使之后则成为发行公司的所有权资本。

可转换债券可视为普通公司债券和期权的组合体，其期权属性赋予债券持有者下述权利：在发售后的一段时间内，可根据自己的意愿，选择是否按约定的条件将持有的债券转换成股票。

比如，某公司在2008年1月发行可转换债券，债券的有效期为5年，面值为1 000元，单利计算的年利率为3%，到期一次还本付息。该债券可转换股票100股，即持有者可以在5年内的任何时候，以每股10元的价格将债券转换为股票，也可以到第5年年末收回1 150元的本息。

(二)可转换债券的特征

可转换债券兼有债券和股票的特征,具有以下三个特点:

1.债权性。与其他债券一样,可转换债券也有规定的利率和期限,投资者可以选择持有债券到期而收取本息。

2.股权性。可转换债券在转换成股票之前是纯粹的债券,但在转换成股票之后,原债券持有人就由债权人变成了公司的股东,可参与企业的经营决策和红利分配,这也在一定程度上会影响公司的股本结构。

3.可转换性。可转换性是可转换债券的重要标志,债券持有人可以按约定的条件将债券转换成股票。转股权是投资者享有的、一般债券所没有的选择权。可转换债券在发行时就明确约定,债券持有人可按照发行时约定的价格将债券转换成公司的普通股票。如果债券持有人不想转换,则可以继续持有债券,直到偿还期满时收取本金和利息,或者在流通市场出售变现。如果持有人看好发债公司的股票增值潜力,在宽限期之后可以行使转换权,按照预定转换价格将债券转换成为股票,发债公司不得拒绝。正因为具有可转换性,可转换债券利率一般低于普通公司债券利率,企业发行可转换债券可以降低筹资成本。

可转换债券具有双重选择权的特征。一方面,投资者可自行选择是否转股,并为此承担转债利率较低的机会成本;另一方面,可转债发行人拥有是否实施赎回条款的选择权,并为此要支付比没有赎回条款的可转债更高的利率。双重选择权是可转换公司债券最主要的金融特征,它的存在使投资者和发行人的风险、收益限定在一定的范围以内,并可以利用这一特点对股票进行套期保值,获得更加确定的收益。

(三)可转换债券的基本要素

可转换债券的要素是指构成可转换债券基本特征的必要因素,它们表明可转换债券与不可转换债券(或普通债券)的区别。

1.标的股票

可转换债券对股票的可转换性,实际上是一种股票期权或股票选择权,它的标的物就是可以转换成的股票,一般是发行公司的普通股。

2.转换价格

可转换债券发行之时,明确了以怎样的价格转换为普通股,这一规定的价格,就是可转换债券的转换价格(也称转股价格),即转换发生时投资者为取得普通股每股所支付的实际价格。按照我国《可转换公司债券管理暂行办法》的规定,上市公司发行可转换债券的,以发行可转换公司债券前1个月股票的平均价格为基准,上浮一定幅度作为转换价格;重点国有企业发行可转换公司债券的,以拟发行股票的价格为基准,折扣一定比例作为转换价格。

比如，某上市公司拟发行5年期面值为1 000元的可转换债券，发行前1个月起股票平均价格经测算为每股32元，预计公司股价未来将明显上升，故确定可转换债券的转换价格比前1个月的股价上浮25%，于是该公司可转换债券的转换价格为：32×(1+25%)=40(元)。

转换价格也可以是变动的，通常可在证券有效转换期内逐步提高。例如，上例中的可转换债券发行公司也可以这样规定：债券发行后的第2年至第3年内，可按照每股36元的转换价格将债券转换为普通股股票(即每张债券可转换为25股普通股股票)；债券发行后的第3至第4年内，可按照每股50元的价格将债券转换为普通股股票(即每张债券可转换为20股普通股股票)；债券发行后的第4至第5年内，可按照每股60元的价格将债券转换为普通股(即每张债券可转换为16.67股普通股股票)。可见，转换价格越高，债券能够转换成的普通股股数越少，所以这种逐期提高可转换价格的目的，往往在于促使可转换债券的持有者尽早地进行转换。

3. 转换比率

转换比率是债权人通过转换可获得的普通股股数。比如上例中的第2年至第3年期每张债券可转换为25股普通股，第3年至第4年期每张债券可转换为20股普通股，第4年至第5年期每张债券可转换为16.67股普通股，就是可转换债券的转换比率。显然，可转换债券的面值、转换价格、转换比率之间的关系，可用下列公式表示：

$$转换比率=\frac{债券面值}{转换价格}$$

4. 转换期

转换期限是指可转换债券转换成股票的起始日至结束日的期间。可转换债券的转换期可以与债券的期限相同，也可以短于债券的期限。例如，某种可转换债券规定只能从其发行一定时间之后(如发行若干年之后)才能够行使转换权，这种转换期称为递延转换期，短于债券期限。还有的可转换债券只能在一定时间内(如发行日后若干年之内)行使转换权，超过这一段时间转换权失效，因此，转换期也可能会短于债券的期限，这种转换期称为有限转换期。超过转换期后的可转换债券，不再具有转换权，自动成为不可转换债券(或普通债券)。

5. 赎回条款

赎回条款是可转换债券的发行期也可以在债券到期日之前提前赎回债券的规定。赎回条款具体包括不可赎回期、赎回期、赎回价格和赎回条件等。提前赎回的债券，其赎回价格一般高于面值，赎回价格与面值之间的差额称为赎回溢价。赎回溢价的多少，通常取决于发行者和投资者对未来市场利率的估计，如果预计未来市场利率较低，赎回溢价必须较高。在到期日前赎回可转换债券，既可以给公司增加融资的灵活性又可以起到强迫债券持有者进行转换的作用。

比如，某公司的可转换债券在发行时规定，公司可在发行后的第3年年末以1 100元的价格赎回。当债券市场价格为1 300元，转换价值为1 250元时，如果公司行使赎回权利，那么债券持有者将尽快将其所持债券转换为公司的股票，以免遭受不必要的投资损失。

6. 回售条款

回售条款是在可转换债券发行公司的股票价格达到某种恶劣程度时，债券持有人有权按照约定的价格将可转换债券卖给发行公司的有关规定。回售条款具体包括回售时间、回售价格等内容。设置回售条款，是为了保护债券投资人的利益，使他们能够避免遭受过大的投资损失，从而降低投资风险。合理的回售条款，可以使投资者具有安全感，因而有利于吸引投资者。

7. 强制性转换条款

强制性转换条款是在某些条件具备之后，债券持有人必须将可转换债券转换为股票，无权要求偿还债券本金的规定。设置强制性转换条款，在于保证可转换债券顺利地转换成股票，实现发行公司扩大权益筹资的目的。

(四)可转换债券的价值

可转换债券的特征，决定了可转换债券存在三种不同的价值：转换价值、非转换价值和市场价值。

1. 转换价值

转换价值是指可转换债券转换成普通股后的价值。由于可转换债券通常是转换成普通股，所以转换价值等于转换比率与普通股市场价格之积，即：

转换价值＝转换比率×普通股市场价格

比如，某公司发行的面值1 000元、可转换为100股普通股的可转换债券，当该公司普通股价格为8元时，该债券的转换价值为800元(100×8元)。

2. 非转换价值

可转换债券在持有者不行使转换权时，它同时具有债券原有的本身价值，称为可转换债券的非转换价值。

可转换债券的原有价值是债券本金和利息的现值，即债券本金和利息按投资者所要求的收益率折成的现值，可按下列公式计算：

$$P=\sum_{t=1}^{n}\frac{I_t}{(1+i)^t}+\frac{P_n}{(1+i)^n}$$

其中：P为债券非转换价值；P_n为债券到期日本金；I_t为第t年的利息额；n为可转换债券尚余的年限；i为投资者所要求的报酬率。

【做中学4-1】 某公司发行5年期，面值1 000元，年利率3%，每年年末付息的可转换债券，假设投资者要求的收益率为5%，则其非转换价值为：

$$P=\sum_{t=1}^{5}\frac{1\ 000\times3\%}{(1+5\%)^{t}}+\frac{1\ 000}{(1+5\%)^{5}}=30\times4.329+1\ 000\times0.784=913.87(\text{元})$$

3. 市场价值

市场价值又称市场价格，是指可转换债券在证券市场上交易的价格。按照一般规律，可转换债券的市场价值不会低于其转换价值和非转换价值中的较高者。即当转换价值低于非转换价值时，市场价值将不低于非转换价值；当转换价值高于非转换价值时，市场价值将不低于转换价值。

如果可转换债券的市场价格低于非转换价值，那么投资者就会买进可转换债券，不行使转换权，以便获取利息收入。如前例中金利公司普通股的市场价格为8元，可转换债券转换价值为800元(8元×100)，投资者要求的收益率为5%，该转换债券的非转换价值是913.87元，这时转换价值低于非转换价值。但债券的市场价格不会降至913.87元以下，否则，债务需求的增加会导致市场价格回升到913.87元。因此，非转换价值是可转换债券的最低价。

如果可转换债券的市场价格低于转换价值，那么投资者就会通过套购活动(即购进可转换债券并立刻转换成普通股后抛售)获取套购利润。如金利公司的普通股价格是12元，转换比率为100股，则转换价值为1 200元。假设该公司可转换债券的市场价格是每张1 100元，那么套购者以每张1 100元的价格买进债券，转换成100股普通股，再以每股12元的价格卖出股票，就可以获取套购利润100元。只要有套购利润，这一过程就将继续。因此，市场价格不会低于转换价值。

从以上分析可知，可转换债券的市场价格一般会高于其转换价值或非转换价值，因此把转换价值或非转换价值称为可转换债券市场价格的底价，现行市场价格与底价之差称为转换溢价。

(五)可转换债券筹资的优缺点

1. 可转换债券筹资的优点

(1)筹资成本较低。可转换债券给予了债券持有人以优惠的价格转换成公司股票的好处，因而其利率低于同一条件下的不可转换债券(或普通债券)的利率，降低了公司的筹资成本。此外，在可转换债券转换为普通股时，公司无须另外支付筹资费用，又可节约股票的筹资成本。

(2)有利于稳定股票市价。可转换债券的转换价格通常高于公司当前股价，转换期限较长，有利于稳定股票市价。

(3)增强筹资灵活性。可转换债券在转换为公司股票前是发行公司的一种债务资本，可以通过提高转换价格、降低转换比率等方式促使持有者将持有的债券转换为公司股票，即转换为权益资本。在转换过程中，不会受其他债权人的反对。

2. 可转换债券筹资的缺点

(1)增强了管理层的压力。发行可转换债券后，若股价长期低迷或发行公司业绩不佳，持有者不愿将可转换债券转换为股票，则会增加发行公司偿还债务的压力，加大公司的财务风险。

(2)存在回购风险。发行可转换债券后，公司股价在一定时期内连续低于转换价格达到某一幅度时，债券持有人可将持有的债券按事先约定的价格出售给发行公司，增加了公司的财务风险。

(3)股价大幅度上扬时，存在减少筹资数量的风险。如果转换时，公司股价大幅度上扬，公司只能以固定的转换价格将可转换债券转换为股票，从而减少了筹资数量。

二、发行认股权证

认股权证是一种权利证书，表示持有该权利证书的投资者可在一定期限内以特定的认购价格购买规定数量的普通股。它规定一个可以购买普通股的认购价格以及每一认购权证可以购买普通股股份的数额。认股权证类似于购买选择权，是一种有价证券，其持有人可以行使认股权，也可以不行使认股权，也可以将认股权证转让出去。认股权证与它所伴随的证券(例如债券)既可以分开，也可以不分开，这样便于它们分别交易。认股权证在行使选择权之前，并不拥有普通股股东的权利。

用认股权证购买发行公司的股票，其价格一般低于市场价格，因此，公司发行认股权证可增加其所发行股票对投资者的吸引力。

(一)认股权证的基本要素

1. 认购价格

认购价格是认股权证持有者购买普通股的价格。认购价格通常在认股权证期限内保持不变，如果企业决定改变认购价格，要在发行时规定改变办法。

2. 认股数量

认股数量是指每一份认股权证可以认购股票的份数。

3. 认购期限

认购期限指认股权证持有者行使权利的有效期。在该日期后，认股权证就自动丧失一切权利。

4. 赎回条款

赎回条款，指发行认股权证的企业是否有权在规定的有效期限内赎回其发行在外的认股权证。

(二)认股权证的种类

1. 按允许购买的期限长短分类，可将认股权证分为长期认股权证与短期认股权证

短期认股权证的认股期限一般在 90 天以内；长期认股权证认股期限通常在 90

天以上，更有长达数年或永久者。

2. 按认股权证的发行方式分类，可将认股权证分为单独发行认股权证与附带发行认股权证

依附于债券、优先股、普通股或短期票据发行的认股权证，为附带发行认股权证。单独发行认股权证是指不依附于公司债券、优先股、普通股或短期票据而单独发行的认股权证。认股权证的发行，最常用的方式是认股权证在发行债券或优先股之后发行。这是将认股权证随同债券或优先股一同寄往认购者。在无纸化交易制度下，认股权证将随同债券或优先股一并由中央登记结算公司划入投资者账户。

3. 按认股权证认购数量的约定方式，可将认股权证分为备兑认股权证与配股权证

备兑认股权证是每份备兑证按一定比例含有几家公司的若干股股票。配股权证是确认老股东配股权的证书，它按照股东持股比例定向派发，赋予其以优惠价格认购公司一定份数的新股。

(三)认股权证的价值

认股权证有理论价值和市场价格，一般市场价格高于理论价值。

1. 理论价值

认股权证的理论价值可以用以下公式计算：

$$理论价值=(普通股市价-认购价格)\times 认购数量$$

根据公式，当普通股市价高于认购价格，认股权证理论价值为正值；当普通股市价等于认购价格，认股权证理论价值为 0；而当普通股市价低于认购价格时，认股权证理论价值为负值，此价值毫无意义。因此，可以定义此时的认股权证理论价值为 0，也就是说，认股权证的最低理论价值为 0。

【做中学 4-2】 宏发公司发行附有认股权证的债券，每 1 000 元债券附有一张认股权证，每张认股权证提供在 2010 年 6 月 8 日之前以每股 15 元的价格购买 2 股该公司普通股的权利。假设该公司普通股市价为 20 元，那么认股权证的理论价值是：

$$理论价值=(20-15)\times 2=10(元)$$

2. 市场价格

认股权证的市场价格是由市场上的供求决定的。一般来说，认股权证的市场价格会高于理论价值，或者说认股权证存在溢价。这是由于套购活动和杠杆效应使认股权证的投机性较大。

如果认股权证的市场价格低于理论价值，套购者就会在市场上买入认股权证，行使购买股票的权利，卖出所买到的股票，获取套购利润。这种套购活动使市场价格不会低于其理论价值。

认股权证还能为投资者提供杠杆效应。如果投资者对股票的后市走势判断正确，则权证的投资回报率往往会远高于股票的投资回报率。这是因为购买权证时往往只需缴付较低的权利金，就可控制比该权利金高出数倍的股票认购权。

(四)认股权证筹资的优缺点

1.认股权证筹资的优点

(1)为公司筹集额外的资金。认股权被行使后，公司发行在外的股票数会增加，公司的权益资本也会增加，使公司多筹集了资金。

(2)促使其他筹资方式的运用。单独发行的认股权证有利于将来发售股票，附带发行的认股权证可以促进其所依附证券的发行效率。而且由于认股权证具有价值，附有认股权证的债券票面利率和优先股股利率通常较低。

2.认股权证筹资的缺点

(1)稀释每股收益。认股权行使后，公司的股票数量会增加，会稀释公司的每股收益。

(2)容易分散股东的控制权。当认股权证行使时，企业的股权结构会发生改变，稀释了原股东对公司的控制权。

【思考题】

1.吸收直接投资的优缺点主要有哪些？

2.股票发行可以采用什么发行方式？各种发行方式的特点是什么？

3.设立发行和增资发行股票的程序有什么不同？

4.利用普通股筹资的优缺点有哪些？优先股的股东有哪些优先权利？

5.留存收益筹资的渠道有哪些？留存收益筹资的优缺点有哪些？

6.可转换债券的种类有哪些？企业发行可转换债券的优缺点有哪些？

7.认股权证的含义和特征是什么？

【实训题】

一、单项选择题

1.吸收直接投资的缺点是　（　）

A.不能接受实物投资　　B.资本成本较高

C.企业借款能力下降　　D.无法避免财务风险

2.用募集设立的方式设立股份有限公司，由发起人认购的股份不得少于公司股份总数的　（　）

A.25％　　B.35％　　C.40％　　D.45％

3.以下说法不正确的是　（　）

A. 权益资本是一种永久性资金，负债资金是一种有限期资金

B. 权益资本是企业财务实力的象征

C. 负债比率越高，财务风险越大

D. 债权人要求的报酬率比股东要求的报酬率高

4. 下列各项中，能够引起企业自有资金增加的筹资方式是 （ ）

A. 吸收直接投资　　B. 发行公司债券

C. 利用商业信用　　D. 留存收益转增资本

5. 下列不是股票上市的不利之处的是 （ ）

A. 可能暴露公司的商业秘密　　B. 公开上市需要很高的费用

C. 可能会分散公司的控制权　　D. 可以改善公司的财务状况

6. 相对于普通股股东而言，优先股股东所拥有的优先权是 （ ）

A. 优先表决权　　B. 优先购股权

C. 优先分配股利权　　D. 优先查账权

7. 下列权利中，不属于普通股股东权利的是 （ ）

A. 公司管理权　　B. 分享盈余权

C. 优先认股权　　D. 优先分配剩余财产权

8. 某企业的股票为固定成长股，普通股成本为14%，第1年股利率为10%，筹资费率为2%，则该股票股利年增长率为 （ ）

A. 2%　　B. 4%　　C. 6%　　D. 3.8%

9. 留存收益的资本成本为 （ ）

A. 无成本

B. 有机会成本，但可以不考虑

C. 和普通股资本成本相同，但无筹资费

D. 和债券资本成本相同，但无筹资费

10. 留存收益的所有权属于 （ ）

A. 股东　　B. 债权人　　C. 国家　　D. 企业职工

二、多项选择题

1. 我国规定，股票可以 （ ）

A. 平价发行　　B. 溢价发行　　C. 折价发行　　D. 时价发行

2. 普通股筹资的优点有 （ ）

A. 普通股筹资没有固定的股利负担

B. 发行普通股没有固定的到期日，无须还本

C. 普通股筹资的风险较小

D. 普通股筹资能增强公司的偿债和举债能力

3. 优先股的特征包括 （ ）

A. 优先分配股利　　B. 优先分配公司剩余财产
C. 优先股股东一般没有表决权　　D. 优先股可以由公司赎回

4. 以下属于权益资本筹资的方式有　（　）
A. 吸收直接投资　B. 发行股票　C. 商业信用　D. 发行融资券

5. 吸收直接投资的出资方式有　（　）
A. 现金　B. 固定资产　C. 原材料　D. 土地使用权

6. 普通股股东所拥有的权利包括　（　）
A. 分享盈利权　　B. 优先认股权
C. 转让股份权　　D. 优先分配剩余资产权

三、判断题

1. 留存收益是企业内部形成的资金来源，无须支付任何代价，是一种最便宜的融资方式。　（　）

2. 发行优先股的上市公司如不能按规定支付优先股股利，优先股股东有权要求公司破产。　（　）

3. 无面值股票的最大缺点是该股票既不能直接代表股份，也不能直接体现其实际价值。　（　）

4. 股份公司发行股票的唯一目的是为了扩大经营规模。　（　）

5. 企业优先股筹资不会分散公司的控制权，故不能增强公司的资金实力。　（　）

6. 一般而言，优先股都采用固定股利，但是如果公司财务状况欠佳，则可暂时不支付优先股股利。　（　）

四、业务题

1. 某公司普通股股票的β值为 1.5，无风险利率为 6%，市场投资组合的期望收益率为 10%，试计算该公司的普通股筹资成本为多少？

2. 某公司发行认股权证筹资，规定每张认股权证可按 45 元认购 10 股普通股票，若公司当前的普通股市价为 6 元，试计算公式发行的每张认股权证的价值是多少？

【自测题】

1. 某公司普通股目前的股价为 15 元/股，筹资费用率为 10%，最近支付的每股股利为 3 元，股利固定增长率为 5%，试计算该公司留存收益筹资的成本是多少？

2. 某企业拟筹资 4 000 万元，其中按面值发行债券 1 000 万元，票面年利率 12%，筹资费用率 4%；发行优先股 1 000 万元，年股利率 15%，筹资费用率 5%；发行普通股2 000万元（250 万股，每股面值 1 元，每股发行价 8 元，第 1 年股利为 1 元/ 股，以后每年都增长 5%），筹资费用率 5%；所得税率 25%。

要求计算该企业：

(1)优先股资本成本。

(2)普通股资本成本。

3.某企业发行期限10年，年利率3%，面值1 000元的可转换债券。发行契约中规定，债券持有人可在债券到期日前按每股10元的价格转换为公司的普通股股票。

试计算该债券在以下两种情况下的市场价格底价。

(1)投资者要求的债券收益率为5%，公司股票价格为11元。

(2)投资者要求的债券收益率为7%，公司股票价格为6.5元。

第五章　负债资金筹集

【学习目标】

通过本章的学习，学会企业负债筹资的方式；了解债券的含义、种类和基本要素，熟悉债券的发行规定及条件、发行程序、信用等级、还本付息和债券筹资的优缺点，掌握债券发行价格和债券筹资成本的计算；了解长期借款的种类和借款程序以及保护性条款的规定，掌握长期借款筹资成本的计算和优缺点；了解融资租赁的概念、种类、租赁程序以及融资租赁和经营租赁的区别，掌握融资租赁的租金计算和优缺点；了解各种短期借款、商业信用、短期融资券、应收账款转让的含义及优缺点。

第一节　发行债券

债券是各类社会经济主体为筹集负债资金而向投资人出具的，承诺按一定利率定期支付利息，到期偿还本金的债权债务凭证。债券有政府债券、公司(企业)债券和金融债券，这里主要介绍公司债券。发行公司债券是公司筹集负债资金的重要方式。

一、债券的种类

公司债券按不同标准，可以分为不同类型：

(一)按债券上是否记有持券人的姓名或名称，分为记名债券和无记名债券

记名债券是在债券名册上登记债券持有人姓名或名称，凭名册偿还本金或支付利息，在转让时要办理过户手续的债券。无记名债券在债券上没有姓名或名称，凭券还本付息，其流通方便，转让无须过户。

(二)按可否转换，分为可转换债券和不可转换债券

可转换债券是可以转换成普通股股票的债券。不可转换债券是不能转换为普通股股票的债券。可转换债券在规定时期内(一般为债券期限)转换时，应按规定的价格或一定的比例转换为普通股股票。一般来说，前种债券的利率要低于后种债券。

以上两种债券分类为我国《公司法》所确认。除此之外，按照国际通行做法，公司债券还有其他分类。

(三)按有无抵押担保,分为抵押债券、信用债券和担保债券

抵押债券是企业以一定财产做抵押而发行的债券,如果企业不能按期还本付息或破产清算,可以将抵押品拍卖补偿,抵押债券按抵押物品的不同,又分为不动产抵押债券、设备抵押债券和证券信托债券。信用债券是无抵押品担保,全凭公司良好的信誉而发行的债券,由于这种债券无担保品,因此,如果公司破产清算,债券持有人只能将其作为一般债权来分享财产。担保债券是指由一定保证人做担保而发行的债券。当企业没有足够的资金偿还债务时,债权人可要求保证人偿还。

(四)按有无利息,分为有息债券和无息债券

有息债券是除本金外再按面值的一定比率加计利息的债券。无息债券不计利息,按面值折价出售,到期按面值归还本金。债券的面值与买价的差额就是持券人的收益。一般地说,我国企业债券都是有息债券,只有国外有很少的无息债券。

(五)按利率的不同,分为固定利率债券和浮动利率债券

固定利率债券是将利率明确记载于债券上,并按这一固定利率向债权人支付利息的债券。浮动利率债券是指债券上明确利率,但发放利息时利率水平按某一标准(如政府债券、银行存款利率)的变化而同方向调整的债券。

(六)按偿还方式,分为到期一次债券和分期债券

到期一次债券是发行公司在债券到期日一次集中清偿本金的债券。分期债券是一次发行而分期分批偿还本金的债券。分期债券的偿还在具体操作上又有不同的办法。

(七)按能否上市,分为上市债券和非上市债券

可在证券交易所挂牌交易的债券为上市债券;反之为非上市债券。上市债券信用度高,价格高,且变现速度快,故而容易吸引投资者,但上市条件严格,并要承担上市费用。

(八)按照其他特征,还可分为收益公司债券、附认股权债券、附属信用债券等等

收益公司债券是只有当公司获得盈利时才向持券人支付利息的债券。这种债券不会给发行公司带来固定的利息费用,对投资者而言收益较高,但风险也较大。附认股权债券是附带允许债券持有人按特定价格认购公司股票权利的债券。这种认购股权通常随债券发放,具有与可转换公司债券类似的属性。附认股权债券与可转换公司债券一样,票面利率通常低于一般公司债券。附属信用债券是当公司清偿时,受偿权排列顺序低于其他债券的债券,为了补偿其较低受偿权顺序可能带来的损失,这种债券的利率高于一般债券。

二、债券的基本要素

债券的基本要素包括以下几个方面：

(一)债券的面值

债券的面值包括两个基本内容：一是币种，二是票面金额。面值的币种可用本国货币，也可用外币，这取决于发行者的需要和债券的种类。债券的发行者可根据资本市场情况和自己的需要选择合适的币种。票面金额是债券到期时偿还债务的金额。不同债券的票面金额大小可能相差悬殊，但考虑到买卖和投资的方便，多趋向于发行小面额债券。面额印在债券上，固定不变，到期必须足额偿还。

(二)债券的期限

债券都有明确的到期日，债券从发行之日起，至到期日之间的时间称为债券的期限。如果把商业票据也看成一种债券的话，那么债券期限从数天到几十年不等。但近些年来，由于利率和汇率剧烈波动，许多投资者都不愿意投资于还本期限太长的债券，因而，债券的期限有日益缩短的趋势。在债券的期限内，公司必须定期支付利息，债券到期时，必须偿还本金，也可按规定分批偿还或提前一次偿还。

(三)债券的票面利率

债券上通常都载明利率，一般为固定利率，近些年也有浮动利率。债券上标注的利率一般是年利率，在不计复利的情况下，面值与票面利率相乘可得出年利息。

(四)债券的价格

从理论上讲，债券的面值就应该是它的价格，但事实上并非如此。由于发行者的各种考虑或资本市场上供求关系、利息率的变化，债券的市场价格常常脱离它的面值，有时高于面值，有时低于面值，但其差额并不很大，不像普通股那样相差甚远。也就是说，债券的面值是固定的，它的价格却是经常变化的。发行者计息还本，是以债券的面值为根据，而不是以其价格为根据。

三、债券的发行

(一)发行债券的资格与条件

公司发行债券，必须具备《公司法》和《证券法》规定的资格与条件。

1. 发行债券的资格

我国《公司法》规定，股份有限公司、国有独资公司和两个以上的国有企业或者其他两个以上的国有投资主体投资设立的有限责任公司，有资格发行公司债券。

2. 发行债券的条件

《证券法》第 16 条规定，公开发行公司债券，应当符合下列条件：

(1)股份有限公司的净资产不低于人民币 3 000 万元,有限责任公司的净资产不低于人民币 6 000 万元。

(2)累计债券余额不超过公司净资产的 40%。

(3)最近 3 年平均可分配利润足以支付公司债券一年的利息。

(4)筹集的资金投向符合国家产业政策。

(5)债券的利率不超过国务院限定的利率水平。

(6)国务院规定的其他条件。

公开发行公司债券筹集的资金,必须用于核准的用途,不得用于弥补亏损和非生产性支出。

上市公司发行可转换为股票的公司债券,除应当符合以上规定的条件外,还应当符合《证券法》关于公开发行股票的条件,并报国务院证券监督管理机构核准。

(二)债券的发行程序

债券发行的基本程序如下:

1. 做出发行债券的决议

发行公司债券的决议是由公司最高机构做出的。股份有限公司和国有有限责任公司发行公司债券,由董事会制订方案,股东大会做出决议;国有独资公司发行公司债券,由国家授权投资的机构或者国家授权的机构做出决定。

2. 提出发行债券的申请

公司向社会公众发行债券募集资金,数额大且债权人多,所牵涉的利益范围大,所以必须对公司债券的发行进行审批。

凡欲发行债券的公司,先要向国务院证券管理部门提出申请并提交公司登记证明、公司章程、公司债券募集办法、资产评估报告和验资报告等文件。国务院证券管理部门根据有关规定,对公司的申请予以审批。

3. 公告债券募集办法

发行公司债券的申请被批准后,应由发行公司制定公司债券募集办法。办法中应载明的主要事项有:公司名称、债券总额和票面金额、债券利率、还本付息的期限与方式、债券发行的起止日期、公司净资产额、已发行的尚未到期的债券总额、公司债券的承销机构。

4. 委托证券机构发售

一般地讲,公司债券的发行方式有公司直接向社会发行(私募发行)和由证券经营机构承销发行(公募发行)两种。但在我国,根据《证券法》的有关规定,公司发行债券必须与证券经营机构签订承销合同,由其承销。

5. 交付债券,收缴债券款,登记债券存根簿

由证券经营机构发售债券时,投资人直接向其付款购买,证券经营机构代理收

取债券款、交付债券。然后，证券经营机构向发行公司办理债券款的结算。

公司对发行的债券还应置备公司债券存根簿予以登记。置备债券存根簿的意义一方面在于起公示作用，使股东、债权人可以查阅了解，并便于有关机关监督；另一方面便于公司随时掌握债券的发行情况。公司发行记名债券的，应在公司债券存根簿上记明债券持有人的姓名或名称及住所，债券持有人取得债券的日期及债券编号，债券的总额、票面金额、利率、还本付息的期限和方式，债券的发行日期；公司发行无记名债券的，应该在公司债券存根簿上记明债券的总额、利率、偿还期限和方式、发行日期和债券编号。

（三）债券的发行方式

债券的发行方式通常分为公募发行和私募发行两种。

1. 公募发行

公募发行是指不以特定的多数投资者作为募集对象所进行的债券发行。公募发行又可分为直接公募与间接公募两种方式。直接公募是指债券的发行人不通过中介机构（如证券公司）而直接向众多投资者公开发行债券的方式。间接公募是指债券的发行人通过中介机构向众多投资者公开发行债券的方式。

2. 私募发行

私募发行是指以特定的少数投资者作为募集对象所进行的债券发行。这里的“特定的”投资者一般是指机构投资者（如大的金融机构）和个人投资者（如企业职工）。

（四）债券的发行价格

债券的发行价格是债券发行时使用的价格，即投资者购买债券时所使用的价格。债券发行的价格通常有三种：一是平价；二是折价；三是溢价。

平价是指以债券的票面金额为发行价格；折价是指以低于债券票面金额的价格为发行价格；溢价是指以高于债券票面金额的价格为发行价格。债券发行价格的形成受诸多因素的影响，其中主要是票面利率与市场利率的一致程度。债券的票面金额、票面利率在债券发行前即已参照市场利率和发行公司的具体情况确定下来，并载明于债券之上。但在发行债券时已确定的票面利率不一定与当时的市场利率一致。为了协调债券购销双方在债券利息上的利益，就要调整发行价格，即：当票面利率高于市场利率时，可以溢价发行债券；当票面利率低于市场利率时，必须折价发行债券；当票面利率与市场利率一致时，则可以平价发行债券。

在按期付息，到期一次还本，且不考虑发行费用的情况下，债券发行价格的计算公式为：

$$债券发行价格=\frac{票面金额}{(1+市场利率)^n}+\sum_{t=1}^{n}\frac{票面金额\times票面利率}{(1+市场利率)^t}$$

或：债券发行价格＝票面金额×$(P/F,i_1,n)$＋票面金额×$i_2(P/A,i_1,n)$

式中：n为债券期限；t为付息期数；i_1为市场利率；i_2为票面利率。

市场利率是指债券发行时的市场利率。

如果企业发行不计复利、到期一次还本付息的债券，则其发行价格的计算公式为：

$$债券发行价格＝票面金额×(1+i_2×n)×(P/F,i_1,n)$$

【做中学 5-1】 某公司发行面值为 1 000 元，利息率为 10%，期限为 10 年，每年年末付息的债券。在公司决定发行债券时，认为 10%的利率是合理的。如果到债券正式发行时，市场上的利率发生变化，那么就要调整债券的发行价格。现按以下三种情况分别讨论。

(1)资本市场上的利率保持不变，某公司的债券利率为 10%，仍然合理，则可采用平价发行。债券的发行价格为：

$$1\,000×(P/F,10\%,10)+1\,000×10\%×(P/A,10\%,10)$$
$$=1\,000×0.385\,5+100×6.144\,6$$
$$≈1\,000(元)$$

(2)资本市场上的利率有较大幅度的上升，达到 15%时，则应采用折价发行。发行价格为：

$$1\,000×(P/F,15\%,10)+1\,000×10\%×(P/A,15\%,10)$$
$$=1\,000×0.247\,2+100×5.018\,8$$
$$≈749.08(元)$$

也就是说，只有按 749.08 元的价格出售，投资者才能购买此债券，并获得 15%的报酬。

(3)资本市场上的利率有较大幅度的下降，达到 5%，则应采用溢价发行。发行价格为：

$$1\,000×(P/F,5\%,10)+1\,000×10\%×(P/A,5\%,10)$$
$$=1\,000×0.613\,9+100×7.721\,7$$
$$≈1\,386.07(元)$$

也就是说，投资者把 1 386.07 元的资金投资于某公司面值为 1 000 元的债券，便可获得 5%的报酬。

当然，资本市场上的利息率是复杂多变的，除了考虑目前利率外还要考虑利率的变动趋势，实际工作中确定债券的发行价格通常要考虑多种因素。

【学中做 5-1】 某公司发行债券面值为 1 000 元、票面利率为 6%的 5 年期公司债券，利息每年支付一次，到期偿还本金。试确定三种情况下的债券发行价格：(1)债券发行时市场利率为 6%；(2)债券发行时市场利率为 8%；(3)债券发行时市场利率为 4%。

四、债券的还本付息

(一)债券的偿还

债券偿还时间按其实际发生与规定的到期日之间的关系，分为到期偿还、提前偿还与滞后偿还三类。

1. 到期偿还。到期偿还，是指当债券到期后还清债券所载明的义务，又包括分批偿还和一次偿还两种。

2. 提前偿还。提前偿还又称提前赎回或收回，是指在债券尚未到期之前就予以偿还。只有在企业发行债券的契约中明确规定了有关允许提前偿还的条款，企业才可以进行此项操作。具有提前偿还条款的债券可使企业融资有较大的弹性。当企业资金有结余时，可提前赎回债券；当预测利率下降时，也可提前赎回债券，然后再以较低的利率来发行新债券。

赎回有三种形式：即强制性赎回、选择性赎回和通知性赎回。

强制性赎回，是指要保证公司拥有一定的现款来减少其固定负债，从而减少利息支付时，能够提前还债。强制性赎回有偿债基金和赎债基金两种形式。

偿债基金主要是为分期偿还未到期债券而设。它要求发行人在债券到期前陆续偿还债务，因而缩短了债务的有效期限，同时分散了还本付息的压力，这样，在某种程度上减少了违约的风险。但另一方面，在市场看好时(如市场价格高于面值)，强制性赎回使投资人遭受损失，举债公司要给予补偿，通常的办法是提高赎回价格。

赎债基金同样是举债人为提前偿还债券设立的基金，与偿债基金不同的是，赎债基金是债券持有人强制举债公司收回债券。赎债基金只能从二级市场上购回自己的债券，其主要任务是支持自己的债券在二级市场上的价格。

选择性赎回，是指举债公司有选择债券到期前赎回全部或部分债券的权利。选择性赎回的利息率略高于其他同类债券。

通知赎回，是指举债公司在到期日前准备赎回债券时，要提前一段时间向债券持有人发出赎债通知，告知赎回债券的日期和条件。债券持有人有权将债券在通知赎回日期之前售回举债公司，债券持有人的这种权利称为提前售回优先权。售回选择权是指债券持有人有权选择在债券到期前某一个或某几个指定日期，按指定价格把债券售回举债公司，这和选择性赎回的选择主体正好相反。

3. 滞后偿还。债券在到期日之后偿还叫滞后偿还。这种偿还条款一般在发行时便订立，主要是给予持有人以延长持有债券的选择权。滞后偿还有转期和转换两种形式。

转期，指将较早到期的债券换成到期日较晚的债券，实际上是将债务的期限延长。常用的方法有两种，一是直接以新债券兑换旧债券；二是用发行新债券得到的资金来赎回旧债券。

转换，通常指股份有限公司发行的债券可以按一定的条件转换成本公司的股票。

(二)债券的付息

债券的付息主要表现在利息率的确定、付息频率和付息方式三个方面。利息率的确定有固定利率和浮动利率两种形式。债券付息频率主要有按年付息、按半年付息、按季付息、按月付息和一次付息(利随本清、贴现发行)五种。付息方式有两种：一种是采取现金、支票或汇款的方式；另一种是息票债券的方式。

五、债券的信用等级

公司公开发行债券通常需要由债券评信机构评定等级。债券的信用等级对于发行公司和购买人都有重要影响。

国际上流行的债券等级是3等9级。AAA级为最高级，AA级为高级，A级为上中级，BBB级为中级，BB级为中下级，B级为投机级，CCC级为完全投机级，CC级为最大投机级，C级为最低级。

我国的债券评级工作正在开展，但尚无统一的债券等级标准和系统评级制度。根据中国人民银行的有关规定，凡是向社会公开发行的企业债券，需要由经中国人民银行认可的资信评级机构进行评信。这些机构对发行债券企业的企业素质、财务质量、项目状况、项目前景和偿债能力进行评分，以此评定信用级别。

六、债券筹资的优缺点

(一)债券筹资的优点

1. 筹资成本较低。与股票相比，债券的发行费用较低，债券的利息允许在所得税前支付，发行公司可享受税收利益，所以公司实际负担的债券成本一般低于股票成本。

2. 可利用财务杠杆效应。无论发行公司的盈利多少，债券持有人一般只收取固定的利息，而更多的收益可用于分配给股东或留用于公司经营，从而增加股东和公司的财富。

3. 保障股东控制权。债券持有人无权参与发行公司的管理决策，因此，公司发行债券不会像增发新股票那样可能会分散股东对公司的控制权。

(二)债券筹资的缺点

1. 筹资风险较高。债券有固定的到期日，并需定期支付利息，发行公司必须承担按期还本付息的义务。在公司经营不景气时，亦需向债券持有人还本付息，这会给公司带来更大的财务困难，有时甚至导致破产。

2. 限制条件多。发行债券的限制条件一般要比长期借款、租赁筹资的限制条件都多且严格，从而限制了公司债券筹资方式的使用，甚至影响公司的正常发展和以后的筹资能力。

3. 筹资数额有限。公司利用债券筹资一般受一定额度的限制。当公司的负债比率超过一定程度后，债券的成本要迅速上升，有时甚至会发行不出去。另外，我国《证券法》规定，发行公司流通在外的债券累计总额不得超过公司净资产的40%。

【学中做5-2】 某公司发行面值为1 000元、期限为5年、票面利率为8%的债券5 000张，每半年结息一次。发行费率为5%，所得税税率为25%。试计算当该批债券平价发行、折价50元发行和溢价50元发行时的发行价格。

第二节　长期借款

长期借款是企业向银行或其他非银行金融机构借入的期限在一年以上的借款，主要用于购建固定资产和满足长期流动资金占用的需要。

一、长期借款的种类

长期借款的种类很多，各企业可根据自身的情况和各种借款条件选用。我国目前各金融机构的长期借款主要有：

（一）按有无担保，分为信用贷款（无担保贷款）、抵押贷款（担保贷款）

信用贷款是指以借款人的信誉为依据而借入的款项，无须以某种财产作为抵押，也叫做无担保贷款；担保贷款是指以一定的财产或一定的保证人作为担保而借入的款项，这里的“一定的财产”常常是房屋、建筑物、机器设备、股票、债券等等。

（二）按借款的用途，可分为基本建设借款、专项借款、流动资金借款

基本建设借款是指列入计划以扩大生产能力为主要目的的新建、扩建工程及其有关工程，因自筹资金不足，需要向银行申请的借款；专项借款是指企业因为专门用途而向银行申请借入的款项，主要用于更新改造设备、大修理、科研开发、小型技术措施以及技术转让费等的借款；流动资金借款是指企业为满足流动资金的需要而向银行借入的款项，包括流动资金借款、生产周转借款、临时借款、结算借款和卖方借款。

（三）按提供贷款的机构，分为政策性银行贷款和商业银行贷款

政策性银行贷款一般是指执行国家政策性贷款业务的银行向企业发放的贷款，如国家开发银行为企业承建国家重点建设项目所需资金而贷给的款项。商业

银行贷款是指商业银行向企业提供的贷款，主要满足企业生产经营的资金需要。此外，企业还可从信托投资公司取得实物或货币形式的信托投资贷款、从财务公司取得各种中长期贷款等等。

二、长期借款筹资的程序

企业向金融机构借款的程序大致分为以下几个步骤：

(一)企业提出借款申请

企业要向银行借款，首先应提出申请，填写包括借款金额、借款用途、偿还能力、偿还方式等内容的借款《申请书》，并提供借款人的以下资料：

1.借款人及保证人的基本情况。

2.财政部门或会计师事务所核准的上年度财务报告。

3.原有的不合理借款的纠正情况。

4.抵押物清单及同意抵押的证明，保证人拟同意保证的有关证明文件。

5.项目建议书和可行性报告。

6.贷款银行认为需要提交的其他资料。

(二)金融机构进行审批

银行接到借款申请后，要对企业的申请进行审查，以决定是否对企业提供贷款。审查的内容包括以下几个方面：

1.对借款人的信誉等级进行评估。评估可由银行独立进行，内部掌握，也可委托独立的信誉评定机构进行评估。

2.对借款人进行调查。银行应对借款人的信用、借款的合法性、安全性及盈利性进行调查，还要核实抵押物、保证人情况，测定借款风险。

3.借款审批。银行一般都建立了审贷分离、分级审批的贷款管理制度。审查人员应对调查人员提供的资料，认真进行审查，决定是否提供借款。

(三)签订借款合同

为了维护借贷双方的合法权益，企业与金融机构应签订借款合同，其内容分为基本条款和保护性条款，保护性条款又有一般性保护性条款、例行性保护性条款和特殊性保护性条款之分。基本条款是借款合同必须具备的条款；保护性条款是为了降低贷款机构的贷款风险而对借款企业提出的限制条件，它不是借款合同的必备条款。

借款合同的基本条款包括：借款种类、借款用途、借款金额、借款利率、借款期限、还款资金来源及还款方式、保证条款、违约责任等。

(四)企业取得借款

金融机构对企业发放贷款的原则是：按计划、择优扶植、有物资保证、按期归

还。因此,企业要取得长期借款应具备以下的条件:

1.独立核算、自负盈亏、有法人资格。

2.经营方向和业务范围符合国家产业政策,借款用途属于银行贷款办法规定的范围。

3.借款企业具有一定的物资和财产保证,担保单位具有相应的经营实力。

4.具有偿还借款的能力。

5.财务管理和经营核算制度健全,资金使用效益及企业经营效益良好。

6.在银行设有账户,办理结算。

具备上述条件的企业欲取得借款,先要向银行提出申请,银行审查同意后,双方将签订借款合同。双方签订合同后,贷款银行应按合同规定的日期向企业发放贷款,企业便可以取得相应的资金。贷款人不按合同约定按期发放贷款的,应偿付违约金。借款人不按合同的约定用款的,也应偿付违约金。

(五)借款的归还

企业取得借款后,应按借款合同的规定按时足额归还借款本息。如果企业不能按期归还借款,应在借款到期之前,向银行申请贷款展期,但是否展期,由贷款银行根据具体情况决定。

三、长期借款的保护性条款

由于长期借款的期限长、风险大,按照国际惯例,银行通常对借款企业提出一些有助于保证借款按时足额偿还的条件。这些条件写进借款合同中,形成了合同的保护性条款。归纳起来,保护性条款大致有如下三类:

(一)一般性保护条款

一般性保护条款应用于大多数借款合同,但根据具体情况会有不同内容,主要包括:

1.对借款企业流动资金保持量的规定,其目的在于保持借款企业资金的流动性和偿债能力。

2.对支付现金股利和再购入股票的限制,其目的在于限制现金外流。

3.对资本支出规模的限制,其目的在于减少企业日后不得不变卖固定资产以偿还借款的可能性,仍着眼于保持借款企业资金的流动性。

4.限制其他长期债务,其目的在于防止其他借款人取得对企业资产的优先求偿权。

(二)例行性保护条款

例行性保护要款作为例行常规,在大多数借款合同中都会出现,主要包括:

1.借款企业定期向银行提交财务报表,其目的在于及时掌握企业的财务情况。

2.不准在正常情况下出售较多资产，以保持企业正常的生产经营能力。

3.如期缴纳税金和清偿其他到期债务，以防被罚款而造成现金流失。

4.不准以任何资产作为其他承诺的担保或抵押，以避免企业过重的负担。

5.不准贴现应收票据或出售应收账款，以避免或有负债。

6.限制租赁固定资产的规模，其目的在于防止企业负担巨额租金以致削弱其偿债能力，还在于防止企业以租赁固定资产的办法摆脱对其资本支出和负债的约束。

(三)特殊性保护条款

特殊性保护条款是针对某些特殊情况而出现在部分借款合同中的，主要包括：

1.贷款专款专用。

2.不准企业投资于短期内不能收回资金的项目。

3.限制企业高级职员的薪金和奖金总额。

4.要求企业主要领导人在合同有效期间担任领导职务。

5.要求企业主要领导人购买人身保险等等。

此外，“短期借款融资”中的周转信贷协定、补偿性余额等条件，也同样适用于长期借款。

四、长期借款的偿还方式

长期借款的到期期限和偿还特点因金融机构的不同而异，主要包括：定期支付利息、到期一次性偿还本金的方式；如同短期借款那样的定期等额偿还方式；平时逐期偿还小额本金和利息、到期偿还余下的大额部分的方式。通常金融机构要求企业按每季度或每半年分期偿还本息，即定期等额偿还借款本息。若不考虑其他限制性条款，可将借款金额视为年金现值，而每期定额偿还的本息视为年金额。

【做中学 5-2】 某公司 2008 年 1 月 1 日向银行借款 100 万元，借款期限为 6 年，借款利率为 12%，借款合同要求企业每年年末等额支付借款本息。则：

$$每年年末还本付息额=\frac{100}{(P/A,12\%,6)}=\frac{100}{4.111\,4}=24.322\,6(万元)$$

【学中做 5-3】 某公司 2008 年 1 月 1 日向银行借款 200 万元，借款期限为 5 年，借款利率为 10%，借款合同要求企业每半年分期偿还本息，则计算每半年分期偿还本息额。

五、长期借款筹资的优缺点

(一)长期借款筹资的优点

1.筹资速度快。发行各种证券筹集长期资金所需时间一般较长。而向银行借款与发行债券相比，一般所需时间较短，可以迅速地获取资金。

2. 成本较低。利用银行借款筹资，其利息可在所得税前列支，故可减少企业实际负担的成本，因此比股票筹资的成本要低得多；与债券相比，就我国目前情况来看，利用银行借款所支付的利息比发行债券所支付的利息低。另外，也无须支付大量的发行费用。

3. 弹性较大。在借款时，企业与银行直接商定借款的时间、数额和利率。在用款期间，企业如因财务状况发生某些变化，亦可与银行再行协商，变更借款数量及还款期限等。因此，长期借款筹集资金对企业具有较大的灵活性。

4. 可以发挥财务杠杆的作用。无论公司盈利多少，银行只按借款合同规定的利率收取利息，在投资报酬率大于借款利率的情况下，企业利用借款筹资，与债券一样可以发挥财务杠杆的作用。

（二）长期借款筹资的缺点

1. 筹资风险较高。借款通常有固定的利息负担和固定的偿付期限，必须到期还本付息。故借款企业的筹资风险较高。

2. 限制条件较多。企业与银行签订的借款合同中，一般都有一些限制条件，比如定期报送有关报表、必须按照规定的用途使用借款以及要求担保等，这可能会影响到企业以后的筹资和投资活动。

3. 筹资数量有限。采用长期借款筹资一般不如发行股票、债券那样可以一次筹集到大批资金。

【学中做 5-4】 某公司 2008 年欲从银行借款 200 万元，手续费率 0.15%，年利率 8%，期限为 5 年，每年结息一次，到期一次偿还本金，公司所得税税率为 25%，试计算该笔长期借款的筹资成本。

第三节　融资租赁

租赁是指出租人在承租人给予一定报酬的条件下，在契约合同规定的期限内，授予承租人占有和使用财产权利的一种经济行为。它是 20 世纪 50 年代产生于美国的一种新型交易方式，由于它适应了现代经济发展的要求，所以在 20 世纪六、七十年代迅速在全世界发展起来，现在已成为一种国际化的筹资手段。我国在 20 世纪 80 年代初期，成立了一批租赁公司，开展租赁业务。现代租赁已成为我国企业筹措国内外资金的一种有效的方式。租赁有经营租赁和融资租赁之分，经营租赁不属于筹资范畴，故本节主要介绍融资租赁。

一、融资租赁的概念和形式

(一)融资租赁的概念

融资租赁,又称财务租赁,是区别于经营租赁的一种长期租赁形式,是指由租赁公司按照承租企业的要求融资购买设备,并在契约或合同规定的较长期限内提供给承租企业使用的信用性业务,它是现代租赁的主要类型。融资租赁实质上是转移了资产所有权相关的全部报酬和风险的租赁,承租企业采用融资租赁的主要目的是融通资金。一般融资的对象是资金,而融资租赁集融资与融物于一身,具有借贷性质,是承租企业筹集长期负债资金的一种特殊方式。按照我国《企业会计准则》,满足以下一项或数项标准的租赁属于融资租赁:

1. 在租赁期届满时,租赁资产的所有权转移给承租人。

2. 承租人有购买租赁资产的选择权,所订立的购价预计将远低于行使选择权租赁资产的公允价值,因而在租赁开始日就可以合理确定承租人将会行使这种选择权。

3. 租赁期占租赁资产可使用年限的大部分(通常解释为等于或大于75%)。

4. 租赁开始日最低租赁付款额的现值几乎相当于(通常解释为等于或大于90%)租赁开始日租赁资产原账面价值。

5. 租赁资产性质特殊,如果不做重新改制,只有承租人才能使用。

(二)融资租赁的特点

融资租赁的特点主要是:

1. 租赁期较长。融资租赁的租期一般为租赁资产寿命的75%以上。

2. 不得任意中止租赁合同或契约,除非发生某些很少会出现的或有事项、经出租人同意、承租人与原出租人就同一资产或同类资产签订了新的租赁合同、承租人支付了一笔足够大的额外款项等才可撤销租赁合同。

3. 租赁期满后,按事先约定的方式来处置资产,或退还、或续租、或留购。

4. 在租赁期间内,租赁公司一般不提供维修和保养方面的服务。

(三)融资租赁的具体形式

1. 直接租赁

直接租赁是指承租人直接向出租人租入所需要的资产,并付出租金。直接租赁是融资租赁的典型形式,通常所说的融资租赁就是指直接租赁形式。

2. 售后租回

在这种形式下,制造企业按照协议先将其资产卖给租赁公司,再作为承租企业将所售资产租回使用,并按期向租赁公司支付租金。采用这种融资形式,承租企业因出售资产而获得了一笔现金,同时因将其租回而保留了资产的使用权,这与抵押贷款有些相似。

3.杠杆租赁

杠杆租赁是由资金出借人为出租人提供部分购买资产的资金，再由出租人将资产租给承租人的方式。因此，杠杆租赁就涉及出租人、承租人和资金出借人三方。这种方式和其他租赁方式一样对承租人没有影响，但对出租人来说，它只支付购买资产的部分资金(一般为20%～40%)，另一部分是以该资产做担保向资金出借人借来的，因此，它既是出租人又是借款人，同时又拥有资产所有权，既收取租金又偿付债务。如果不能按期偿还借款，则资产所有权要归资金出借人所有。

4.转租赁

这种租赁形式的特点是，承租人所租设备是租赁公司从国内外的其他租赁公司或设备制造厂商租来的。

二、融资租赁的程序

(一)选择租赁公司

企业决定采用租赁方式筹取某项设备时，首先需了解各个租赁公司的经营范围、业务能力以及与其他金融机构的关系和资信情况，取得租赁公司的融资条件和租赁费率等资料，并加以比较，从而择优选定。

(二)办理租赁委托

企业选定租赁公司后，便可向其提出申请，办理委托。这时，筹资企业需填写“租赁申请书”，说明所需设备的具体要求，同时还要提供企业的财务状况文件，包括资产负债表、利润表和现金流量表等。

(三)签订购货协议

由承租企业与租赁公司的一方或双方合作选定设备制造厂商，并与其进行技术与商务谈判，签署购货协议。

(四)签订租赁合同

租赁合同是由承租企业与租赁公司签订的，它是租赁业务的重要法律文件。融资租赁合同的内容可分为一般条款和特殊条款两部分。

1.一般条款。一般条款主要包括：(1)合同说明：主要明确合同的性质、当事人身份、合同签订的日期等。(2)名词解释：释义合同中的重要名词以避免歧义。(3)租赁设备条款：详细列明租赁设备的名称、规格型号、数量、技术性能、交货地点及使用地等。(4)租赁设备交货、验收和税款、费用条款。(5)租期和起租日期等条款。(6)租金支付条款：规定租金的构成、支付方式和货币名称。这些内容通常以附表形式列作合同附件。

2.特殊条款。特殊条款主要规定:(1)购货合同与租赁合同的关系;(2)租赁设备的所有权;(3)租期中不得退租;(4)对出租人免责和对承租人保障;(5)对承租人违约和对出租人补救;(6)设备的使用和保管、维修和保养;(7)保险条款;(8)租赁保证金和担保条款;(9)租赁期满对设备的处理条款等。

(五)办理验货与投保

承租企业收到租赁设备,要进行验收。验收合格签发交货及验收证书并提交给租赁公司,租赁公司据以向厂商支付设备价款。同时,承租企业向保险公司办理投保事宜。

(六)支付租金

承租企业按合同规定的租金数额、支付方式等,向租赁公司定期支付租金。

(七)处理租赁期满的设备

融资租赁合同期满时,承租企业应按租赁合同的规定,实行退租、续租或留购。租赁期满的设备通常都以低价卖给承租企业或无偿赠送给承租企业。

三、融资租赁与经营租赁的区别

融资租赁与经营租赁的区别有以下几个方面:

(一)租赁程序

融资租赁是由承租人向出租人提出正式申请,由出租人融通资金引进承租人所需设备,然后再租给承租人使用。而经营租赁是承租人可随时向出租人提出租赁资产的要求。

(二)租赁期限

融资租赁租期一般为租赁资产寿命的75%以上。而经营租赁租期短,不涉及长期及固定的义务。

(三)合同约束

融资租赁合同稳定,在租赁期内,承租人必须连续支付租金,非经双方同意,中途不得退租。经营租赁合同灵活,在合理限制条件范围内,可以解除租赁合约。

(四)租赁期满资产的处置

融资租赁租赁期满后,租赁资产的处置有三种方法可供选择:一是将设备作价转让给承租人;二是由出租人收回;三是延长租期续租。经营租赁期满后,租赁资产一般要归还给出租人。

(五)租赁资产的维修与保养

融资租赁在租赁期内,出租人一般不提供维修和保养设备方面的服务。经营租赁在租赁期内，由出租人提供设备保养维修、保险等服务。

四、融资租赁租金的计算

在融资租赁筹资方式下，承租企业要按合同规定向租赁公司支付租金。租金的数额和支付方式对承租企业的未来财务状况具有直接的影响，因而也是融资租赁筹资决策的重要依据。

（一）融资租赁租金的构成

融资租赁的租金包括设备价款和租息两部分，其中租息又可分为租赁公司的融资成本、租赁手续费等。

1. 设备价款是租金的主要内容，它由设备的买价、运输杂费和途中保险费等构成。

2. 融资成本是指租赁公司为购买租赁设备所筹资金的成本，即设备租赁期间的利息。

3. 租赁手续费包括租赁公司承办租赁设备的营业费用和一定的盈利。租赁手续费的高低一般无固定标准，可由承租企业与租赁公司协商确定。

（二）租金的支付方式

租金的支付方式也影响到租金的计算。租金通常采用分期支付的方式，具体又分为以下几种类型：

1. 按支付时期的长短，可以分为年付、半年付、季付和月付等方式。

2. 按支付时期先后，可以分为先付租金和后付租金两种。先付租金是指在期初支付；后付租金是指在期末支付。

3. 按每期支付金额，可以分为等额支付和不等额支付两种。

（三）租金的计算方法

在我国融资租赁中，计算租金的方法一般采用平均分摊法和等额年金法。

1. 平均分摊法。它是指按事先确定的利息和手续费率计算租赁期间的利息和手续费总额，然后连同设备成本按支付次数进行平均。这种方法不考虑资金时间价值，计算简单，计算公式为：

$$\text{每次支付租金}=\frac{(\text{设备成本}-\text{预计净残值})+\text{租期内利息}+\text{租赁手续费}}{\text{租期}}$$

【做中学 5-3】 某公司 2008 年 1 月 1 日向租赁公司租入设备一套，价值为 200 万元，租期为 8 年，预计净残值为 5 万元，租赁期届满归租赁公司，租期年利率为 8%，租赁手续费为设备价值的 2%，假设租金每年年末支付一次，则租赁该设备每年应支付的金额计算如下：

$$\text{租期内利息}=200\times(1+8\%)^{8}-200=170.18(\text{万元})$$

$$手续费=200\times2\%=4(万元)$$

$$每年支付的租金=\frac{200-5+170.18+4}{8}=46.147\ 5(万元)$$

【学中做 5-5】 某公司 2008 年 2 月 1 日向租赁公司租入设备一套，价值为 150 万元，租期 5 年，预计净残值 2 万元，租期届满归租赁公司，租期年利率为 8%，租赁手续费为设备价值的 2%，租金每年年末支付一次，试计算该设备每年应支付的租金额是多少？

2.等额年金法。是利用年金现值的计算公式经变换后计算每期支付租金的方法。因租金有先付租金和后付租金两种支付方式，需分别说明。

(1)后付租金的计算。承租企业与租赁公司商定的租金支付方式，大多为后付等额租金，即普通年金。根据年资本回收额的计算公式，可确定出后付租金方式下每年年末支付租金数额的计算公式：

$$年租金(A)=\frac{P}{(P/A,i,n)}$$

【做中学 5-4】 A 公司采用融资租赁方式于 2008 年 1 月 1 日从某一租赁公司租入一台设备，设备价款为 40 万元，租期为 8 年，到期后设备归 A 公司所有，为了保证租赁公司完全弥补融资成本、相关的手续费并有一定盈利，双方商定采用 18%的折现率，试计算 A 公司每年年末应支付的等额租金。

$$A=\frac{40}{(P/A,18\%,8)}$$

$$=\frac{40}{4.077\ 6}$$

$$\approx9.809\ 7(万元)$$

(2)先付租金的计算。承租企业有时可能会与租赁公司商定，采取先付等额租金的方式支付租金。根据即付年金的现值公式，可得出先付等额租金的计算公式：

$$年租金(A)=\frac{P}{(P/A,i,n-1)+1}$$

【做中学 5-5】 假如上例采用先付等额租金方式，则每年年初支付的租金额可计算如下：

$$A=\frac{40}{(P/A,18\%,7)+1}$$

$$=\frac{40}{3.811\ 5+1}$$

$$\approx8.313\ 4(万元)$$

【学中做 5-6】 B 公司采用融资租赁方式于 2008 年 2 月 1 日从某一租赁公司租入一大型运输设备，该设备价款为 50 万元，租赁期为 5 年，到期后该设备归 B 公司所有，双方商定采用 15%的折现率，试用后付等额租金方式和先付等额租金方式分别计算B公司每年年末和每年年初支付的租金额分别是多少？

五、融资租赁的优缺点

（一）融资租赁筹资的优点

1. 迅速获得所需资产。融资租赁集“融资”与“融物”于一身，一般要比先筹措现金后再购置设备来得更快，可使企业尽快形成生产经营能力，有利于企业尽快占领市场，打开销路。

2. 租赁筹资限制较少。企业采用股票、债券、长期借款等筹资方式，都受到相当多的资格条件的限制，相比之下，租赁筹资的限制条件很少。

3. 免遭设备陈旧过时的风险。随着科学技术的不断进步，设备陈旧过时的风险很高，而多数租赁协议规定这种风险由出租人承担，承租企业可免遭这种风险。

4. 财务风险小。租金在整个租赁期内分摊，不用到期归还大量本金。许多借款都在到期日一次偿还本金，这会给财务基础较弱的公司造成相当大的困难，有时会造成不能偿付的风险，甚至会导致企业破产。而融资租赁则把这种风险在整个租赁期内分摊，可适当降低不能偿付的危险。

5. 税收负担轻。租金费用可在所得税前扣除，承租企业能享受税收利益。

（二）租赁筹资的缺点

1. 成本较高，租金总额通常要高于设备价值的30%。

2. 承租企业在财务困难时期，支付固定的租金也将构成一项沉重的负担。

3. 不利于改进资产。在租赁期内，未经出租人同意，承租人一般不得随意改进所租入的资产。

第四节　短期融资

一、短期借款

短期借款是指企业向银行或其他非银行金融机构借入的期限在一年以内的借款。

（一）短期借款的种类

短期借款主要有生产周转借款、临时借款、结算借款等。按照国际通行做法，短期借款还可按照偿还方式的不同，分为一次性偿还借款和分期偿还借款；按照利息支付方法的不同，分为收款法借款、贴现法借款和加息法借款；按照有无担保，分为抵押借款和信用借款。

(二)短期借款的信用条件

根据国际惯例,银行发放贷款时,一般会带有一些信用条款,主要有:

1.信贷额度

信贷额度即贷款限额,是借贷双方在协议中规定的允许借款人借款的最高限额。信贷限额是银行对借款人规定的无担保贷款的最高额。信贷限额的有效期限通常为一年,但根据情况也可延期一年。一般来讲,企业在批准的信贷限额内,可随时使用银行借款。但是,银行并不承担必须提供全部信贷限额的义务。如果企业信誉恶化,即使银行曾同意过按信贷限额提供贷款,也可能得不到借款。这时,银行不会承担法律责任。

2.周转信贷协定

周转信贷协定是银行具有法律义务承诺提供不超过某一最高限额的贷款协定。在协定的有效期内,只要企业的借款总额未超过最高限额,银行必须满足企业任何时候提出的借款要求。企业享用周转信贷协定,通常要就贷款限额的未使用部分付给银行一笔承诺费。例如,某周转信贷额为1 200万元,承诺费率为0.5%,借款企业年度内使用了800万元,余额400万元,借款企业该年度就要向银行支付承诺费2万元(400×0.5%)。这是银行向企业提供此项贷款的一种附加条件。

周转信贷协定的有效期通常超过一年,但实际上贷款每几个月发放一次,所以这种信贷具有短期和长期借款的双重特点。

【做中学 5-6】 A公司于2008年与银行商定的周转信贷额为4 000万元,承诺费率为0.5%,若A公司2008年度内使用了3 000万元,余额为1 000万元。则A公司应向银行支付承诺费的金额为:

$$承诺费=1\ 000\times0.5\%=5(万元)$$

【学中做 5-7】 B公司在2008年与银行商定的周转信贷额为2 000万元,承诺费率为0.3%,如B公司在2008年度内使用了1 500万元,余额为500万元。试计算B公司向银行支付承诺的金额是多少?

3.补偿性余额

补偿性余额是银行要求借款人在银行中保持按贷款限额或实际借用额的一定百分比(通常为10%~20%)计算的最低存款余额。补偿性余额有助于银行降低贷款风险,补偿其可能遭受的损失;但对于借款企业来说,补偿性余额则提高了借款的实际利率,加重了企业的利息负担。存在补偿性余额条件下的实际利率计算公式为:

$$\begin{aligned}实际利率&=\frac{名义借款金额\times名义利率}{名义借款金额\times(1-补偿性余额的比例)}\times100\%\\&=\frac{名义利率}{1-补偿性余额的比例}\times100\%\end{aligned}$$

【做中学 5-7】 A 公司于 2008 年 1 月 1 日按年利率 10%向银行借入资金 200 万元，银行要求 A 公司保留 20%的补偿性余额，那么 A 公司实际可用的借款只有 160 万元。则该笔借款的实际利率为：

$$补偿性余额贷款的实际利率=\frac{200\times10\%}{200\times(1-20\%)}=\frac{10\%}{1-20\%}\times100\%=12.5\%$$

【学中做 5-8】 B 公司于 2008 年 2 月 1 日向银行借款 100 万元，年利率 8%，银行要求维持贷款限额 15%的补偿性余额，那么 B 公司实际可用的借款有多少？该笔借款的实际利率是多少？

4. 借款抵押

银行向财务风险较大的企业或对其信誉不甚把握的企业发放贷款，有时需要有抵押品担保，以减少自己蒙受损失的风险。短期借款的抵押品经常是借款企业的应收账款、存货、股票、债券等。银行接受抵押品后，将根据抵押品的面值决定贷款金额，一般为抵押品面值的 30%～90%。这一比例的高低，取决于抵押品的变现能力和银行的风险偏好。抵押借款的成本通常高于非抵押借款，这是因为银行主要向信誉好的客户提供非抵押贷款，而将抵押贷款看成是一种风险投资，故而收取较高的利率；同时银行管理抵押贷款要比管理非抵押贷款困难，为此往往另收取手续费。企业向贷款人提供抵押品，会限制其财产的使用和将来的借款能力。

5. 偿还条件

借款都有还款期限，贷款到期后仍无能力偿还的，视为逾期贷款，银行要照章加收逾期罚息。贷款的偿还有到期一次偿还和在贷款期内定期(每月、季)等额偿还两种方式。一般来讲，企业不希望采用后一种偿还方式，因为这会提高借款的实际利率。而银行不希望采用前种偿还方式，因为这会加重企业的财务负担，增加企业的拒付风险，同时会降低实际贷款利率。

6. 以实际交易为贷款条件

当企业发生经营性临时资金需求需要贷款时，银行则以企业将要进行的实际交易为贷款基础，单独立项，单独审批，并确定贷款的相应条件和信用保证。

(三)短期借款利率及支付方法

短期借款的利率多种多样，利息支付方法也各不相同。银行将根据各借款企业的具体情况选用。

1. 短期借款利率

短期借款利率主要有：

(1)优惠利率。优惠利率是银行向财力雄厚、经济状况好的企业贷款时收取的名义利率，是贷款利率的最低限。

(2)浮动优惠利率。浮动优惠利率是一种随其他短期利率的变动而浮动的优惠利率，即随市场条件的变化而随时调整变化的优惠利率。

(3)非优惠利率。非优惠利率是指银行贷款给一般企业时收取的高于优惠利率的利率。这种利率经常在优惠利率的基础上加一定的百分比。例如,银行按高于优惠利率7%的利率向某企业贷款,如果当时的最优惠利率为6%,向该企业贷款收取的利率即为8%;如果当时的最优惠利率为6.5%,向该企业贷款收取的利率即为7.5%,非优惠利率与优惠利率之间差距的大小,由借款企业的信誉、与银行的往来关系及当时的信贷状况所决定。

2.借款利息的支付方法

一般来讲,借款企业可以用三种方法支付银行贷款利息:

(1)利随本清法。利随本清法,又称收款法,是在借款到期时向银行支付利息的方法。采用这种方法,借款的名义利率等于其实际利率。银行向工商企业发放的贷款大都采用这种方法收息。

(2)贴现法。贴现法,是银行向企业发放贷款时,先从本金中扣除利息部分,在贷款到期时贷款企业再偿还全部本金的一种计息方法。采用这种方法,企业可利用的贷款额只有本金扣除利息后的差额部分,因此,其实际利率高于名义利率。贴现法的实际贷款利率公式为:

$$贴现贷款实际利率=\frac{利息}{贷款金额-利息}\times 100\%$$

$$=\frac{名义利率}{1-名义利率}\times 100\%$$

【做中学5-8】 A公司于2008年1月1日从银行取得贷款600万元,期限1年,年利率(即名义利率)为10%,利息60万元(600×10%);按照贴现法付息,A公司实际可动用的贷款为540万元(600—60),则该项贷款的实际利率为:

$$贴现贷款实际利率=\frac{60}{600-60}\times 100\%\approx 11.11\%$$

或 $$=\frac{10\%}{1-10\%}\times 100\%\approx 11.11\%$$

【学中做5-9】 B公司于2008年2月1日从银行取得贷款800万元,期限为1年,年利率(即名义利率)为8%,按贴现法付息。试计算该笔贷款的实际利率是多少?

(3)加息法。加息法是指银行发放分期等额偿还贷款时采用的利息收取方法。在分期等额偿还贷款的情况下,银行要将根据名义利率计算的利息加到贷款本金上,计算出贷款的本息和,要求其借款企业在贷款期内分期偿还本息之和的金额。由于贷款分期均衡偿还,借款企业实际上只平均使用了贷款本金的一半,却支付了全额利息。这样,借款企业所负担的实际利率便高于名义利率大约1倍。加息法的实际贷款利率计算公式为:

$$加息贷款实际利率=\frac{贷款金额\times名义利率}{贷款金额\div2}\times100\%$$

【做中学 5-9】 某公司 2008 年借入(名义)年利率为 10%的贷款 900 万元,分 12 个月等额偿还本息。则该项贷款的实际利率为:

$$加息贷款实际利率=\frac{900\times10\%}{900\div2}\times100\%=20\%$$

【学中做 5-10】 某公司 2008 年借入一笔资金 10 000 元,(名义)年利率为 12%,分 12 个月等额偿还本息。试问该笔加息贷款的实际利率是多少?

(四)短期借款的筹资优缺点

1.短期借款筹资的优点

(1)筹资速度快。企业获得短期借款所需时间要比长期借款短得多,因为银行发放长期贷款前,通常要对企业进行比较全面的调查分析,花费时间较长。

(2)筹资弹性大。短期借款数额及借款时间弹性较大,企业可在需要资金时借入,在资金充裕时还款,便于企业灵活安排。

2.短期借款筹资的缺点

(1)筹资风险大。短期资金的偿还期短,在筹资数额较大的情况下,如企业资金调度不周,就有可能出现无力按期偿付本金和利息,甚至被迫破产。

(2)与其他短期筹资方式相比,资本成本较高,尤其是在补偿性余额和附加利率情况下,实际利率通常高于名义利率。

二、商业信用

商业信用是指商品交易中以延期付款或预收货款进行购销活动而形成的借贷关系,它是企业之间的一种直接信用行为。

商业信用是商品交易中钱与货在时间上和空间上的分离,它的表现形式主要是先取货、后付款和先付款、后取货两种,是自然性融资。在一些发达国家里被广泛运用,90%的商品销售方式是商业信用。在我国,随着商品经济的发展,商业信用也正逐步推广,成为企业筹集短期资金的一种方式。

(一)商业信用的形式

利用商业信用融资,主要有以下几种形式:

1.赊购商品

赊购商品是一种最典型的、最常见的商业信用形式,是卖方提供给买方的商业信用。在此种情况下,买卖双方发生商品交易,买方收到商品后不立即支付现金,可延期到一定时间以后付款。这种商业信用形式,买方在延期付款的这段时间内等于向卖方借款,形成了应付账款,是企业的一项负债。这种负债形成的资金来源一般不出具正式借据,是由卖方根据买方的信誉条件而提供的信贷。

采用赊购方式既有利于销货方推销商品，又可为买方提供暂时的短期资金来源。

2. 商业汇票

商业汇票是指单位之间根据购销合同进行延期付款的商品交易时，开出的反映债权债务关系的票据。根据承兑人的不同，商业汇票可以分为商业承兑汇票和银行承兑汇票。商业承兑汇票是指由收款人开出，经付款人承兑，或由付款人开出并承兑的汇票。银行承兑汇票是指由收款人或承兑申请人开出，由银行审查同意承兑的汇票。商业汇票是一种期票，是反映应付账款和应收账款的书面证明，商业汇票的期限最长不超过6个月，可以带息、也可以不带息，票据的利率一般比银行借款的利率低，且不用保持相应的补偿余额和支付协议费。所以，对于买方来说，筹资成本低于银行借款成本，它是一种较好的短期融资方式。

3. 预收货款

在这种形式下，卖方要先向买方收取货款，但要延期到一定时期以后交货，这等于卖方向买方先借入一笔资金，是另外一种典型的商业信用形式。通常，购买单位对于紧俏商品乐意采用这种形式，以便顺利获得所需商品。另外，生产周期长，售价高的商品，如轮船、飞机等，生产企业也经常向订货者分次预收货款，以缓解资金占用过多的矛盾。

此外，企业往往还存在一些在非商品交易中产生，但亦为自发性筹资的应付费用，比如应付职工薪酬、应缴税费、其他应付款等。应付费用是企业受益在前、费用支付在后，相当于享用了受款方的借款，一定程度上缓解了企业的资金需要。应付费用的期限具有强制性，不能由企业自由使用，但通常不需要花费代价。

(二)商业信用的条件

商业信用的条件，是指销货人对付款时间和现金折扣所做的具体规定，主要有以下几种形式：预收货款；延期付款，但不涉及现金折扣；延期付款，但早付款可享受现金折扣。

1. 预收货款

这是企业在销售商品时，要求买方在卖方发出货物之前支付货款的情形。一般用于以下两种情况：(1)企业已知买方的信用欠佳；(2)销售生产周期长、售价高的产品。在这种信用条件下，销货单位可以得到暂时的资金来源，购货单位则要预先垫支一笔资金。

2. 延期付款的，但不涉及现金折扣

这是指企业购买商品时，卖方允许企业在交易发生后一定时期内按发票金额支付货款的情形，如“net45”，是指在45天内按发票金额付款。这种条件下的信用期间一般为30～60天，但有些季节性的生产企业可能为其顾客提供更长的信用期限。在这种情况下，买卖双方存在商业信用，买方可因延期付款而取得资金来源。

3. 延期付款，但早付款可享受现金折扣

在这种条件下，买方若提前付款，卖方可给予一定的现金折扣，如买方不享受现金折扣，则必须在一定时期内付清账款。如“2/10、n/30”便属于此种信用条件。西方企业在各种信用交易活动中广泛地应用现金折扣，这主要是为了加速账款的收现。现金折扣一般为发票金额的1%～5%。

在这种条件下，双方存在信用交易。买方若在折扣期内付款，则可获得短期的资金来源，并能得到现金折扣；若放弃现金折扣，则可在稍长时间内占用卖方的资金。

（三）放弃现金折扣的机会成本

在采用商业信用形式销售产品时，为鼓励购买单位尽早付款，销货单位往往都规定一些信用条件，这主要包括现金折扣和付款期限两部分内容。

如果销货单位提供现金折扣，购买单位应尽量争取获得此项折扣，因为放弃现金折扣的机会成本很高。但可获得在信用期内资金的使用权。

放弃现金折扣的机会成本可按下面公式计算：

$$\text{放弃现金折扣的机会成本}=\frac{\text{现金折扣率}}{1-\text{现金折扣率}}\times\frac{360}{\text{信用期限}-\text{折扣期限}}\times 100\%$$

【做中学5-10】 某公司拟以“2/10、n/30”信用条件购进一批原材料价值为20万元。这一信用条件意味着企业如果在10天内付款，便享受了10天的免费信用期，可获得2%的现金折扣即0.4万元（20×2%），免费信用额为19.6万元（20－0.4）；若不享受现金折扣，货款应在30天内付清。则放弃现金折扣的机会成本为：

$$\text{放弃现金折扣的机会成本}=\frac{2\%}{1-2\%}\times\frac{360}{30-10}\times 100\%=36.73\%$$

结果表明，放弃现金折扣的机会成本与折扣百分比的大小、折扣期的长短同方向变化，与信用期的长短反方向变化。可见，如果买方企业放弃折扣而获得信用，其代价是较高的。然而企业在放弃折扣的情况下，推迟付款的时间越长，其机会成本便会越小。比如企业推迟50天付款，则其机会成本为：

$$\frac{2\%}{1-2\%}\times\frac{360}{50-10}=18.4\%$$

【做中学5-11】 某公司按“2/20，n/60”的条件购入货物价值为50万元，若该企业暂时资金短缺，银行的短期借款利率为10%，则该企业是否应向银行借款享受此项折扣，为什么？

如果公司在20天内付款，则可获得最长为20天的免费筹资，并可获得折扣1万元（50×2%），免费筹资49万元（50－1）。如果公司放弃这笔折扣，则第60天付款，付款总额为50万元。公司推迟付款40天，需多支付1万元。这种情况可以看做一笔为期40天、金额为49万元的借款，利息为1万元。

$$放弃现金折扣的机会成本=\frac{2\%}{1-2\%}\times\frac{360}{60-20}=18.367\,2\%$$

计算结果表明，如果公司放弃现金折扣，以取得这笔为期40天的资金使用权，是以承担18.367 2%的年利率为代价的。或者说，放弃2%的现金折扣意味着该公司可向供应商融资49万元资金使用40天。

在一般情况下，公司财务人员需要将放弃现金折扣的机会成本与银行借款年利率进行比较，如果放弃现金折扣机会成本大于银行借款利率，则公司放弃现金折扣机会的代价较大，从而对公司不利。因为如果在现金折扣这一点上，公司用银行借款支付货款并享有折扣，其借款利息小于享有折扣的机会收益；反之，则结论相反。该例中银行借款年利率为10%，因此，公司应享有现金折扣。

(四)商业信用筹资的优缺点

1. 商业信用筹资的优点

(1)筹资方便。商业信用随商品交易自然产生，属于自然性筹资，事先不必正式规划，方便灵活。

(2)限制条件少。商业信用相对银行借款一类的筹资方式，没有复杂的手续和各种附加条件，也不需抵押担保。

(3)筹资成本低，甚至不发生筹资成本。如果没有现金折扣，或者公司不放弃现金折扣，则利用商业信用筹资不会发生筹资成本。

2. 商业信用筹资的缺点

(1)商业信用的时间一般较短，尤其是应付账款，则时间更短。

(2)有一定的风险。付款方如果到期不支付货款，长时间拖欠货款，势必影响公司的信誉；收款方如果较长时间不能收回货款，必然影响公司的资金周转，造成公司生产经营的困难。

三、短期融资券

(一)短期融资券的含义、特征及种类

1. 短期融资券的含义

短期融资券，又称商业票据或短期债券，是由企业发行的无担保短期本票。在我国，短期融资券是指企业以短期融资为目的，依照《短期融资券管理办法》的条件和程序在银行间债券市场发行和交易并约定在一定期限内还本付息的有价证券，是企业筹措短期(一年以内)资金的直接融资方式。

2. 短期融资券的特征

我国短期融资券具有以下特征：

(1)发行人为非金融企业。

(2)它是一种短期债券品种,期限不超过365天。

(3)发行利率(价格)由发行人和承销商确定。

(4)发行对象为银行间债券市场的机构投资者,不向社会公众发行。

(5)实行余额管理,待偿还融资券余额不超过企业净资产的40%。

(6)可以在全国银行间债券市场机构投资人之间流通转让。

3.短期融资券的种类

(1)按发行方式分类,可将短期融资分为经纪人代销的融资券和直接销售的融资券。

经纪人代销的融资券,又称间接销售融资券,是指先由发行人卖给经纪人,然后由经纪人再卖给投资者的融资券。经纪人主要有银行、信托投资公司、证券公司等。企业委托经纪人发行融资券,要先支付一定数额的手续费。

直接销售的融资券,是指发行人直接销售给最终投资者的融资券。直接发行融资券的公司通常是经营金融业务的公司或自己有附属金融机构的公司,它们有自己的分支网点,有专门的金融人才。因此,有力量自己组织推销工作,从而节约了间接发行时应给经纪人的手续费。

(2)按发行人的不同分类,可将短期融资券分为金融企业的融资券和非金融企业的融资券。

金融企业的融资券主要是指由各大公司所属的财务公司、各种信托投资公司、银行控股公司等发行的融资券。这类融资券一般都采用直接发行方式。

非金融企业的融资券是指那些没有设立财务公司的工商企业所发行的融资券。这类企业一般规模不大,多数采用间接方式来发行融资券。

(3)按融资券的发行和流通范围分类,可将短期融资券分为国内融资券和国际融资券。

国内融资券是一国发行者在其国内金融市场上发行的融资券。发行这种融资券一般只要遵循本国法规和金融市场惯例即可。

国际融资券是一国发行者在其本国以外的金融市场上发行的融资券。发行这种融资券,必须遵循有关国家的法律和国际金融市场的惯例。

(二)短期融资券的发行

1.短期融资券发行的条件

一般来讲,只有实力雄厚、资信程度很高的大企业才有资格发行短期融资券。按照我国《短期融资券管理办法》规定,申请发行短期融资券的证券公司,应当符合以下基本条件,并经证监会审查认可:

(1)取得全国银行间同业拆借市场成员资格一年以上。

(2)发行人至少已在全国银行间同业拆借市场上按统一的规范要求披露详细财务信息达一年，且近一年无信息披露违规记录。

(3)客户交易结算资金存管符合证监会的规定，最近一年未挪用客户交易结算资金。

(4)内控制度健全，受托业务和自营业务严格分离管理，有中台对业务的前后台进行监督和操作风险控制，近两年内未发生重大违法违规经营。

(5)采用市值法对资产负债进行估值，能用合理的方法对股票风险进行估价。

(6)中国人民银行和证监会规定的其他条件。

2. 短期融资券的发行程序

短期融资券的发行程序是：

(1)公司做出发行短期融资券的决策。

(2)办理发行短期融资券的信用评级。

(3)向有关审批机构提出发行申请。

(4)审批机关对企业提出的申请进行审核。

(5)申请被审核批准后，公司正式发行短期融资券，取得资金。

(三)短期融资券筹资的优缺点

1. 短期融资券筹资的优点

(1)短期融资券的筹资成本较低。在西方，短期融资券的利率加上发行成本，通常要低于银行的同期贷款利率。但在我国，目前由于短期融资券市场刚刚建立，还不完善，因而有时会出现短期融资券的利率高于银行贷款利率的情况。

(2)短期融资券筹资数额较大。一般而言，银行不会向企业发放巨额的短期贷款，因此，银行短期借款常常面临着数额的限制，而发行短期融资券的数额往往较大，可以筹集更多的资金。

(3)发行短期融资券可以提高企业的信誉和知名度。由于能在货币市场上发行短期融资券的都是著名的大公司，因而一个公司如果能发行自己的短期融资券，说明该公司有较好的信誉；同时，随着短期融资券的发行，公司的威望和知名度也大大提高。

2. 短期融资券筹资的缺点

(1)发行短期融资券的风险较大。短期融资券到期必须归还，一般不会有延期的可能。如果到期不归还，会对企业的信誉等产生较严重的后果，因此，风险较大。

(2)发行短期融资券的弹性比较小。只有当企业的资金需求达到一定数量时才能使用短期融资券，如果数量较小，则会加大单位资金的筹资成本。另外，短期融资券一般不能提前偿还，即使企业资金比较充裕，也要到期才能还款。

(3)发行短期融资券的条件比较严格。并不是任何企业都能发行短期融资券，必须是信誉好、实力强、效益高的企业才能使用，而一些小企业和信誉不够好的企业则不能利用短期融资券来筹集资金。

四、应收账款转让

(一)应收账款转让的含义及种类

1. 应收账款转让的含义

应收账款转让，是企业将应收账款出让给银行等金融机构以获取资金的一种筹资方式。它是银行为解决客户因应收账款增加而造成的现金流量不足，而及时向客户提供的应收账款转让的融资便利。在受让期间，银行委托转让人(销售商)负责向购货商催收已转让的应收账款，如在规定期限内银行未能足额收回应收账款，则由转让人无条件地回购未收回的部分。

应收账款转让筹资数额一般为应收账款扣减以下项目后的余额:(1)允许客户在付款时扣除的现金折扣;(2)贷款机构扣除的准备金、利息费用和手续费，其中，准备金是因在应收账款收回过程中可能发生的销货退回和折让等而保留的存款。

2. 应收账款转让的种类

应收账款转让按是否具有追索权，可分为附加追索权的应收账款转让和不附加追索权的应收账款转让。

(1)附加追索权的应收账款转让。附加追索权的应收账款转让，是指企业将应收账款转让给银行等金融机构，在有关应收账款到期无法从债务人处收回时，银行等金融机构有权向转让应收账款的企业追偿，或按照协议规定，企业有义务按照约定从银行等金融机构回购部分应收账款，应收账款的坏账风险由企业承担。

(2)不附加追索权的应收账款转让。不附加追索权的应收账款转让，是指企业将应收账款转让给银行等金融机构，在有关应收账款到期无法从债务人处收回时，银行等金融机构不能向转让应收账款的企业追偿，应收账款的坏账风险由银行承担。

(二)应收账款转让的具体方式及其特点

利用应收账款转让融资主要有两种方式，即以应收账款为抵押借款和应收账款让售。

1. 应收账款抵借

应收账款抵借，是指持有应收账款的企业与信贷机构或代理商订立合同，以应收账款作为担保品，在规定的期限内企业有权以一定额度为限借用资金的一种融资方式。合同明确规定信贷机构或代理商借给企业资金所占应收账款的比率，一般为应收账款的70%～90%不等，借款企业在借款时，除以应收账款为担保外，还需按实际借款数据出具票据，如果作为担保品的应收账款中某一账款到期收不回来，银行有权向借款企业追索。

抵借方式的特点：(1)是一种循环的自我清偿的贷款，在会计意义上是短期借款；但在财务概念中却可以是长期借款；(2)抵押方继续保留应收账款的权益，同时也要承担坏账的责任。

2.应收账款让售

应收账款让售，是指企业将应收账款出让给信贷机构，筹集所需资金的一种方式。企业筹措的资金是根据销售发票金额减去允许客户在付款时扣除的现金折扣、信贷机构收取的佣金以及在应收账款上可能发生的销售退回和折让而保留的扣存款后的余额确定。扣存款的比例由双方协商确定，一般为10%左右。应收账款让售后，假若出现应收账款拖欠或客户无力清偿，则企业无须承担任何责任，信贷机构不能向企业追索，只能自己追索或承担损失。

让售方式的特点：(1)让售方式相当于一种销售行为，要确认损益；(2)让售既转移了收款权利，同时也转移了坏账风险。

(三)应收款转让的申办条件及申办程序

1.应收款转让的申办条件

转让人应符合的条件：

(1)原则上是银行信用评级为AB级以上的优质客户。

(2)经营状况良好，产品市场稳定。

(3)符合银行规定的免担保借款人资格。

(4)应银行要求能如实提供财务状况、经营状况、购货商名录及资信等情况。

(5)转让人在银行开立结算账户。

受理的应收账款须符合的条件：

(1)转让人采用赊销方式进行商品交易所产生的应收账款。

(2)产生于合法真实的、无贸易纠纷的商品交易。

(3)转让人与购货商已签订了销售合同，且已出具该销售合同项下的销售发票和发货证明。

(4)应收账款原则上属于30天内新发生的。

2.应收款转让的申办程序

转让人除向银行提交流动资金贷款要求的材料之外，还需办理以下手续：

(1)提交应收账款转让业务申请书，并附应收账款明细清单。

(2)提交销售合同正本或副本、应收账款的商业发票和发货证明。

(3)提交购货商的基本情况及资信情况。

(4)银行审批同意后，与转让人签订《应收账款债权转让协议》。

(5)转让人应在协议签订后的3个工作日内，将《应收账款转让通知书》原件提交购货商，将复印件提交银行留存。

(四)应收账款转让的成本

应收账款转让作为一种企业融资方式，与负债相比，它的筹资成本低，财务风险小，是一种理想的融资渠道。

应收账款转让的资本成本包括支付给信贷机构的代理费(这是对代理机构由于应收账款风险的转嫁而进行的补偿)和留置金两部分。其中，留置金(或保留金)指由进口商保留占合同款5%～10%的尾款，在进口商品或工程符合合同标准后再付给出口商。如果出口商要求这部分保留金随货款或工程款一并支付，则由银行(担保人)向进口商担保所出口商品或工程符合合同标准。

应收账款转让的资本成本的计算公式为：

$$K_1=\frac{\text{支付的代理费}}{(\text{应收账款面值}-\text{支付的代理费}-\text{留置金})}$$

其中，K_1 为应收账款转让的资本成本。

与应收账款转让相对应，对于应收账款抵押贷款融资，其资本成本包括应收账款的机会成本、应收账款的变现费用、应收账款所带来的坏账损失以及由于使用借款所要支付的利息。在这四项资金使用成本中，前三项都是在进行应收账款转让融资时不会发生的。其中，应收账款的机会成本，指应收账款若变现投入生产领域而给企业所带来的收益，这部分收益由于资金被应收账款所占用而无法取得，因而将其归入负债融资的使用成本中。应收账款变现的费用指企业为了应收账款能够收回所支付的各种收账费用，如差旅费、诉讼费等。坏账损失，指应收账款因不能收回而给企业带来的损失。若用公式表示，那么抵押贷款融资成本为：

$$K_2=\frac{(\text{机会成本}+\text{应收账款变现费用}+\text{坏账损失}+\text{利息})}{\text{应收账款面值}}$$

其中，K_2 为抵押贷款融资成本。

从应收账款转让的资本成本与抵押贷款融资的资本成本两相对比中可以看出，应收账款转让的资本成本较低。特别是在融资量很大的情况下，企业要从资本市场上拆借到所需的资金，就必须支付比少量融资高的利率，此种情形之下，应收账款转让融资的优势更加明显。

(五)应收账款转让筹资的优缺点

1. 应收账款转让筹资的优点

(1)及时回笼资金，避免企业因赊销造成的现金流量不足。通过应收账款转让筹资，企业可以及时地回收销售商品和提供劳务的资金，增加现金流，缓解因应收账款迟滞而导致的资金紧张程度，从而避免企业因赊销造成的现金流量不足的问题。

(2)节省收账成本，降低坏账损失风险，有利于改善企业的财务状况、提高资产的流动性。应收账款转让时，银行等金融机构均要掌握购货方的资信情况，而银行等金融机构只对有相当资信度的应收账款提供资金。所以，应收账款转让在一定程度上保证了账款的安全，防止了坏账的发生。

2. 应收账款转让筹资的缺点

(1)筹资成本较高。应收账款转让筹资的手续费和利息都很高，从而增加了企业的筹资成本。

(2)限制条件较多。应收账款转让时，贷款机构对转让的应收账款和转让应收账款的公司都有一定的条件限制，不符合条件的，不接受转让。

【思考题】

1. 简述发行债券筹资的优缺点。
2. 简述长期借款筹资的优缺点。
3. 简述利用商业信用筹资的优缺点。
4. 简述短期融资券的种类。
5. 简述应收账款转让筹资的含义、种类和优缺点。

【实训题】

一、单项选择题

1. 某企业每年向供应商购入 100 万元的商品，该供应商提供的信用条件为“2/10，*n*/40”，若该企业放弃现金折扣，则其放弃现金折扣的机会成本为 （ ）

A. 25％ B. 20％ C. 30％ D. 40％

2. 企业从银行借入短期借款，不会导致实际利率高于名义利率的利息支付方式是 （ ）

A. 收款法 B. 贴现法

C. 补偿性余额 D. 分期等额偿还本利法

3. 某公司按年利率 5.8％向银行借款 1 000 万元，银行要求保留 15％的补偿性余额，则这项借款的实际利率约为 （ ）

A. 5.8％ B. 6.4％ C. 6.8％ D. 7.3％

4. 当债券的票面利率小于市场利率时，债券应 （ ）

A. 按面值发行 B. 溢价发行 C. 折价发行 D. 向外部发行

5. 某企业与银行签订了一项为期 1 年、金额为 100 万元的银行周转信贷协定。年利率为 12％，承诺费率 0.5％。年度内实际使用了 60 万元，实际使用期为 9 个月。则年终该企业应支付的利息及承诺费共为（ ）万元。

A. 5.4 B. 5.6 C. 5.675 D. 5.725

6. 与股票筹资相比，债券筹资的特点是 （ ）

A. 筹资风险大　　B. 资本成本高

C. 限制条件少　　D. 分散经营控制权

7. 下列各项中，不属于融资租赁租金构成项目的是（　　）

A. 租赁设备的价款　　B. 租赁期间利息

C. 租赁手续费　　D. 租赁设备维护费

8. 某公司拟发行一种面值为 1 000 元、票面年利率为 12%、期限为 3 年、每年付息一次的公司债券。假定发行时市场利率为 10%，则其发行价格应为（　　）

A. 1 000 元　　B. 1 050 元　　C. 950 元　　D. 980 元

9. 某公司向租赁公司租入一台设备，价值 500 万元，租期为 5 年，租赁费的综合率为 12%，若采用先付租金的方式，则平均每年支付的租金为（　　）万元。

A. 123.8　　B. 138.7　　C. 245.4　　D. 108.6

10. 下列各项中，不属于商业信用融资内容的是（　　）

A. 赊购商品　　B. 预收账款

C. 办理应收票据贴现　　D. 用商业汇票购货

二、多项选择题

1. 企业之间商业信用的形式主要有（　　）

A. 应付票据　　B. 应付账款　　C. 预收货款　　D. 银行借款

2. 长期借款的优点是（　　）

A. 筹资速度快　　B. 筹资成本低　　C. 借款弹性好　　D. 限制条件少

3. 融资租赁筹资具有以下特点（　　）

A. 设备淘汰风险小　　B. 税收负担轻　　C. 筹资速度快　　D. 限制条件少

4. 负债资金的筹集方式有（　　）

A. 银行借款　　B. 发行股票　　C. 发行债券　　D. 融资租赁

5. 企业发行债券筹资的优点有（　　）

A. 资本成本低　　B. 不会分散公司的控制权

C. 风险大　　D. 限制较少

6. 下列各项中，属于"吸收直接投资"与"发行普通股票"筹资方式所共有的缺点是（　　）

A. 限制条件多　　B. 财务风险大　　C. 控制权分散　　D. 资本成本高

三、判断题

1. 从出租人的角度看，杠杆租赁与售后租回或直接租赁并无区别。（　　）

2. 一般而言，银行提供的非抵押借款的利率要低于抵押借款的利率。（　　）

3. 在债券面值与票面利率一定的情况下，市场利率越高，则债券的发行价格越低。（　　）

4. 采用贴现付息时，企业实际可用的贷款额会增加，所以其实际利率会高于名

义利率。 （ ）

5. 补偿性余额的约束有助于降低银行贷款风险，但同时也减少了企业实际可动用的借款额，提高了借款的实际利率。 （ ）

6. 债券之所以会存在溢价发行和折价发行，这是因为资本市场上的利息率是经常变化的，而债券票面利率一经发行，便不易进行调整。 （ ）

四、业务题

1. 某公司购入 20 万元商品，卖方提供的信用条件为“2/10，n/30”，若公司由于资金紧张，延至第 50 天付款。

要求：计算该公司放弃折扣的成本是多少？

2. 某公司向银行借入短期借款 1 万元，支付银行贷款利息的方式同银行协商后的结果是：方案一：采用收款法付息，利息率为 14%；方案二：采用贴现法付息，利息率为 12%；方案三：利息率为 10%，银行要求的补偿性余额比例为 20%。

请问：如果你是公司财务经理，你选择哪种借款方式？并说明理由。

【自测题】

1. 某企业从银行借入 10 个月期、年利率为 8%的短期借款 200 万元。

要求：分别按收款法、贴现法计算该借款的实际利率。

2. 某企业每年向 S 公司购入 500 万元的商品，S 公司提供的商业信用条件为(4/20，n/60)。

要求：计算该企业放弃现金折扣时的资本成本。

3. 某企业拟采购一批商品，供应商报价如下：(1)立即付款，价格为 9 630 元；(2)30 天内付款，价格为 9 750 元；(3)31 天至 60 天内付款，价格为 9 870 元；(4)61 天至 90 天内付款，价格为 10 000 元。假设企业资金不足，可向银行借入短期借款，银行短期借款利率为 10%，每年按 360 天计算。要求：计算放弃现金折扣的成本，并做出对该公司最有利的决策。

4. 某公司拟发行一种面额为 500 元、年利率为 10%、期限为 5 年的债券。假设市场利率为年利率 8%(采用复利方式计算)。

要求：(1)计算到期一次还本付息方式下的发行价格。

(2)计算本金到期一次偿还，利息每年年末支付一次方式下的发行价格。

(3)计算本金到期一次偿还，利息每半年支付一次方式下的发行价格。

5. 某企业向租赁公司租入一套价值为 1 300 000 元的设备，租赁合同规定：租期 5 年，租金每年年末支付一次，利率 6%，租赁期满设备归该企业所有。

要求：(1)试计算每期应支付的租金额。

(2)若合同规定租金每年年初支付一次，其他约定不变，则每期应付租金为多少？

第六章　项目投资管理

【学习目标】

通过本章的学习，理解项目投资的相关概念、类型及特点；理解现金流量的概念、内容和作用；掌握现金净流量的计算方法，项目投资决策评价指标的含义、特点、计算方法以及在项目投资决策中的具体应用。

第一节　项目投资概述

一、投资的概念和种类

(一)投资的概念

投资是指特定经济主体(包括国家、企业和个人)为了在未来可预见的时期内获得收益或是资金增值，在一定时期向一定领域的标的物投放足够数额的资金或实物等货币等价物的经济行为。从特定的角度看，投资就是投资人为了获取收益而向一定对象投放资金的经济行为。

(二)投资的种类

投资按不同的标准可分为以下类型：

1.按照投资行为的介入程度，分为直接投资和间接投资。直接投资是指由投资人直接介入投资行为，即将货币资金直接投入投资项目，形成实物资产或者购买现有企业资产的一种投资，如建造厂房、购置设备等。其特点是，投资行为可以直接将投资者与投资对象联系在一起。间接投资，是指投资者以其资本购买政府债券、公司债券、金融债券或公司股票等，以预期获取一定收益的投资，也称为证券投资。

2.按照投入的领域不同，分为生产性投资和非生产性投资。生产性投资，是指将资金投入生产、建设等物质生产领域中，并能够形成生产能力或可以生产出生产资料的一种投资，又称为生产资料投资。这种投资的最终成果将形成各种生产性资料，包括固定资产投资、无形资产投资、其他资产投资和流动资金投资。其中，前三项属于垫支资本投资，后者属于周转资本投资。非生产性投资，是指将资金投入非物质生产领域中，不能形成生产能力，但能形成社会消费或服务能力，满足人民的物质文化生活需要的一种投资。这种投资的最终成果是形成各种非生产性资产。

3.按照投资的方向不同,分为对内投资和对外投资。从企业的角度来看,对内投资就是项目投资,是指企业将资金投放于为取得供本企业生产经营使用的固定资产、无形资产、其他资产和垫支流动资金而形成的一种投资。对外投资,是指企业为购买国家及其他企业发行的有价证券或其他金融产品(包括:期货与期权、信托、保险),或以货币资金、实物资产、无形资产向其他企业(联营企业、子公司等)注入资金而发生的投资。

4.按照投资的内容不同,分为固定资产投资、无形资产投资、其他资产投资、流动资产投资、房地产投资、有价证券投资、期货与期权投资、信托投资和保险投资等多种形式。

二、项目投资的概念及其特点

(一)项目投资的概念

项目投资是对特定项目所进行的一种长期投资行为。项目投资可分为以新增生产能力为目的的新建项目投资和以恢复或改善原有生产能力为目的的更新改造项目投资两大类。

新建项目投资还可进一步分为单纯固定资产投资和完整工业项目投资两类。单纯固定资产投资简称固定资产投资,通常只包括为购建固定资产而发生的资金投入,一般不涉及周转性流动资产的再投入;完整工业项目投资则不仅包括固定资产投资,而且还涉及周转性流动资产的投入,甚至还需增加如无形资产、长期待摊费用等其他长期资产项目的投资。因此,不能将项目投资简单地等同于固定资产投资。

(二)项目投资的特点

1.投资规模大,投资回收时间长

项目投资尤其是新建项目投资所形成的生产经营能力主要体现在新增固定资产上。固定资产的购建本身所需的资金量是巨大的,而且为使建成的固定资产得以正常运行,还需要配置相应的流动资产,有些项目甚至还需要其他长期资产的投资,如无形资产、长期待摊费用等,所以,投资规模大。项目投资的回收期少则几年,多则几十年,所以是一种长期投资行为。

2.不可逆转性

项目投资一旦实施并形成一定生产经营能力后,无论其投资效益如何,均难以改变。即使必须改变,也必然在财力、物力上付出极高的代价,使企业蒙受巨大的损失。

3.项目投资风险高

项目投资的风险主要表现在,一方面投资规模大、时间长,另一方面项目投资中的固定资产具有“专用性”,一旦市场发生没有预料到的变化,会给企业带来较大的损失。

4.项目投资决策必须严格遵守相应的决策程序

项目投资耗费资金多，经历时间长，投资风险高，影响程度深，有时甚至关系到企业的生死存亡，所以必须十分谨慎，严格遵守投资决策各个环节的程序。

三、项目投资的一般程序

由于项目投资的规模大，风险高，回收时间长，对企业未来发展的影响较大，所以必须遵循决策程序。项目投资的决策程序一般包括：投资项目的提出、可行性分析、决策评价、实施与控制四个步骤。

(一)项目投资的提出

在企业的生产经营过程中，会不断地产生出新的投资需要，也会出现很多的投资机会。当出现新的投资机会或产生投资需要时，就会提出新的投资项目。这些项目一般会由项目的提出者以报告的形式上报管理层，以便他们研究和选择。管理会会从各种投资方案中进行初步的筛选、分类和排列，同时结合企业的长期目标和具体情况，制订出初步的投资计划。

(二)项目投资的可行性分析

企业初步确定的投资计划可能有多个，各投资项目之间也会受到资金、技术、环境、人力等的限制。这就要求对投资项目进行可行性分析，主要有三个方面：(1)技术可行性分析，要考虑所投资项目的技术是否先进，能否取得实效，能否实施，能维持多长时间，同时还要考虑项目本身在设计、施工等方面的具体要求；(2)财务可行性分析，首先预测资金的需要量，再看有无足够的资金支持，如果资金不足，能否及时筹措到所需资金，这是投资项目运行的前提；(3)经济可行性分析，要考虑项目投产后产品销路如何，能增加多少销售收入，为此发生多少成本和费用，能提供多少利润，有多大风险，整个方案在经济性上是否合理等。

(三)项目投资的决策评价

项目是否能够实施取决于企业管理团队的决策评价结果。决策者要综合技术人员、财务人员、市场研究人员等的评价结果，集思广益，全面考核，最后做出是否采纳或采纳哪一个项目的决定。

财务人员的评价依据和评价方法，主要是计算项目的现金流量和以现金流量为基础计算各种评价指标。具体计算方法及其评价指标的运用将在本章后面几节内容中介绍。

(四)项目投资的实施与控制

项目批准或采纳后，要筹集资金并付诸实施。大项目一般交由提出部门或由原设计人员组成的专门小组，负责拟订具体的实施计划并负责具体实施。各有关方面如财务、技术要密切配合，保证投资项目保质、保量完成。但是，在项目投资实施过程中，如果发现金融政策、市场环境、企业内外环境发生重大变化，对项目投资产生重大不利影响，必须尽早果断采取补救措施或者停止项目建设，力求避免损失。

第二节 项目投资决策要素

项目投资与企业的命运息息相关，因此，必须充分考虑影响项目投资效果的各种因素。影响投资决策的因素很多，包括：市场需求状况、预期收益水平、投资风险、融资条件、投资环境、投资者的决策能力等，财务人员决策评价的依据和方法，主要是计算项目的现金流量和以现金流量为基础计算的各项评价指标。本节介绍财务人员评价项目的要素：项目计算期、项目投资的内容、项目投资现金流量和资本成本等。

一、项目计算期

项目计算期（记作 n），是指项目从开始投资建设到最终清理结束整个过程的全部时间，即项目的有效持续时间。项目计算期通常以年为计算单位。

一个完整的项目计算期，由建设期（记作 s，$s \geqslant 0$）和生产经营期（记作 p）两部分构成。其中，建设期是指从开始投资建设到建成投产这一过程的全部时间。建设期的第 1 年初（记作第 0 年）称为建设起点，建设期的最后一年末（记作第 s 年）称为投产日；生产经营期（也称为项目寿命）是指从投产日到终结点这一过程的全部时间。生产经营期开始于建设期的最后一年末即投产日，结束于项目最终清理的最后一年末（记作第 n 年），称为终结点。项目计算期、建设期和生产经营期之间存在以下关系：$n=s+p$。项目计算期对评价结果将产生重大影响，必须力求准确。

项目寿命分为项目的自然寿命和经济寿命。自然寿命是指该项目从投产日到项目丧失其应有功能而无法修复为止的期限。经济寿命是指项目在经济上最合理的使用年限即该项目平均每年使用代价最低的期限。本章中的项目寿命、设备寿命均指经济寿命。

【做中学 6-1】 海天公司拟新建一条生产线，需要在建设起点一次投入固定资产 250 万元，在建设期末投入专利权 15 万元，建设期为 1 年，建设期末资本化利息 10 万元，流动资产投资 30 万元，生产线预计使用寿命为 10 年。

要求：确定该项目的计算期。

(1) 建设期(s)＝1(年)。

(2) 生产经营期(p)＝10(年)。

(3) 项目计算期(n)＝$s+p=1+10=11$(年)。

二、项目投资内容及投入方式

从项目投资的角度看，原始投资等于企业为使该项目完全达到设计生产能力，开展正常经营而投入的全部资金，包括建设投资和流动资金投资两项内容。

建设期投资是指在建设期内根据项目投资内容进行的投资，包括固定资产投资（不包括建设期资本化借款利息）、无形资产投资、其他资产投资。

流动资金投资是指项目投产前后分次或一次投放于流动资产项目的投资增加额，又称垫支流动资金。

项目投资总额是反映项目投资总体规模的价值指标，它等于原始投资额与建设期资本化利息之和。建设期资本化利息是指在建设期应计入投资项目总价值的有关利息。

项目投资的资金投入方式分为一次投入和分次投入两种方式。一次投入方式是指投资行为集中于一次发生在项目计算期的某一个时点上。如果投资行为涉及两个或两个以上时点，则属于分次投入。当建设期为零时，则一般为一次投入方式。

【做中学 6-2】　根据【做中学 6-1】的资料计算海天公司该项目投资的固定资产原值、建设投资、原始投资、项目总投资指标。

(1) 固定资产原值＝250＋10＝260(万元)。

(2) 建设投资＝250＋15＝265(万元)。

(3) 原始投资＝265＋30＝295(万元)。

(4) 项目总投资＝295＋10＝305(万元)。

三、现金流量

(一)现金流量的概念

现金流量是指投资项目在整个投资周期内引起的企业现金流入和流出的数额。这里说的“现金”是一个广义的现金概念，它不仅包括各种货币资金，而且还包括项目投资所需投入的企业所有的非货币资源的变现价值。

现金流量是计算项目投资决策评价指标的主要依据，为方便项目投资现金流量的确定，做出以下假设：

1. 财务可行性假设。假设项目投资决策从投资者的立场出发，只考虑该项目是否具有财务可行性，不考虑该项目是否有技术可行性和国民经济可行性。

2. 建设期投入全部资金假设。假设项目投资的全部资金在建设期投入，在生产经营期没有投资。

3. 经营期与折旧年限一致假设。假设建设项目投资的固定资产的折旧年限与生产经营期相同。

4. 时点指标假设。为了便于利用资金时间价值进行计算，将项目投资所涉及的价值指标都作为时点指标处理。建设投资在建设期内有关年度的年初或年末发生，流动资金在建设期末(生产经营期初)发生，经营期内各年的收入、成本、利润、税金等项目的确认均在年末发生，新建项目最终报废或清理以及垫支流动资金的收回均发生在终结点。

5.确定性因素假设。假设与项目现金流量有关的价格、产销量、成本水平、所得税率等因素均为已知常数。

(二)现金流量的构成

在进行项目投资决策分析时，通常用现金流出量、现金流入量和净现金流量来反映项目投资的现金流量。现金流出量是指由于投资引起的企业现金支出的增加额；现金流入量是指由于投资而引起的企业现金收入的增加额；净现金流量是指一定时期内现金流入量减去现金流出量的差额。

1. 现金流出量

(1)建设投资(包括更新改造投资)。建设投资是指在建设期内按照一定生产经营规模和建设内容进行的各种直接投资支出。包括固定资产投资、无形资产投资、开办费投资等的总和，它是建设期发生的主要现金流出量，其中，固定资产投资是所有类型的投资项目注定要发生的内容。

(2)流动资金投资。在完整工业投资项目中，建设投资形成的生产经营能力要投入使用，会引起对流动资金的需求，主要是为保证生产正常而进行必要的存货储备占用等，这使企业要追加一部分流动资金投资。这部分流动资金投资属于垫支的性质，当投资项目结束时，一般会如数收回。

(3)付现经营成本。是指在经营期内为满足正常生产经营而动用现实货币资金支付的成本费用，又称为付现成本。如材料费用、工资费用、办公费、水电费等，它是生产经营阶段上最主要的现金流出量项目。在金额上等于经营成本减去非付现成本，非付现成本是指已经计入成本但不需要当期支付现金的成本，包括固定资产折旧、长期待摊费用摊销等。

(4)各项税款。指项目投产后依法缴纳的、单独列示的各项税款，如营业税、所得税等。

(5)其他现金流出。指不包括在以上内容中的现金流出项目，例如，项目所需投入的非货币资源的变现价值，项目投资可能会动用企业原有的资产，这时企业虽未直接支出现金，但原有资产的变现价值也要视为项目投资的现金流出。

2.现金流入量

(1)营业收入。是指项目投产后每年实现的全部销售收入或业务收入。营业收入是经营期主要的现金流入项目。

(2)回收固定资产的余值。当投资项目的有效期结束，残余的固定资产经过清理会得到一笔现金收入，如固定资产的变价收入。同时，清理时还要支付清理费用，如清理人员的报酬。残值收入扣除清理费用后的净额，应当作为项目投资的一项现金流入。

(3)回收垫支的流动资金。回收流动资金是指投资项目完全中止时，因不再发生新的替代投资而回收的原垫付的全部流动资金投资额。

3. 净现金流量

净现金流量(又称现金净流量)，是指项目计算期内每年现金流入量减去现金流出量的差额。

净现金流量的计算公式为：

$$净现金流量(NCF_t)=现金流入量-现金流出量$$

净现金流量有两个特征：第一，无论是在经营期还是建设期都存在净现金流量这个范畴；第二，由于项目计算期不同阶段上的现金流入量和现金流出量发生的可能性不同，使得各阶段上的现金净流量在数值上表现出不同的特征，建设期内的现金净流量一般小于或等于零；经营期内的现金净流量则一般大于零。

在实际工作中，具体计算某一投资项目的净现金流量时，可以采用编制现金流量表的形式进行计算。项目投资决策中的现金流量表，是一种能够全面反映投资项目在其项目计算期内每年的现金流入量和现金流出量的具体构成内容，以及现金净流量水平的报表。应当说明的是，它与财务会计中的现金流量表不但格式不同，而且作用也完全不同。以完整的工业投资项目为例，其现金流量表的具体格式如表 6-1 所示。

表 6-1　　完整工业投资项目现金流量表　　单位：万元

项目计算期(第 t 年)	建设期		经营期						合计
	0	1	2	3	4	5	…	n	
一、现金流入量									
1. 营业收入	×	×	√	√	√	√	√	√	∑
2. 回收固定资产余值	×	×	×	×	×	×	×	√	∑
3. 回收流动资金	×	×	×	×	×	×	×	√	∑
4. 其他现金流入量	×	×	?	?	?	?	?	?	∑
5. 现金流入量合计	0	0	∑	∑	∑	∑	∑	∑	∑
二、现金流出量									
1. 建设投资	√	×	×	×	×	×	×	×	∑
2. 流动资金投资	×	√	×	×	×	×	×	×	∑
3. 付现经营成本	×	×	√	√	√	√	√	√	∑
4. 各项税款	×	×	√	√	√	√	√	√	∑
5. 现金流出量的合计	∑	∑	∑	∑	∑	∑	∑	∑	∑
三、净现金流量	−	−	+	+	+	+	+	+	∑

注:假设本项目的建设期为 1 年。表中:"×"表示当年没有发生额;"√"表示当年有发生额:"?"表示当年可能有发生额;"$\sum$"表示求和;"－"表示数值一般为负值;"＋"表示数值一般为正值。现金净流量等于现金流入量减去现金流出量。

【做中学 6-3】 海天公司准备投资一新项目,该项目需要投资固定资产 10 万元,使用寿命为 5 年,采用年限平均法计提折旧,期满有残值 0.5 万元。用于员工培训的费用为 2 万元,在建设期初发生,垫付流动资金 2 万元,建设期期末发生,项目建设期 1 年。投产后每年可实现销售收入 15 万元,经营成本 10 万元,企业的所得税税率为 25%。

要求:计算该项目的现金流量。

(1)固定资产年折旧额＝(10－0.5)÷5＝1.9(万元)。

(2)付现成本＝10－1.9＝8.1(万元)。

(3)该项目的营业现金净流量见表 6-2。

(4)该项目现金净流量见表 6-3。

表 6-2 营业现金净流量计算表 单位:万元

项目 \ 年度	1	2	3	4	5
销售收入	15	15	15	15	15
经营成本	10	10	10	10	10
其中:付现成本	8.1	8.1	8.1	8.1	8.1
折旧	1.9	1.9	1.9	1.9	1.9
税前净利	5	5	5	5	5
所得税	1.25	1.25	1.25	1.25	1.25
净利润	3.75	3.75	3.75	3.75	3.75
营业现金净流量	5.65	5.65	5.65	5.65	5.65

表 6-3 项目投资现金净流量计算表 单位:万元

项目 \ 年度	建设期		经营期				
	0	1	2	3	4	5	6
固定资产投入	－10						
员工培训投入	－2						
流动资金投入		－2					
营业现金净流量			5.65	5.65	5.65	5.65	5.65
固定资产净残值							0.5
垫支流动资金收回							2
现金净流量(NCF)	－12	－2	5.65	5.65	5.65	5.65	8.15

【学中做 6-1】 某公司拟建设一条新生产线，预计固定资产投资 20 万元，投资期为 2 年，第一年投资 15 万元，第二年投资 5 万元，固定资产预计净残值 2 万元，预计使用时间 5 年，垫付流动资金 5 万元，经营期每年销售收入 30 万元，付现成本 20 万元，所得税税率为 25%。

要求：计算该项目投资的年营业现金净流量和项目投资的现金净流量。

（三）现金流量的简化计算方法

在实际工作当中一般采用简化计算公式的形式计算现金净流量，即根据项目计算期不同阶段上的现金流入量和现金流出量的具体内容，直接计算各阶段的现金净流量。

1. 建设期现金净流量的简化计算公式

若原始投资均在建设期内投入，则建设期现金净流量可按以下简化公式计算：

现金净流量（NCFt）＝－该年发生的原始投资额

2. 经营期现金净流量的简化计算公式

经营期现金净流量可按以下简化公式计算：

现金净流量（NCFt）＝营业收入－付现成本－所得税＋该年回收额
＝营业收入－（经营成本－非付现成本）－所得税＋该年回收额
＝营业收入－经营成本＋非付现成本－所得税＋该年回收额
＝营业利润＋非付现成本－所得税＋该年回收额
＝净利润＋非付现成本＋该年回收额

非付现成本主要包括该年固定资产折旧、无形资产摊销、长期待摊费用摊销；该年回收额主要包括固定资产残值收入或变价收入、垫支流动资金的收回。

【做中学 6-4】 海天公司进行一个项目投资，固定资产需要一次投入价款 1 000 万元，建设期为 1 年，建设期资本化利息为 100 万元。该固定资产预计使用 10 年，按照年限平均法计提折旧，期满预计净残值 100 万元。投入使用后可使经营期每年增加销售收入 780 万元，每年付现成本增加 400 万元，营业税金及附加增加 7 万元，该企业适用所得税税率是 25%。

要求：分别按照简化计算方法和编制现金流量表法计算该项目的净现金流量。

（1）项目计算期＝1＋10＝11（年）。

（2）固定资产原值＝1 000＋100＝1 100（万元）。

（3）年折旧额＝（1 100－100）/10＝100（万元）。

（4）经营期每年总成本费用增加额＝400＋100＋7＝507（万元）。

（5）经营期营业利润＝780－507＝273（万元）。

(6)经营期所得税＝273×25%＝68.25(万元)。

(7)经营期净利润＝273－68.25＝204.75(万元)。

净现金流量简化计算方法：

NCF_0＝－1 000(万元)。

NCF_1＝0。

$NCF_{2\sim10}$＝204.75＋100＝304.75(万元)。

NCF_{11}＝204.75＋100＋100＝404.75(万元)。

编制净现金流量表(表6-4)：

表6-4 固定资产投资项目现金流量表 单位:万元

项目计算期	建设期		经营期					
(第 t 年)	0	1	2	3	…	9	10	11
营业收入			780	780	…	780	780	780
固定资产残值					…			100
固定资产投资	－1 000				…			
经营成本			－500	－500	…	－500	－500	－500
其中:非付现成本			100	100	…	100	100	100
营业税金及附加			－7	－7	…	－7	－7	－7
所得税			－68.25	－68.25	…	－68.25	－68.25	－68.25
净现金流量(NCF)	－1 000	0	304.75	304.75	…	304.75	304.75	404.75

由此可见,两种计算方法的结果完全一致。

【学中做6-2】 某企业拟进行一个项目投资,需在建设期起点一次投入1 000万元购置固定资产,固定资产按照年限平均法计提折旧,预计使用寿命为10年,预计净残值是100万元。建设期1年,发生资本化利息100万元,所得税税率为25%。投产后预计每年净利润180万元。

要求:用简化计算方法计算该项目的净现金流量。

(四)现金流量的作用

现金流量是在评价项目投资方案是否可行时必须事先计算的基础性指标。在财务活动中,以现金流量作为项目投资的重要价值信息,主要在于现金流量信息能够发挥以下作用:

1.现金流量信息所揭示的未来期间现实货币资金收支运动,可以及时动态地反映项目投资的流出与回收之间的投入产出关系,使决策者在投资主体的立场上,完整、准确、全面地评价具体投资项目的经济效益。

2.利用现金流量指标代替利润指标作为反映项目效益的信息,可以克服因贯彻财务会计的权责发生制原则而带来的计量方法和计算结果的不可比和不透明等问题。即:由于不同的投资项目可能采取不同的固定资产折旧方法、存货估价方法或费用摊配方法,从而导致不同方案的利润信息相关性差、透明度不高和可比性差。

3.利用现金流量信息排除了非现金收付内部周转的资本运动形式,从而简化了有关投资决策评价指标的计算过程。

4.由于现金流量信息与项目计算期的各个时点密切结合,有助于在计算投资决策评价指标时应用资金时间价值的形式进行动态投资效果的综合评价。

第三节 项目投资决策评价指标

一、项目投资决策评价的主要指标及其分类

(一)项目投资决策的评价指标

投资决策指标是指用于衡量和比较投资项目可行性以便进行方案决策的定量化标准与尺度。项目投资评价的指标主要有投资利润率、静态投资回收期、动态投资回收期、净现值、净现值率、现值指数、内含报酬率等。

(二)项目投资决策评价指标分类

1.按其是否考虑资金时间价值,分为静态评价指标和动态评价指标。静态评价指标是指在计算过程中不考虑资金时间价值因素的指标,又称为非贴现指标,包括:投资利润率、静态投资回收期等。动态评价指标是指在计算过程中充分考虑和利用资金时间价值因素的指标,又称为贴现指标,包括:净现值、净现值率、现值指数、内含报酬率等。

2.按其性质不同,分为正指标和反指标。投资利润率、净现值、净现值率、现值指数和内含报酬率属于正指标,在评价决策中,这些指标值越大越好。静态投资回收期、动态回收期属于反指标,在评价决策中,这类指标的值越小越好。

3.按其数量特征的不同,分为绝对指标和相对指标。前者包括以时间为计量单位的静态投资回收期、动态回收期指标和以价值量为计量单位的净现值指标;后者包括净现值率、现值指数、内含报酬率等,除现值指数以指数形式表现外,其他指标为百分比指标。

4.按其重要性不同,分为主要指标、次要指标和辅助指标。净现值、内含报酬率等为主要指标,静态投资回收期为次要指标,投资利润率、净现值率等为辅助指标。

二、静态投资评价方法

(一)静态投资回收期

静态投资回收期是指在不考虑资金时间价值的情况下，收回全部投资额所需要的时间，该指标一般以年为单位，分为两种情况：包括建设期的投资回收期(记作PP)和不包括建设期的投资回收期(记作 PP′)，二者的关系为：PP＝建设期＋PP′。通常只需计算出其中一种投资回收期即可，这里仅以包括建设期的投资回收期为例进行介绍。

投资回收期的计算方法分为两种情况：

(1)每年的净现金流量相等时，其计算公式为：

$$静态投资回收期(PP)＝建设期＋\frac{原始投资额合计}{经营期每年相等的净现金流量}$$

(2)每年净现金流量不等时，则需要根据各年末的累计净现金流量与各年末尚未收回的投资额进行计算。

【做中学 6-5】 海天公司有 A、B 两个投资方案，投资总额 10 万元，全部用于固定资产建设，折旧采用年限平均法，使用时间预计为 5 年，预计期末无残值。建设期 1 年。经营期有关资料如表 6-5 所示。

表 6-5　两个投资方案经营期有关资料　单位：万元

年份	A方案			B方案		
	年净利润	折旧	净现金流量	年净利润	折旧	净现金流量
1	2	2	4	1	2	3
2	2	2	4	2	2	4
3	2	2	4	3	2	5
4	2	2	4	3	2	5
5	2	2	4	1	2	3
合计	10	10	20	10	10	20

根据上述资料，计算 A、B 两方案的静态投资回收期如下：

A 方案每年的投资回收金额相等，则：

$$投资回收期(PP)＝1+\frac{10}{4}＝3.5(年)$$

B 方案每年的净现金流量不等，其各年的净现金流量及各年尚未收回的投资额如表 6-6 所示。

表 6-6　　B方案各年净现金流量及投资回收资料表　　单位：万元

年份	B方案	
	净现金流量	年末尚未收回的投资额
1	3	7
2	4	3
3	5	—
4	5	—
5	3	—

从表 6-6 中可以看出，B 方案投资回收期在第 2 年和第 3 年之间，具体投资回收期为：

$$投资回收期(PP)=1+2+\frac{3}{5}=3.6(年)$$

企业进行投资评价时，投资回收期越短，投资者承担的风险越小，投资方案越有利。将投资方案的回收期同期望回收期相比较，如果投资方案回收期小于或等于期望回收期，此方案可以采纳；否则不可采纳。如果同时有几个投资方案可供选择，应该比较各个投资方案的回收期，先取短者。

投资回收期的优点是：能够直观地反映原始总投资的返本期限，便于计算和理解，能够促使企业努力缩短投资回收期，减少投资风险。其缺点是：没有考虑资金时间价值，也没有考虑回收期满以后的现金流量，容易造成投资决策者的短期行为。

【学中做 6-3】 某公司有一投资项目，投资额 150 万元，当年投资，当年投产，经营期 8 年，各年营业净现金流量分别为 30 万元、40 万元、55 万元、50 万元、40 万元、40 万元、40 万元、35 万元。

要求：计算该项目的投资回收期。

(二)投资利润率

投资利润率又称投资报酬率，是指项目投资到生产期的年平均净利润额占项目投资额的比率。其计算公式为：

$$投资利润率=\frac{年平均利润}{项目投资总额}\times 100\%$$

【做中学 6-6】 根据【做中学 6-5】中的资料，计算 A、B 两方案的投资利润率。

根据以上资料：

A 方案的投资利润率＝2÷10＝20％

B 方案的年均净利润＝(1＋2＋3＋3＋1)÷5＝2(万元)

B方案的投资利润率＝2÷10＝20％。

投资利润率的决策标准是：如果投资项目的投资利润率高于企业要求的最低收益率，则该投资项目可行，否则该项目不可行。

投资利润率指标具有简单、明了、易于掌握的优点，且该指标不受建设期的长短、投资的方式、回收额的有无以及净现金流量的大小等条件的影响，能够说明各投资方案的收益水平。该指标的缺点有二：一是没有考虑货币时间价值因素，不能正确反映建设期长短及投资方式不同对项目的影响；二是不能说明投资项目的风险。

三、动态投资评价方法

（一）动态投资回收期

动态投资回收期是一种以资金时间价值为基础，以贴现的净现金流量计算投资回收期的方法。首先将各年的净现金流量进行贴现，然后再用静态投资回收期的计算方法计算投资回收期。

【做中学 6-7】 根据【做中学 6-5】的有关资料，假设贴现率为 10％，计算 A、B 两项目的动态投资回收期。

表 6-7　　贴现净现金流量表　　单位：万元

年份	复利现值系数	A方案			B方案		
		净现金流量	贴现净现金流量	尚未收回投资额	净现金流量	贴现净现金流量	尚未收回投资额
1	0.909	4	3.636	6.364	3	2.727	7.273
2	0.826	4	3.304	3.060	4	3.304	3.969
3	0.751	4	3.004	0.056	5	3.755	0.214
4	0.683	4	2.732	——	5	3.415	——
5	0.621	4	2.484	——	3	1.863	——

根据以上资料：

$$A方案投资回收期(PP)=1+3+\frac{0.056}{0.056+2.676}=4.17(年)$$

$$B方案投资回收期(PP)=1+3+\frac{0.214}{0.214+3.201}=4.06(年)$$

动态投资回收期除了考虑资金时间价值外，其他优缺点及判断标准与静态投资回收期相差无几。

【学中做 6-4】 根据【学中做 6-3】中的资料，假设贴现率为 10％，计算该项目的动态投资回收期。

(二)净现值法

净现值(NPV)是指在项目计算期内,按选定的贴现率计算的各年净现金流量的现值的代数和。其计算公式为:

$$NPV = \sum_{t=0}^{n} \frac{NCF_t}{(1+i)^t} \quad (\text{其中 } i \text{ 为贴现率})$$

净现值的计算步骤:

1. 计算出各年的净现金流量。

2. 将行业基准收益率或企业要求的最低收益率作为贴现率,把各年净现金流量折算成现值。

3. 最后总计各期净现金流量的现值,即得到该项目投资的净现值。

净现值大于零,表明该投资项目的实际收益率高于设定的贴现率;净现值等于零,表明该投资项目的实际收益率等于设定的贴现率;净现值小于零,表明该项目实际收益率小于设定的贴现率。而贴现率采用行业平均收益率或企业要求的最低收益率,因此采用净现值指标的决策标准是:净现值≥0 为可行方案;净现值<0 为不可行方案。

如果几个方案的投资额相等,且净现值都是正数,那么净现值最大的方案为最优方案。如果几个投资方案的初始投资额不相等,则不宜只采用净现值法,还要结合其他评价指标(如净现值率、现值指数等)进行分析和评价。

【做中学 6-8】 海天公司投资 100 万元引进一条生产线,该生产线预计使用时间 5 年,期末无残值,采用年限平均法计提折旧,该项目当年投产,预计每年可获净利 8 万元,如果企业要求该项目的最低收益率为 10%,计算该项目的净现值并评价项目的可行性。

原始投资额=100(万元)

年折旧额=100÷5=20(万元)

经营期年净现金流量=8+20=28(万元)

净现值(NPV)=-100+28×(P/A,10%,5)

=-100+28×3.790 8

=6.142 4(万元)

由于该项目净现值大于零,所以该项目可行。

【做中学 6-9】 在【做中学 6-8】中,假设垫付流动资金 10 万元,生产线最后残值 20 万元,其他条件不变,计算该项目的净现值并评价项目的可行性。

原始投资额=100+10=110(万元)

年折旧额=(100-20)÷5=16(万元)

经营期年净现金流量=8+16=24(万元)

回收额＝20＋10＝30(万元)

$$
\begin{aligned}
\text{净现值(NPV)} &= -110+24\times(P/A,10\%,5)+30\times(P/F,10\%,5)\\
&= -110+24\times3.7908+30\times0.6209\\
&= -0.3938(\text{万元})
\end{aligned}
$$

由于该项目净现值小于零，所以该项目不可行。

【做中学 6-10】 在【做中学 6-8】中，假设建设期为 1 年，第 1 年年初投资 60 万元，第 1 年年末投资 40 万元，其他条件不变，计算该项目的净现值并评价项目的可行性。

$$
\begin{aligned}
\text{净现值(NPV)} &= -60-40\times(P/F,10\%,1)+28\times[(P/A,10\%,6)-(P/A,10\%,1)]\\
&= -60-40\times0.9091+28\times(4.3553-0.9091)\\
&= 0.1296(\text{万元})
\end{aligned}
$$

由于该项目净现值大于零，所以该项目可行。

【做中学 6-11】 在【做中学 6-8】中，假设每年的净利润分别为 6 万元、7 万元、8 万元、9 万元、10 万元，其他条件不变，计算该项目的净现值并评价项目的可行性。

$$
\begin{aligned}
\text{净现值(NPV)} &= -100+26\times(P/F,10\%,1)+27\times(P/F,10\%,2)+28\times(P/F,10\%,3)+29\times(P/F,10\%,4)+30\times(P/F,10\%,5)\\
&= -100+26\times0.9091+27\times0.8264+28\times0.7513+29\times0.6830+30\times0.6209\\
&= 5.4198(\text{万元})
\end{aligned}
$$

由于该项目净现值大于零，所以该项目可行。

应当指出的是，在项目投资评价中，正确地选择贴现率至关重要，它直接影响项目评价的结论。如果选择的贴现率过低，则会导致一些经济效益较差的项目得以通过，从而浪费了有限的社会资源；如果选择的贴现率过高，则会导致一些效益较好的项目不能通过，从而使有限的社会资源不能充分发挥作用。在实务中，一般采用以下几种方法来选定项目的贴现率：(1)以投资项目的资本成本作为贴现率；(2)以投资的机会成本作为贴现率；(3)根据不同阶段采用不同的贴现率。在计算项目建设期净现金流量现值时，以贷款的实际利率作为贴现率；在计算项目经营期净现金流量时，以全社会资金平均收益率作为贴现率；(4)以行业平均资金收益率作为项目贴现率；(5)以企业要求的最低收益率作为贴现率。

净现值的优点：一是考虑了资金的时间价值，能够反映各种投资方案的相对收益水平，增强了投资经济性的评价；二是考虑了项目计算期的全部净现金流量，体现了流动性与收益性的统一；三是考虑了投资风险性，因为贴现率的大小与风险的高低有关，风险越高，贴现率也就越高。因而用净现值指标进行评价的方法是一种较好的方法。其缺点是不能揭示各个投资方案本身可能达到的实际投资报酬率是多少，当各个投资方案的投资额不相同，单纯看净现值的绝对值就不能做出正确的评价。因此，就应与其他方法结合进行评价。

【学中做 6-5】 某企业有两个投资项目，投资总额均为 50 万元，全部用于购置新设备。折旧采用平均年限法计提，预计使用 5 年，无残值。A 方案每年净利润均为 10 万元，B 方案每年的净利润分别为 15 万元、12 万元、10 万元、8 万元、5 万元。企业的最低收益率为 10%。

要求：计算两个方案的净现值、对投资方案做出评价并比较两个方案。

(三)净现值率法

净现值率(NPVR)，是指投资项目的净现值占原始投资现值总额的百分比。计算公式为：

$$\text{净现值率(NPVR)}=\frac{\text{投资项目净现值}}{\text{原始投资现值总额}}\times 100\%$$

净现值率是一个贴现的相对量评价指标，采用净现值率的决策标准与净现值是相同的。

当净现值率大于等于零时该项目可行；当净现值率小于零时，该项目不可行。

【做中学 6-12】 海天公司有一固定资产投资项目，项目投资额为 100 万元，建设期 1 年，第 1 年年初投入 80 万元，第 1 年年末投入 20 万元，固定资产预计使用 5 年，期末没有残值，预计经营期每年的净现金流量 40 万元，贴现率 10%，要求计算该投资项目的净现值和净现值率，并评价其可行性。

$$\begin{aligned}\text{净现值(NPV)}&=-80-20\times(P/F,10\%,1)+40\times(P/A,10\%,5)\times(P/F,10\%,1)\\&=-80-20\times 0.9091+40\times 3.7908\times 0.9091\\&=39.717\text{(万元)}\end{aligned}$$

$$\begin{aligned}\text{原始投资额现值}&=80+20\times(P/F,10\%,1)\\&=80+20\times 0.9091\\&=98.128\text{(万元)}\end{aligned}$$

$$\text{净现值率(NPVR)}=\frac{\text{投资项目净现值}}{\text{原始投资现值总额}}\times 100\%=\frac{39.717}{98.128}\times 100\%=40.47\%$$

由于该项目净现值大于零，净现值率大于零，所以该项目可行。

净现值率指标的优点是可以从动态的角度反映项目投资的资金投入与净产出之间的关系，其缺点与净现值指标相似，同样无法直接反映投资项目的实际收益率。

【学中做 6-6】 根据【学中做 6-5】中的资料，计算两个项目的净现值率并做出评价。

(四)现值指数法

现值指数(PI)，是指按选定的贴现率计算的项目投产后各年净现金流量的现值之和与原始投资现值总额之比。计算公式为：

$$现值指数(PI)=\frac{项目投产后各年净现值现金流量现值之和}{原始投资现值之和}$$

从净现值率和现值指数的定义可知，这两个指标存在以下关系：PI＝1＋NPVR。

现值指数同净现值率一样是一个贴现的相对量评价指标，由于其存在 PI＝1＋NPVR 的关系，因此评价标准为：如果投资方案的现值指数大于等于 1，该方案为可行方案；如果投资方案的现值指数小于 1，该方案为不可行方案；如果几个方案的现值指数均大于 1，那么现值指数越大，投资方案越好。但在采用现值指数进行互斥方案的选择时，其正确的选择原则不是选择现值指数最大的方案，而是在保证现值指数大于 1 的条件下，使追加投资所得的追加收入最大化。

【做中学 6-13】 根据【做中学 6-12】中的资料，计算该投资项目的现值指数并做出评价。

现值指数(PI)＝(40×3.790 8×0.909 1)÷(80＋20×0.909 1)

＝1.40

由于该项目的现值指数大于 1，所以该项目可行。

现值指数的优缺点与净现值基本相同，但有一个重要区别是：现值指数可从动态的角度反映项目投资的资金投入与总产出之间的关系，可以弥补净现值在投资额不同方案之间不能比较的缺陷，使投资方案之间可直接用现值指数进行对比。其缺点除了无法直接反映投资项目的实际收益率外，计算起来比净现值指标复杂。

【学中做 6-7】 根据【学中做 6-5】中的资料，计算两个项目的现值指数并做出评价。

(五)内含报酬率法

内含报酬率(IRR)又称内部收益率，它是使投资项目的净现值等于零的贴现率。内含报酬率反映了投资项目的实际报酬率，越来越多的企业使用该指标对投资项目进行评价。

内含报酬率是个贴现正指标，采用这一指标的决策标准是将所测算的各方案的内含报酬率与其资本成本(或预期收益率)对比，如果方案的内含报酬率大于其资本成本(或预期收益率)，该方案为可行方案；如果投资方案的内含报酬率小于其资本成本(或预期收益率)，为不可行方案。

如果几个投资方案的内含报酬率都大于其资本成本(或预期收益率)，且各方案的投资额相同，那么内含报酬率最大的方案最好；如果几个方案的内含报酬率均大于其资本成本，但各方案的原始投资额不等，其决策标准应是“投资额×(内含报酬率－资本成本)”最大的方案为最优方案。

内含报酬率分两种情况进行计算：

1.建设期为零，全部投资于建设起点一次投入，营业期各年净现金流量相等，采用年金计算方法

(1)由内含报酬率的定义可知：

经营期净现金流量(NCF)×$(P/A,\text{IRR},n)$－原始投资额＝0

则$(P/A,\text{IRR},n)$＝原始投资额÷经营期净现金流量(NCF)

(2)查年金现值系数表，在相同的期数内，找出与上述年金现值系数相邻近的较大和较小的两个贴现率。

(3)根据上述两个邻近的贴现率和已求得的年金现值系数，采用插值法计算出该投资项目的内含报酬率。

【做中学 6-14】 海天公司有一投资项目，建设起点一次投资 150 万元，当年完工并投产，投产后每年可获净现金流量 30 万元，经营期为 10 年，企业要求的最低收益率为 10%。

要求：计算该项目的内含报酬率并对该项目是否可行做出评价。

$(P/A,\text{IRR},10)=150\div30=5$

查表得：$i_1=15\%$时　　$(P/A,15\%,10)=5.0188$

$i_2=16\%$时　　$(P/A,16\%,10)=4.8332$

插值得：$\text{IRR}=15\%+\dfrac{(5.0188-5)}{(5.0188-4.8332)}\times(16\%-15\%)=15.101\%$

由于该项目内含报酬率大于企业要求的最低收益率，所以该项目可行。

2.各年净现金流量不等时，可用试误法逐次测试

先预估一个贴现率，并按此贴现率计算净现值。如果计算出的净现值为正数，则表明预估的贴现率小于该投资项目实际内含报酬率，应予提高，再进行测算；如果计算出的净现值为负数，则表明预估的贴现率大于该投资项目的实际内含报酬率，应予降低，再进行测算。经过如此反复的测算，找到净现值的由正到负并且比较接近于零的两个贴现率。根据上述两个邻近的贴现率再来用插值法，计算出投资项目的实际内含报酬率。

注意，一般要求插值前找到的由正到负并且比较接近于零的两个贴现率的差不能大于 5%，否则影响结果的准确性。

【做中学 6-15】 海天公司投资 100 万元引进一条生产线，该生产线预计使用时间为 5 年，采用年限平均法计提折旧，期末无残值。该项目当年投产，预计每年的净利润分别为 6 万元、7 万元、8 万元、9 万元、10 万元，如果企业要求该项目的最低收益率为 10%，计算该项目的内含报酬率并评价项目的可行性。

原始投资额＝100(万元)

年折旧额＝100÷5＝20(万元)

测试过程如表 6-8 所示。

表 6-8 投资项目现金流量现值测试表 单位:万元

年度	每年NCF	测试(10%)		测试(12%)		测试(14%)	
		复利现值系数	现值	复利现值系数	现值	复利现值系数	现值
0	−100	1	−100	1	−100	1	−100
1	26	0.909 1	23.636 6	0.892 9	23.215 4	0.877 2	22.807 2
2	27	0.826 4	22.312 8	0.797 2	21.524 4	0.769 5	20.776 5
3	28	0.751 3	21.036 4	0.711 8	19.930 4	0.675 0	18.9
4	29	0.683 0	19.807	0.635 5	18.429 5	0.592 1	17.170 9
5	30	0.620 9	18.627	0.567 4	17.022	0.519 4	15.582
净现值			5.419 8		0.121 7		−4.763 4

经过测试,当贴现率为12%时,净现值为正值,当贴现率为14%时,净现值为负值,说明该项目的内含报酬率在12%和14%之间,插值得:

$$IRR=12\%+\frac{(0.121\ 7-0)}{(0.121\ 7+4.763\ 4)}\times(14\%-12\%)=12.05\%$$

由于内含报酬率12.05%大于企业要求的最低收益率10%,因此该投资项目可行。

内含报酬率的优点是非常注重资金时间价值,能从动态的角度直接反映投资项目的实际收益水平,且不受行业基准收益率高低的影响,比较客观。该指标的缺点是计算过程比较麻烦,当进入生产经营期又发生大量追加投资时,就有可能导致多个高低不同的内含报酬率出现,依据多个内含报酬率进行评价就会失去实际意义。

【学中做6-8】 某企业有两个投资项目,投资总额均为50万元,全部用于购置新设备。折旧采用平均年限法计提,预计使用5年,无残值。A方案每年净利润均为10万元,B方案每年的净利润分别为15万元、12万元、10万元、8万元、5万元。行业平均收益率为8%。

要求:计算两个项目的内含报酬率并做出评价。

(六)贴现指标之间的关系

净现值、净现值率、现值指数、内含报酬率四个指标,都属于贴现的决策评价指标,它们之间存在以下数量关系,即:

当净现值>0时,净现值率>0,现值指数>1,内含报酬率>设定贴现率;

当净现值=0时,净现值率=0,现值指数=1,内含报酬率=设定贴现率;

当净现值<0时,净现值率<0,现值指数<1,内含报酬率<设定贴现率。

计算净现值、净现值率、现值指数所用的贴现率都是事先设定的行业平均收益率(或企业要求的最低收益率),而内含报酬率的计算与贴现率的高低无关,是一种比较特殊的计算方法,根据它们之间的关系可以看出,在进行单项投资决策时,各种方法得出的结论是一致的;在进行多个投资项目决策时,它们得出的结论却可能不一致,这就需要根据实际情况加以选择。一般来说,净现值和内含报酬率作为首选方法,回收期作为第二选择的决策方法。

第四节　项目投资决策评价指标的应用

一、独立方案财务可行性分析

在财务管理中,将一组互相分离、互不排斥的方案称为独立方案。在独立方案中,选择一方案并不排斥选择另一方案。

(一)判断方案完全具备财务可行性的条件

如果项目投资的评价指标同时满足以下条件,则可以判定该项目完全具备财务可行性。

净现值(NPV)$\geqslant 0$;

净现值率(NPVR)$\geqslant 0$;

现值指数(PI)$\geqslant 1$;

内含报酬率(IRR)$\geqslant i$(行业平均利润率或企业要求的最低收益率);

包括建设期的静态投资回收期(PP)$\leqslant n/2$(项目计算期的一半);

不包括建设期的静态投资回收期(PP′)$\leqslant p/2$(经营期的一半);

投资收益率(ROI)$\geqslant i$(基准投资收益率)。

(二)判断方案完全不具备财务可行性的条件

如果项目投资的评价指标同时满足以下条件,则可以判定该项目完全不具备财务可行性。

净现值(NPV)<0;

净现值率(NPVR)<0;

现值指数(PI)<1;

内含报酬率(IRR)$<i$(行业平均利润率或企业要求的最低收益率);

包括建设期的静态投资回收期(PP)$>n/2$(项目计算期的一半);

不包括建设期的静态投资回收期(PP′)$>p/2$(经营期的一半);

投资收益率(ROI)$<i$(基准投资收益率)。

(三)判断方案基本具备财务可行性和不具备财务可行性的条件

评价指标中的主要指标和其他指标不一致时,应当以主要指标结论为主。当净现值(NPV)≥0、净现值率(NPVR)≥0、现值指数(PI)≥1、内含报酬率(IRR)≥i(行业平均利润率或企业要求的最低收益率),但次要或辅助指标投资回收期(PP)≤$n/2$、投资收益率(ROI)≥i(基准投资收益率)时,则可以判断该项目基本具备财务可行性;当净现值(NPV)<0、净现值率(NPVR)<0、现值指数(PI)<1、内含报酬率(IRR)<i(行业平均利润率或企业要求的最低收益率),但次要或辅助指标投资回收期(PP)≤$n/2$、投资收益率(ROI)≥i(基准投资收益率),基本可以判定该项目不具有财务可行性。

【学中做 6-9】 某项目投资的原始投资额为 150 万元,项目计算期为 8 年(其中建设期 1 年,经营期 7 年),行业基准投资利润率 9%,行业平均贴现率 10%,行业平均投资回收期是 3 年。有关投资决策评价指标分别为:

净现值(NPV)=12.187(万元)

净现值率(NPVR)=8.12%

现值指数(PI)=1.0812

内含报酬率(IRR)=11.83%

包括建设期的静态投资回收期(PP)=4

投资收益率(ROI)=10%

要求:判断该投资项目的财务可行性。

二、多个互斥方案的比较决策

互斥方案是指互相关联、互相排斥的方案,即一组方案中的各个方案彼此可以互相代替,采纳方案组中的某一方案,就会自动排斥这个方案组中的其他方案。因此,互斥方案具有排他性。互斥方案比较决策的过程就是在每一个入选方案已具备财务可行性的前提下,利用具体决策方法比较各个方案的优劣,利用评价指标从各个备选方案中最终选出一个最优方案的过程。

互斥方案比较决策的主要方法有净现值法、净现值率法、差额投资内含报酬率法、年等额净回收额法等。

(一)净现值法、净现值率法

这种方法是通过比较已具备财务可行性投资方案的净现值、净现值率指标的大小来选择最优方案的方法。

该方法适用于原始投资额相同且项目计算期相等的多方案比较决策。在这种情况下,净现值和净现值率法会得到完全相同的结论。

【做中学 6-16】 海天公司有一固定资产投资项目,原始投资额为 100 万元,项目计算期10年(经营期10年),有A、B、C、D四个互斥方案可供选择,各个方案的净现值指标分别为208.35万元、236.21万元、168.42万元、183.56万元,净现值率分别为2.084、2.362、1.684、1.836。

(1)评价每一方案的财务可行性

A、B、C、D四个方案的净现值均大于零,净现值率均大于零,因此这些方案均具备财务可行性。

(2)按照净现值法进行比较决策

B(236.21)>A(208.35)>D(183.56)>C(168.42)

(3)按照净现值率法进行比较决策

B(2.362)>A(2.084)>D(1.836)>C(1.684)

B方案最优,其次为A方案,再次为D方案,最差为C方案。

(二)差额投资内含报酬率法

差额投资内含报酬率法是指在两个原始投资额不同方案的差量净现金流量的基础上,计算出差额内含报酬率,并据以与行业平均贴现率比较,进而判断方案优劣的方法。该方法适用于对原始投资额不相同的多个方案进行比较而决策。当差额内含报酬率指标大于基准收益率或设定贴现率时,原始投资额大的方案较优;反之,则投资少的方案为优。

差额内含报酬率的计算过程同内含报酬率一样,只是所依据的是差量净现金流量。该法还经常被用于更新改造项目的投资决策中,当更新改造项目的差额内含报酬率指标大于基准收益率或设定贴现率时,应当进行更新改造;反之,就不应当进行更新改造。

【做中学6-17】 海天公司有两个可供选择的互斥投资方案,投资方案现金流量如表6-9所示。

要求:(1)计算差量净现金流量(ΔNCF)。

(2)计算差额内部收益率(ΔIRR)。

(3)分行业基准贴现率为12%、14%两种情况做出比较投资决策。

表6-9 投资项目净现金流量表 单位:万元

	0	1	2	3	4	5
A方案净现金流量	−200	138	138	138	138	138
B方案净现金流量	−100	109	109	109	109	109
ΔNCF						

(1)差量净现金流量:

$\Delta NCF_0 = -200-(-100) = -100$(万元)

$\Delta NCF_{1\sim5}=138-109=29$(万元)

(2)差额内部收益率：

$(P/A,\Delta IRR,5)=100\div29=3.448$

插值得 $\Delta IRR=12\%+\dfrac{3.604\ 8-3.448\ 3}{3.604\ 8-3.433\ 1}\times(14\%-12\%)=13.77\%$

(3)当基准贴现率为12%时，因为ΔIRR大于12%，因此应选择A项目；

当基准贴现率为14%时，因为ΔIRR小于14%，因此应选择B项目。

【做中学6-18】 海天公司打算变卖一套尚可使用5年的旧设备，另行购置一套新设备来替换它。取得新设备的投资额为72万元，旧设备的变价净收入为32万元(与固定资产净值相同)，到第5年年末新设备与继续使用旧设备届时的预计净残值相等。使用新设备可使企业在5年内每年增加营业收入28万元，并增加付现成本10万元。设备采用直线法计提折旧。更新设备的建设期为零。假定企业所得税率为30%，海天公司所在行业的基准贴现率为20%。

要求：就以上情况做出是否更新改造的决策。

(1)根据上述资料计算差量净现金流量的过程如下：

更新设备比继续使用旧设备增加的投资额：72－32＝40(万元)

经营期每年增加非付现成本折旧：40÷5＝8(万元)

经营期每年总成本的增加额：10＋8＝18(万元)

经营期每年营业利润的变动额：28－18＝10(万元)

经营期每年所得税的增加额：10×30%＝3(万元)

经营期每年净利润的变动额：10－3＝7(万元)

更新改造项目的差量净现金流量：

$\Delta NCF_0=-40$(万元)

$\Delta NCF_{1\sim5}=7+8=15$(万元)

(2)差额内部收益率：

$(P/A,\Delta IRR,5)=40\div15\approx2.666\ 7$

插值得：$\Delta IRR=20\%+\dfrac{2.745\ 4-2.666\ 7}{2.745\ 4-2.532\ 0}\times(24\%-20\%)=21.48\%$

(3)因为差额内部收益率ΔIRR大于行业的基准贴现率20%，因此应当更新设备。

【学中做6-10】 某企业有两个互斥投资方案，A方案投资额为100万元，当年投资，当年投产，项目计算期3年，经营年净现金流量每年40万元；B方案投资额为120万元，当年投资，当年投产，项目计算期3年，经营年净现金流量每年45万元。行业基准收益率10%。

要求：用差额内部收益率法做出比较投资决策。

(三)年等额净回收额法

年等额净回收额法是指通过比较投资方案的年等额净回收额指标的大小来选择最优方案的决策方法。该方法适用于原始投资额不同,特别是项目计算期不同的多方案比较决策。在此方法下,年等额净回收额最大的方案为优。

某方案的年等额净回收额=该方案的净现值÷年金现值系数

【做中学 6-19】 海天公司拟投资新建一条生产线。现有三个方案可供选择:A 方案的原始投资为 200 万元,项目计算期为 12 年,净现值为 98 万元;B 方案的原始投资为 180 万元,项目计算期为 10 年,净现值为 90 万元;C 方案的原始投资额为 150 万元,项目计算期为 9 年,净现值为 80 万元。行业基准贴现率为 12%。

要求:(1)判断每个方案的财务可行性。

(2)用年等额净回收额法做出投资决策。

(1)A 方案、B 方案、C 方案的净现值均大于零,三个方案具有财务可行性。

(2)A 方案年等额净回收额$=\dfrac{98}{(P/A,12\%,12)}=\dfrac{98}{6.1944}=15.82$(万元)

B 方案年等额净回收额$=\dfrac{90}{(P/A,12\%,10)}=\dfrac{90}{5.6502}=15.93$(万元)

C 方案年等额净回收额$=\dfrac{80}{(P/A,12\%,9)}=\dfrac{80}{5.3282}=15.01$(万元)

计算结果表明,B 方案年等额净回收额最大,因此 B 方案为最优方案。

【学中做 6-11】 某公司拟投资新建一条生产线。现有两个方案可供选择:A 方案的原始投资为 1 300 万元,项目计算期为 11 年,净现值为 950 万元;B 方案的原始投资为 1 100 万元,项目计算期为 10 年,净现值为 910。行业基准贴现率为 10%。

要求:用年等额净回收额法做出投资决策。

(四)多方案组合排队投资决策

1. 组合或排队方案的含义

如果一组方案中既不属于相互独立,又不属于相互排斥,而是可以实现任意组合或排队,则这些方案被称为组合或排队方案,其中,又包括先决方案、互补方案和不完全互斥方案等形式。在这种方案决策中,除了要求首先评价所有方案的可行性,淘汰不具备财务可行性的方案外,在接下来的决策中需要反复衡量和比较不同组合条件下的有关评价指标的大小,从而做出最终决策。

2. 组合或排队方案决策

这类决策分两种情况:(1)在资金总量不受限制的情况下,可按每一项目的净现值 NPV 大小排队,确定优先考虑的项目顺序。(2)在资金总量受到限制时,则需按净现值率 NPVR 或现值指数 PI 的大小,结合净现值 NPV 进行各种组合排队,

从中选出能使 $\sum$ NPV 最大的最优组合。

3. 组合或排队方案决策的程序

(1)以各方案的净现值率高低为序,逐项计算累计投资额,并与限定投资总额进行比较。

(2)当截止到某项投资项目(假定为第 j 项)的累计投资额恰好达到限定的投资总额时,则第 1 至第 j 项的项目组合为最优的投资组合。

(3)若在排序过程中未能直接找到最优组合,必须按下列方法进行必要的修正。

首先,当排序中发现第 j 项的累计投资额首次超过限定投资额,而删除该项后,按顺延的项目计算的累计投资额却小于或等于限定投资额时,可将第 j 项与第 $(j+1)$ 项交换位置,继续计算累计投资额。这种交换可连续进行。

其次,当排序中发现第 j 项的累计投资额首次超过限定投资额,又无法与下一项进行交换,第 $(j-1)$ 项的原始投资大于第 j 项原始投资时,可将第 j 项与第 $(j-1)$ 项交换位置,继续计算累计投资额。这种交换亦可连续进行。

最后,若经过反复交换,已不能再进行交换,仍未找到能使累计投资额恰好等于限定投资额的项目组合时,可按最后一次交换后的项目组合作为最优组合。

总之,在主要考虑投资效益的条件下,多方案比较决策的主要依据,就是能否保证在充分利用资金的前提下,获得尽可能多的净现值总量。

【做中学 6-20】 A、B、C、D、E 五个投资项目为非互斥方案,有关原始投资额、净现值、净现值率和内部收益率数据如表 6-10 所示:

表 6-10　　投资项目资料　　单位:万元

项　目	原始投资	净现值	净现值率	内部收益率
A	300	120	0.4	18%
B	200	40	0.2	21%
C	200	100	0.5	40%
D	100	22	0.22	19%
E	100	30	0.3	35%

要求:分别就以下相关情况做出多方案组合决策。

(1)投资总额不受限制。

(2)投资总额受到限制,分别为 200 万元、300 万元、400 万元、450 万元、500 万元、600 万元、700 万元、800 万元和 900 万元。

按各方案净现值率的大小排序,并计算累计原始投资和累计净现值数据。其结果如表 6-11 所示。

表 6-11　　各方案净现值率排序表　　单位:万元

顺序	项目	原始投资	累计原始投资	净现值	累计净现值
1	C	200	200	100	100
2	A	300	500	120	220
3	E	100	600	30	250
4	D	100	700	22	272
5	B	200	900	40	312

根据表 6-11 数据按投资组合决策原则做如下决策:

(1)当投资总额不受限制或限额大于或等于 900 万元时,最优投资组合方案为 C+A+E+D+B。

(2)当限定投资总额为 200 万元时,只能上 C 项目,可获 100 万元净现值,比另一组合 E+D 的净现值合计 52 多万元。

(3)当限定投资总额为 300 万元时,最优投资组合为 C+E(因为 A 和 E 可进行交换),净现值为 130 万元,大于其他组合:A、C+D、E+B 和 D+B。

(4)当限定投资总额为 400 万元时,最优投资组合为 C+E+D(这里 A 与 E、D 分别交换一次);在这一组合下可获净现值 152 万元,大于以下组合:A+E、A+D、C+B、E+D+B。

(5)当限定投资总额为 450 万元时,最优组合仍为 C+E+D,此时累计投资总额为 400 万元(200+100+100),小于 450 万元,但实现的净现值仍比所有其他组合的多。

(6)当限定投资总额为 500 万元、600 万元和 700 万元时,最优的投资组合分别为:C+A、C+A+E、C+A+E+D。

(7)当限定投资总额为 800 万元时,最优的投资组合为 C+A+E+B(这里 D 与 B 交换一次),获得净现值 290 万元,大于 C+A+E+D 组合的净现值 282 万元。

【思考题】

1. 项目投资的概念及投资特点是什么?
2. 简述现金流量的构成。
3. 简述净现值法的优缺点。
4. 贴现评价指标之间的关系是什么?

【实训题】

一、单项选择题

1. 如果一个投资方案的净现值为正数，说明该方案 （ ）

A. 投资利润率大于设定的贴现率 B. 投资利润率小于设定的贴现率

C. 投资利润率等于设定的贴现率 D. 可以取得投资收益

2. 企业投资30万元购入一台设备，预计投产后每年获净利润2万元，固定资产年折旧额为3万元，则投资回收期为 （ ）

A. 5年 B. 6年 C. 10年 D. 15年

3. 内含报酬率是指能够使下列指标中（ ）为零的报酬率。

A. 利润 B. 净现金净流量

C. 净现值 D. 投资利润率

4. 下列项目中属于非付现成本的是 （ ）

A. 支付工资 B. 垫支流动资金

C. 支付材料款 D 计提固定资产折旧

5. 下列投资决策评价指标中，其数值越小越好的指标是 （ ）

A. 净现值率 B. 投资回收期 C. 内含报酬率 D. 投资利润率

6. 下列项目中，不会对内含报酬率指标产生影响的因素是 （ ）

A. 原始投资额 B. 净现金流量 C. 项目计算期 D. 设定的贴现率

7. 对于多个互斥方案的选择，采用年等额净回收额指标时 （ ）

A. 选择投资额最大的方案为最优

B. 选择投资额最小的方案为最优

C. 选择年等额净回收额最大的方案为最优

D. 选择年等额净回收额最小的方案为最优

8. 项目投资决策中，完整项目计算期是指 （ ）

A. 建设期 B. 经营期

C. 建设期＋经营期 D. 建设期＋达产期

9. 下列指标中没有直接利用净现金流量的是 （ ）

A. 净现值率 B. 现值指数 C. 内含报酬率 D. 投资收益率

10. 如果某投资项目的建设期为零，直接利用年金现值系数计算该项目的内含报酬率指标的前提条件是 （ ）

A. 投产后净现金流量为普通年金形式

B. 投产后净现金流量为递延年金形式

C. 投产后净现金流量各年不等

D. 在建设起点不发生投资

二、多项选择题

1. 下列指标会影响动态指标的高低的是（　　）

A. 投资方式　　B. 回收额

C. 建设期　　D. 净现金流量

2. 投资决策中可用来作为贴现率的指标有（　　）

A. 资本成本率　　B. 投资的机会成本率

C. 企业要求的最低收益率　　D. 行业平均资金利润率

3. 如果其他因素不变，一旦贴现率提高，下列指标中将会变小的是（　　）

A. 内含报酬率　　B. 净现值

C. 净现值率　　D. 现值指数

4. 如果一投资项目 NPV＝0，则下列说法正确的有（　　）

A. 该投资项目的获利指数等于 1

B. 该投资项目的净现值率等于 0

C. 该投资项目的内含报酬率等于设定的贴现率

D. 该投资项目的投资利润率为 0

5. 如果某一投资方案的净现值小于 0，表明该投资项目（　　）

A. 投资报酬率小于 0，不可行

B. 投资报酬率不一定小于 0

C. 该项目亏损，不可行

D. 该项目投资报酬率没有达到设定的贴现率，不可行

三、判断题

1. 在项目投资决策中，净现金流量是指经营期内每年现金流入量与同年现金流出量之间差额所形成的序列指标。（　　）

2. 在评价投资项目财务可行性时，如果静态评价指标结论与净现值动态指标的评价结论发生矛盾，应当以净现值指标的结论为准。（　　）

3. 在不考虑资金时间价值的前提下，投资回收期越短，投资获利能力越强。（　　）

4. 在互斥方案的比较选择中，如果差额内部收益率指标大于基准收益率，那么原始投资额最小的方案为最优方案。（　　）

5. 折旧属于非付现成本，不会影响企业的现金流量。（　　）

6. 在投资决策中，只要投资方案的投资收益率大于零，该方案就是可行方案。（　　）

7. 净现值指标考虑了资金的时间价值，能够反映各投资方案的净收益，但是不能揭示各个投资方案本身可能达到的投资报酬率。（　　）

8. 在资本限量的前提下，最佳投资方案组合必然是内含报酬率合计最高的投

资组合。 ( )

四、业务题

1. 海天公司有一工业项目需要原始投资130万元，其中固定资产投资110万元，流动资金投资20万元。建设期为2年。固定资产投资在建设期内均匀投入，流动资金于第2年年末投入。该项目寿命期10年，固定资产按平均年限法计提折旧，期满有10万元净残值。预计投产后第1年获10万元净利润，以后每年递增5万元；流动资金于终结点一次收回。

要求：(1)计算项目计算期各年的净现金流量。

(2)计算项目的包括建设期的静态投资回收期。

2. 海天公司拟投资一新项目，预计建设期为1年，所需原始投资100万元于建设起点一次投入(设备)。该设备预计使用寿命为4年，使用期满报废清理时预计残值5万元。该设备折旧方法采用平均年限法。该设备投产后每年增加净利润30万元。假定适用的行业基准贴现率为10%。

要求：(1)计算项目计算期内各年的净现金流量。

(2)计算该项目的净现值、净现值率、现值指数。

(3)利用净现值指标评价该投资项目的财务可行性。

3. 海天公司计划进行某项投资活动，有甲、乙两个备选的互斥投资方案资料如下：

(1)甲方案原始投资150万，其中固定资产投资100万，流动资金投资50万，全部资金于建设起点一次投入。建设期为0，经营期为5年，到期净残值收入5万，预计投产后年营业收入90万，年总成本60万。

(2)乙方案原始投资额200万，其中固定资产投资120万，流动资金投资80万。建设期0年，经营期5年，固定资产投资、垫支流动资金于建设期起点投入，固定资产净残值预计10万，项目投产后，年营业收入170万，年总成本130万。

(3)固定资产按直线法折旧，全部流动资金于终结点收回。企业所得税税率为30%。

要求：(1)计算甲、乙方案各年的净现金流量。

(2)计算甲、乙方案的静态投资回收期。

(3)该企业所在行业的基准贴现率为10%，计算甲、乙方案的净现值。

(4)计算甲、乙两方案的年等额净回收额，并比较两方案的优劣。

【自测题】

1. 海天公司拟进行一项固定资产投资，该项目的现金流量表(部分)如下：

现金流量表　　单位:万元

项目	建设期	经营期						合计
	0	1	2	3	4	5	6	
净现金流量	−1 000	−1 000	100	1 000	(B)	1 000	1 000	2 900
累计净现金流量	−1 000	−2 000	−1 900	(A)	900	1 900	2 900	
贴现净现金流量	−1 000	−943.4	89	839.6	1 425.8	747.3	705	1 863.3

要求:(1)计算上表中用英文字母表示的项目的数值。

(2)计算或确定下列指标:①静态投资回收期;②净现值;③原始投资现值;④净现值率;⑤获利指数。

(3)评价该项目的财务可行性。

2.海天公司原有设备一台,账面折余价值为11.5万元,目前出售可获得收入7.5万元,预计可使用10年,已使用5年,预计净残值为0.8万元。现在该公司拟购买新设备替换原设备,建设期为零,新设备购置成本为40万元,使用年限为5年,预计净残值与使用旧设备的净残值一致,新、旧设备均采用直线法提折旧。该公司第1年起至第5年,销售额从150万元上升到165万元,经营成本从110万元上升到115万元。该企业的所得税率为25%,资本成本为10%。

要求:(1)更新改造增加的年折旧。

(2)更新改造增加的各年净利润。

(3)旧设备变价净损失的抵税金额。

(4)更新改造增加的各年净现金流量。

(5)计算更新改造方案的差额内部收益率,并做出是否进行更新改造的决策。

3.海天公司有A、B、C、D、E、F六个投资项目可供选择。有关资料如下:

海天公司投资项目资料　　单位:元

投资项目	原始投资额	净现值	净现值率
A	120 000	67 000	56%
B	150 000	79 500	53%
C	300 000	111 000	37%
D	125 000	21 000	16.8%
E	100 000	−250	−0.25%
F	150 000	80 000	53.33%

要求:(1)投资总额不受限制时,做出投资组合决策。

(2)投资总额为40万元时,做出投资组合决策。

(3)投资总额为60万元时,做出投资组合决策。

第七章　营运资金管理

【学习目标】

通过本章的学习，理解企业营运资金管理的基本原理及现金、应收账款、存货的管理内容和方法；掌握最佳现金持有量的计算，企业信用政策决策方法，存货决策的经济批量控制法和储存期控制法，以及它们的具体应用。

第一节　营运资金管理的基本原理

一、营运资金的含义

营运资金，又称循环资本，是指一个企业维持日常经营所需的资金，通常指流动资产减去流动负债后的差额。主要包括现金、应收账款、存货等，它们占用了绝大部分的流动资金。用公式表示为：

营运资金总额＝流动资产总额－流动负债总额

营运资金是扣除短期负债之后的剩余流动资产，具有较强的流动性，是企业日常生产经营活动的润滑剂和衡量企业短期偿债能力的重要指标。因此，企业持有一定量的营运资金是十分重要的。

二、营运资金的特点

营运资金的特点体现在流动资产和流动负债的特点上。

(一)流动资产的特点

与固定资产投资相比，流动资产投资具有如下特点：

1.回收期短。企业占用在流动资产上的资金一般在一年或一个营业周期内收回，对企业影响的时间比较短。

2.流动性强。流动资产相对固定资产等长期资产来说具有较强的变现能力，这对于财务上满足临时性资金需求具有重要意义。

3.波动性大。流动资产易受到企业内外环境的影响，其资金占用量的波动往往很大，季节性企业如此，非季节性企业亦如此，财务人员应有效地预测和控制这种波动，以满足企业生产经营活动对资金的需要。

4.具有并存性。流动资产在循环周转过程中，各种不同形态的流动资产在空间上同时并存，在时间上依次继起。因此，合理地配置流动资产各项目的比例是保证流动资产得以顺利周转的必要条件。

(二)流动负债的特点

与长期负债筹资相比，流动负债筹资具有如下特点：

1.速度快。申请短期借款往往比申请长期借款更容易、更便捷，通常在较短时间内便可获得。

2.弹性大。与长期债务相比，短期借款给债务人更大的灵活性。

3.成本低。在正常情况下，短期负债筹资所发生的利息支出低于长期负债筹资的利息支出。

4.风险大。由于流动负债占用时间比较短，因此风险较大。

三、营运资金政策

(一)营运资金持有政策

营运资金持有量的高低，影响着企业的收益和风险，营运资金持有政策，就是要在收益和风险之间进行权衡，以确定营运资金的最佳持有量。目前，营运资金持有政策主要有以下三种：

1.宽松的营运资金政策。宽松的营运资金政策就是为保证经营活动的安全性而持有较多的营运资金，避免由于营运资金不足而不能偿还到期债务及支付材料价款等带来的风险，但是，由于流动资产的收益性一般低于长期资产，因此，较高的营运资金持有量会降低企业的收益。

2.紧缩的营运资金政策。紧缩的营运资金政策就是企业为提高收益率而持有较少的营运资金，虽然较低的营运资金持有量会使企业的收益率提高，但较少的现金、有价证券持有量和较低的存货保险储备量却会降低偿债能力和采购的支付能力，可能会造成信用损失、材料供应中断和生产阻塞，因此，会加大企业的风险。

3.适中的营运资金政策。适中的营运资金政策就是在权衡收益和风险的情况下使企业营运资金的持有量既不过高也不过低，恰好能够满足生产经营活动的需要，既不多余也不会出现短缺。

适中的营运资金政策对于企业价值最大化来讲理论上是最佳的，然而，一般很难量化描述适中政策的营运资金持有量。所以，各企业应当根据自身的具体情况和环境条件，按照适中营运资金政策的原则，确定适当的营运资金持有量。

(二)营运资金筹集政策

营运资金筹集政策主要是就如何安排临时性流动资产和永久性流动资产的资金来源而言的,这里的临时性流动资产和永久性流动资产是按照流动资产的用途加以划分的,临时性流动资产指那些受季节性、周期性影响的流动资产,如季节性存货、销售和经营旺季的应收账款等;永久性流动资产则指那些即使企业处于经营低谷也仍然需要保留的、用于满足企业长期稳定需要的流动资产。与流动资产按照用途划分的方法相对应,流动负债也可以分为临时性负债和自发性负债。临时性负债指为了满足临时性流动资金需要而发生的负债;自发性负债指直接产生于企业持续经营中的负债,如企业在日常运营中产生的各种应付款项。营运资金筹集政策一般可分为以下三种:

1.配合型筹资政策

配合型筹资政策的特点是:对于临时性流动资产,运用临时性负债筹集资金满足其资金需要;对于永久性流动资产和固定资产(统称为永久性资产,下同),运用长期负债、自发性负债和权益资本筹集资金满足其资金需要。配合型筹资政策见图7-1。

配合型筹资政策要求企业临时负债筹资计划要严密,实现现金流动与预期安排相一致,在季节性低谷时,企业应当除了自发性负债外没有其他流动负债;只有在有临时性流动资产需求时,企业才举借各种临时性债务。

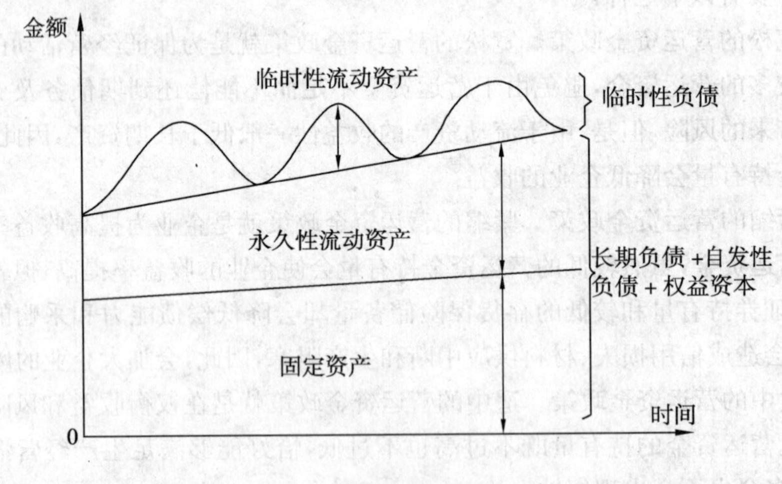

图7-1

例如,某企业在正常生产经营期间,需占用40万元的流动资产和150万元的固定资产;在生产经营的旺季,会额外增加10万元的临时性存货需求。配合型筹资政策的做法是:企业只在生产经营的旺季才借入 10 万元的短期借款;其余正常生产经营期间的 190 万元永久性资产均由长期负债、自发性负债和权益资本解决其资金需要。这种筹资政策是一种理想的、对企业有着较高资金使用要求的营运资金筹集政策。

2. 激进型筹资政策

激进型筹资政策的特点是:临时性负债不但融通临时性流动资产的资金需要,还解决部分永久性资产的资金需要。该筹资政策见图 7-2:

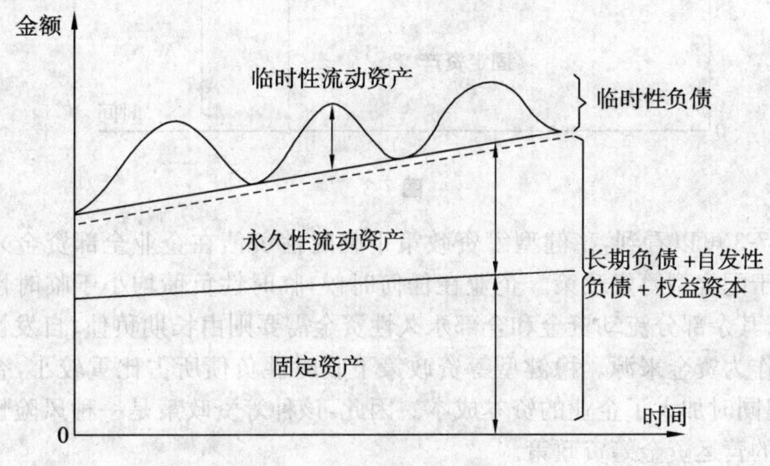

图 7-2

从图 7-2 可以看到,激进型筹资政策下临时性负债在企业全部资金来源中所占比重大于配合型筹资政策。沿用上例,企业正常生产经营期间占用 40 万元的流动资产和 150 万元的固定资产,在生产经营的旺季,额外增加 10 万元的季节性存货需求。实行激进型筹资政策就是:企业的权益资本、长期负债和自发性负债的筹资额要低于 190 万元,而临时性负债筹集的资金却要大于 10 万元。即永久性资金来源的不足要由临时性负债筹资加以弥补。激进型筹资政策下临时性负债所占比重较大,企业的资本成本较低,但同时存在较大风险。因此,该种筹资政策是一种收益性和风险性均较高的营运资金筹资政策。

3. 稳健型筹资政策

稳健型筹资政策的特点是:临时性负债只融通部分临时性流动资产的资金需要,另一部分临时性流动资产和永久性资产,则由长期负债、自发性负债和权益资本作为资金来源,见图 7-3。

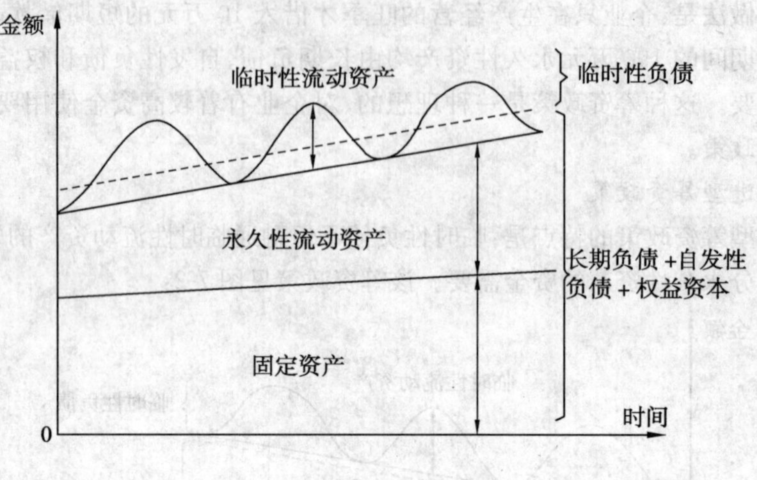

图 7-3

从图 7-3 可以看到，稳健型筹资政策下临时性负债在企业全部资金来源中所占比重小于配合型筹资政策。企业在任何时候，临时性负债均小于临时性流动资金的需要，其余部分流动资金和全部永久性资金需要则由长期负债、自发性负债和权益资本作为资金来源。稳健型筹资政策下临时性负债所占比重较小，企业的风险较低，但同时加大了企业的资本成本。因此，该种筹资政策是一种风险性和收益性均较低的营运资金筹资政策。

第二节　现金管理

在企业的流动资产中，现金是流动性最强的资产。有价证券作为现金的一种转换形式，变现能力较强，可以随时转换为现金。企业有多余现金时，常将现金转换成有价证券；需要补充现金不足时，再出让有价证券换回现金。

一、企业持有现金的原因与成本

(一)企业持有现金的原因

1. 交易动机

交易动机是指满足企业生产经营活动的现金支付需要。企业经常得到收入，也经常发生支出，两者不可能同步同量。收入多于支出，形成现金置存；收入少于支出，需要借入现金。企业必须维持适当的现金余额，才能使业务活动正常地进行下去。

2. 预防动机

预防动机是指持有现金以防发生意外的支付。由于企业外部环境和内部条件经常发生变化，比如价格变化、销售不畅、应收账款不能按时回收以及一些意外事件的发生，都会影响企业的现金收支，使企业的现金流量在一定程度上难以准确把握。为了确保企业正常的生产经营活动，就必须持有较多的现金以应付意外的支付。现金流量的不确定性越大，预防性需要的现金数额也就越大。

3. 投机动机

投机动机是指企业持有现金用于有利的购买机会。比如遇有廉价原材料或其他资产供应的机会便可抓住机遇大量购入；再比如在适当时机购入价格有利的股票和其他有价证券等。

(二)企业持有现金的成本

企业持有现金的成本通常由以下四个部分组成：

1. 机会成本

现金作为企业的一项资产占用是有代价的，这种代价就是企业持有现金的机会成本。现金的机会成本，可以用企业因保留一定现金余额而丧失进行有价证券投资所产生的投资收益来表示。这种成本在数额上与现金持有量成正比，现金持有量越大，机会成本越高。

2. 管理成本

企业拥有现金，会发生管理费用，如管理人员的工资、安全措施费等，这些费用是现金的管理成本。管理成本是一种固定成本，与现金持有量之间无明显的比例关系。

3. 转换成本

转换成本是指企业买卖有价证券时付出的交易费用，即现金与有价证券之间相互转换的成本，主要包括佣金、印花税、委托费、过户费等。这部分成本与现金和有价证券之间相互转换的次数有关，转换次数越多，成本越高。

4. 短缺成本

短缺成本是指因现金持有量不足，不能应付业务开支所需，同时又无法及时通过有价证券变现加以补充而给企业造成的损失，包括停工待料或临时采购的额外支出以及因不能及时支付而蒙受的信誉损失等。现金的短缺成本随现金持有量的增加而下降，随现金持有量的减少而上升。

请思考：持有现金的动机是什么？持有现金的成本有哪些？

二、最佳现金持有量的确定

做好现金管理工作，需要控制好现金的持有规模，确定最佳现金持有量。最佳现金持有量是指既能保证企业生产经营的需要，又能使企业获得最大收益的最低限度的现金持有量。最佳现金持有量的确定方法有很多，常用的方法有成本分析模式和存货模式。

(一)成本分析模式

成本分析模式是通过分析持有现金的成本,寻找持有成本最低的现金持有量。这种方法主要考虑与现金持有量直接相关的机会成本和短缺成本。管理成本基本属于固定成本,与现金持有量的大小关系不大,在这里可作为现金持有总成本的组成部分来考虑。

最佳现金持有量的具体计算,可以先计算出各种方案的机会成本、短缺成本和管理成本之和,再从中选择出总成本之和最低的方案,即为最佳现金持有量方案。

【做中学 7-1】 某公司现有甲、乙、丙、丁四种现金持有方案,它们各自的机会成本、短缺成本和管理成本如表 7-1 所示。

现金持有方案

表 7-1 单位:元

项目＼方案	甲	乙	丙	丁
现金持有量	25 000	50 000	75 000	100 000
机会成本	3 000	6 000	9 000	12 000
管理成本	20 000	20 000	20 000	20 000
短缺成本	12 000	6 750	2 500	0

注:机会成本率即该企业的资本收益率为 12%。

这四种方案的总成本计算结果见表 7-2。

现金持有总成本

表 7-2 单位:元

项目＼方案	甲	乙	丙	丁
机会成本	3 000	6 000	9 000	12 000
管理成本	20 000	20 000	20 000	20 000
短缺成本	12 000	6 750	2 500	0
总成本	35 000	32 750	31 500	32 000

将以上各方案的总成本加以比较可知,丙方案的总成本最低,也就是说当企业持有 75 000 元现金时,各方面的总代价最低,对企业最合算,故 75 000 元是该企业的最佳现金持有量。

(二)存货模式

存货模式是引入存货的经济批量模型计算最佳现金持有量的一种分析方法，其基本原理源于计算存货经济批量的基本模型。这种方法主要考虑机会成本和转换成本，因此引入存货的经济批量模型计算最佳现金持有量时，主要是对现金持有量的机会成本和转换成本进行权衡，寻求两项成本之和达到最低时的现金持有量。

企业总成本曲线如图 7-4：

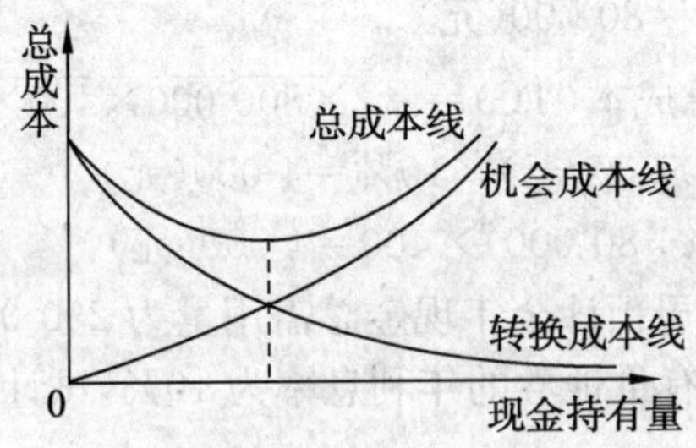

图 7-4　现金的成本构成

一段时期内的现金持有量如图 7-5 所示，因此机会成本表示为$(Q/2)\times K$，转换成本表示为$(T/Q)\times F$。

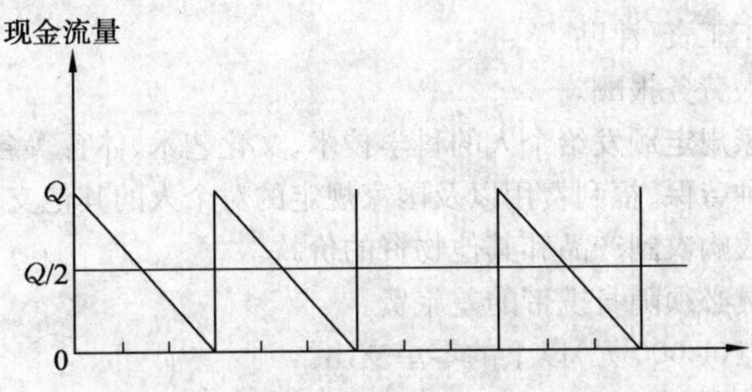

图 7-5　一段时期内的现金持有状况

因此，某一时期的现金管理相关总成本 TC 的计算公式为：

$TC=(Q/2)\times K+(T/Q)\times F$

从图 7-4 中已知，最佳现金持有量 Q 是机会成本线与转换成本线交叉点所对应的现金持有量，因此 Q 应当满足：

机会成本＝转换成本，即：

$(Q/2)\times K=(T/Q)\times F$

求得最佳 Q 值，即：

$Q=\sqrt{2TF/K}$

最佳现金管理相关总成本(TC)$=\sqrt{2TFK}$

其中：T 为某一时期的现金总需用量；Q 为最佳现金持有量(每次出售有价证券换回的现金数量)；K 为有价证券的利息率(机会成本率)；F 为每次出售有价证券的转换成本；TC 为某一时期的现金管理总成本。

【做中学 7-2】 某公司现金收支状况比较稳定，预计全年现金总需用量为 800 000 元，每次出售有价证券的转换成本为 400 元，有价证券的年利息率为 10%，则：

最佳现金持有量$(Q)=\sqrt{(2\times 800\,000\times 400)/10\%}$

$=80\,000$(元)

最佳现金管理相关总成本$(\mathrm{TC})=\sqrt{2\times 800\,000\times 400\times 10\%}=8\,000$(元)

其中：机会成本$=(80\,000\div 2)\times 10\%=4\,000$(元)

转换成本$=(800\,000\div 80\,000)\times 400=4\,000$(元)

【学中做 7-1】 某公司预计全年现金总需用量为 200 000 元，每次出售有价证券的转换成本为 100 元，有价证券的年利息率为 10%，试计算最佳现金持有量。

三、现金的日常管理

(一)现金管理的有关规定

1. 现金的使用范围

(1)支付职工工资、津贴。

(2)支付个人劳务报酬。

(3)根据国家规定颁发给个人的科学技术、文化艺术、体育等各种奖金。

(4)支付各种劳保、福利费用以及国家规定的对个人的其他支出。

(5)向个人收购农副产品和其他物资的价款。

(6)出差人员必须随身携带的差旅费。

(7)结算起点(1 000 元)以下的零星支出。

2. 库存现金限额

企业库存现金，由其开户银行根据企业的实际需要核定限额，一般以 3～5 天的零星开支额为限。

3. 不得坐支现金

即企业不得从本单位的人民币现钞收入中直接支付交易款。现钞收入应于当日终了时送存开户银行。

4. 不得出租、出借银行账户

5. 不得签发空头支票和远期支票

6. 不得套用银行信用

7. 不得保存账外公款，包括不得将公款以个人名义存入银行和保存账外现钞等各种形式的账外公款

(二)现金收支预算管理

现金收支对财务状况有直接影响,企业应十分重视对现金收支的管理,其有效的方法是进行预算管理。

现金收支预算管理目的在于及时平衡现金收支,经常保持与生产经营活动相适应的合理的现金流量,提高现金使用效率,为达到这一目的,企业在日常管理中还应当注意做好以下几方面的工作:

1. 力争现金流量同步

如果企业能尽量使现金流入与现金流出发生的时间趋于一致,就可以使其所持有的交易性现金余额降到最低水平,这就是所谓现金流量同步。

2. 使用现金浮游量

从企业开出支票到收票人收到支票并存入银行一直到银行将款项划出企业账户,这一过程需要一段时间。现金在这段时间的占用称为现金浮游量。在这段时间里,尽管企业已开出了支票,却仍可动用在活期存款账户上的这笔资金。不过,在使用现金浮游量时,一定要控制好使用时间,否则会发生银行存款的透支。

3. 加速收款

这主要指缩短应收账款的占用时间。发生应收款会增加企业资金的占用,但它又是必要的,因为它可以扩大销售规模,增加销售收入。问题在于如何既利用应收款吸引顾客又缩短收款时间,这要在两者之间找到适当的平衡点,并需实施妥善的收账策略。

4. 推迟应付款的支付

推迟应付款的支付是指企业在不影响自己信誉的前提下尽可能地推迟应付款的支付期,充分运用供货方所提供的信用优惠。如遇企业急需现金,甚至可以放弃供货方的现金折扣优惠,在信用期的最后一天支付款项。当然,这要权衡折扣优惠与急需现金之间的利弊得失而定。

第三节　有价证券管理

一、有价证券的含义与种类

有价证券是指票面载有一定金额,代表财产所有权或债权,可以随时变现的证券。有价证券的种类很多,按不同的分类标准可以进行以下划分:

1. 按证券的发行主体分类,可分为政府证券、金融证券和公司证券三种。政府证券是指中央政府或地方政府为筹集资金而发行的证券;金融证券则是指银行或其他金融机构为筹措资金而发行的证券;公司证券又称企业证券,是指工商企业为筹集资金而发行的证券。一般而言,公司证券的风险较大,金融证券次之,政府证券的风险较小。

2.按证券的期限分类,可分为短期证券和长期证券。短期证券是指期限在一年以内的证券,如一年期国库券、商业票据、银行承兑汇票等;长期证券是指期限长于一年的证券,如股票、债券等。一般而言,短期证券的风险小,变现能力强,但收益率相对较低;长期证券的收益一般较高,但时间长、风险大。

3.按证券的收益状况分类,可分为固定收益证券和变动收益证券。固定收益证券是指在证券的票面上规定有固定收益率的证券,如债券票面上一般有固定的利息率,优先股一般也有固定的股息率,这些证券都属于固定收益证券;变动收益证券是指证券的票面不标明固定的收益率,其收益情况随企业经营状况而变动的证券,普通股是最典型的变动收益证券。一般来说,固定收益证券风险较小,但报酬不高,而变动收益证券风险大,但报酬较高。

4.按证券体现的权益关系分类,可分为所有权证券和债权证券。所有权证券是指证券的持有人便是证券发行单位的所有者的证券;这种证券的持有人一般对发行单位有一定的管理和控制权。股票是典型的所有权证券,股东便是发行企业的所有者。债权证券是指证券的持有人是发行单位的债权人的证券,这种证券的持有人一般无权对发行单位进行管理和控制。当一个发行单位破产时,债权证券要优先清偿,而所有权证券要在最后清偿,所以所有权证券一般都要承担较大的风险。

二、有价证券投资的目的与特点

证券投资是指投资者将资金投资于股票、债券、基金及衍生证券等资产,从而获取收益的一种投资行为。相对于实物投资而言,证券具有流动性强、价格不稳定、交易成本低的特点。

(一)证券投资的目的

企业进行证券投资的目的主要有以下几个方面:

1.暂时存放闲置资金。证券投资在多数情况下都是出于预防的动机,以替代较大量的非盈利的现金余额。

2.与筹集长期资金相配合。处于成长期或扩张期的公司一般每隔一段时间就会发行长期证券,所获得的资金往往不会一次用完,企业可将暂时闲置的资金投资于有价证券,以获得一定的收益。

3.满足未来的财务需求。企业根据未来对资金的需求,可以将现金投资于期限和流动性较为恰当的证券,在满足未来需求的同时获得证券带来的收益。

4.满足季节性经营对现金的需求。从事季节性经营的公司在资金有剩余的月份可以投资证券,而在资金短缺的季节将证券变现。

5.获得对相关企业的控制权。通过购入相关企业的股票可实现对该企业的控制。

(二)证券投资的特点

相对于实物投资而言,证券投资具有如下特点:

1.流动性强。证券资产的流动性明显高于实物资产。

2.价格不稳定。证券相对于实物资产来说,受人为因素的影响较大,且没有相应的实物作保证,其价值受政治、经济环境等各种因素的影响较大,具有价值不稳定、投资风险较大的特点。

3.交易成本低。证券交易过程快速、简捷,成本较低。

三、证券投资的种类与程序

(一)证券投资的种类

金融市场上的证券很多,其中可供企业投资的证券主要有国债、短期融资券、可转让存单、企业股票与债券、投资基金以及期权、期货等衍生证券。具体可以分为以下几类:

1.债券投资

债券投资,是指投资者购买债券以取得资金收益的一种投资活动。

2.股票投资

股票投资,是指投资者将资金投向股票,通过股票的买卖和收取股利以获得收益的投资行为。

3.基金投资

基金投资,是指投资者通过购买投资基金股份或受益凭证来获取收益的投资方式。这种方式可使投资者享受专家服务,有利于分散风险,获得较高的且稳定的投资收益。

4.期货投资

期货投资,是指投资者通过买卖期货合约躲避价格风险或赚取利润的一种投资方式。所谓期货合约,是指在将来一定时期以指定价格买卖一定数量和质量的商品而由商品交易所制定的统一的标准合约,它是确定期货交易关系的一种契约,是期货市场的交易对象。

5.期权投资

期权投资,是指为了实现盈利目的或者规避风险而进行期权买卖的一种投资方式。

6.证券组合投资

证券组合投资,是指企业将资金同时投资于多种证券,是企业等法人单位进行证券投资时常用的投资方式。

(二)证券投资的程序

1. 全面了解证券市场,选择投资对象

通过全面了解证券市场,企业可以根据自身情况和偏好选择不同的证券,以满足对证券投资的需求,达到收益最大、风险最小之目的。

2. 合理调整证券投资组合

企业应通过选择投资于不同种类或特性的证券,以分散和降低风险。形成适合于自己收益和风险偏好的证券投资组合,并且根据市场变化情况调整证券投资的结构,使其始终处于合理状态。

3. 委托买卖

企业应选择合适的经纪人委托买卖证券。要考虑到证券经纪人的信誉和专长等,确保投资成功。

4. 交割和清算

在企业委托经纪人买入某种证券成功后,便应解交款项,以取得证券。如企业委托卖出的,则应交出证券,收取价款,这种行为称为交割。

5. 办理证券过户

证券按券面是否标明持有者姓名,分为记名证券和无记名证券,证券过户只限于记名证券的买卖业务。当企业委托买卖某种证券成功后,必须要办理证券持有人姓名变更的手续。

四、证券的投资风险与投资组合

(一)证券投资的风险

一般来说,风险是指在一定条件下和一定时期内可能发生的各种结果的变动程度。证券投资风险就是某一证券投资决策预期收益的不确定性。就证券投资而言,其风险主要来源于以下几个方面:

1. 违约风险。违约风险是指证券发行人无法按期支付利息或偿还本金的风险。

2. 利率风险。利率风险是指市场利率变化导致证券价格波动而使投资者遭受损失的可能性。在市场经济条件下,利率由金融市场的资金供求状况来决定。随着市场供求格局的变化,利率水平也会随之发生改变,证券的价格,将随利息率的变动而变动。一般来说,市场利率上升,会导致证券价格下跌;相反,市场利率下降,则导致证券价格上升。

3. 购买力风险。购买力风险又叫通货膨胀风险,是指由于通货膨胀率上升和货币贬值而使投资者出售证券或到期回收所获取资金的实际购买能力下降的风险。

4.变现能力风险。变现能力风险又叫流动性风险，是指企业无法在短期内以合理价格出售有价证券的风险。也就是说，如果投资人遇到另一个更好的投资机会，需要在短期内出售现有价证券，以便实现新的投资，但找不到愿意出合理价格的买主，这样，投资者就会丧失新的投资机会或者蒙受损失。

5.期限性风险。期限性风险是指由于证券期限长而给投资人带来的风险。一项投资，期限越长，投资人遭受到的不确定性因素就越多，承担的风险就越大。

6.市场风险。市场风险是指因证券市场变化不定，证券的市价有较大的不确定性或难以预见性，从而造成投资者损益的不确定性。如国家宏观经济政策变化、经济是否景气、突发性事件等，均可能会引起证券市场各种证券价格的大幅度升跌，而使投资者损益难以预定。

（二）证券投资组合

证券投资的盈利性吸引了众多投资者，但证券投资的风险性又使许多投资者望而却步。如何才能有效地解决这一难题呢？科学地进行证券的投资组合就是一个比较好的方法。“不把鸡蛋放在同一个篮子里”，这是资产选择理论中对分散投资的一种最通俗的解释，即投资者将其资金投资于两个或更多的风险资产上，建立分散投资组合。一般认为，企业通过证券投资组合，可以在不影响预期报酬的前提下，降低风险，实现收益的稳定化。

证券投资组合的方法一般有以下几种：

1.选择足够数量的证券进行组合。这是一种最简单的证券投资组合方法。在采用这种方法时，不是进行有目的的组合，而是随机选择证券，随着证券数量的增加，风险会逐步减少，当数量足够多时，大部分风险就有可能分散掉。

2.证券投资的“三分法”，即把风险大、风险中等、风险小的证券放在一起进行组合。这种组合方法是指把全部资金的 1/3 投资于风险大的证券；1/3 投资于风险中等的证券；1/3 投资于风险小的证券。一般而言，风险大的证券对经济形势的变化比较敏感，当经济处于繁荣时期，风险大的证券获得高额收益，但当经济衰退时，风险大的证券却会遭受巨额损失；相反，风险小的证券对经济形势的变化则不十分敏感，一般都能获得稳定收益，而不致遭受损失。因此，“三分法”是一种进可攻、退可守的组合法，虽不会获得太高的收益，但也不会承担巨大风险，是一种常见的组合方法。

3.不同时间、地点，不同企业的分散投资组合法。这里包括：①企业种类分散，以预防行业性不景气；②企业单位分散，不把全部资金集中购买某一个企业的证券；③投资时间分散，间隔时间穿插选择投资；④投资区域分散。

4.长线、中线、短线划分的比例组合法。长线投资是指选择目前财务良好又有发展前景的公司股票买进，并持有较长一段时间以享受优厚的股本权益。中线投资是指把自己几个月内暂时不用的资金用来买进估计几个月内可能提供良好收益的股票。短线投资是指那些股价波动甚大，几天内就可以有大涨大落的股票投资。一个投资者可把自己的资金分成较长期内不用、几个月内不用和随时可能动用这三部分，以分别用于长线、中线和短线投资。

第四节　应收账款管理

随着市场经济的发展，商业信用成了企业促销的重要方式之一，同时也使企业应收账款的数额日渐增多，加强对应收账款的管理已成为企业财务管理的重要内容。

一、应收账款管理的目标

应收账款是指企业因销售产品、材料或提供劳务及其他原因，而应向购货单位或接受劳务单位及其他单位收取的款项。包括应收销售款、其他应收款、应收票据等。

企业发生应收账款的主要原因是扩大销售，增强竞争力，那么其管理的目标就是求得利润。应收账款是企业的一项资金投放，是为了扩大销售而进行的投资。而投资肯定要发生成本，这就需要在应收账款信用政策所增加的收入和这种政策的成本之间做出权衡。只有当应收账款所增加的收入超过所增加的成本时，才应当利用赊销发生应收账款；如果应收账款赊销有着良好的盈利前景，就应当放宽信用条件增加赊销量。

二、应收账款的成本

应收账款的成本是指持有应收账款所付出的代价。

1. 机会成本

企业占用在应收账款上的资金如果用于其他投资就可以获得投资收益，如投资于有价证券就可以获得有价证券的利息收入。这种因占用于应收账款而放弃的其他收入，就是应收账款的机会成本，这种成本一般参照有价证券的利息收入进行计量。

2. 管理成本

应收账款的管理成本是指对应收账款进行日常管理的各项开支，主要包括对顾客信用状况进行调查的费用、收集各种信息的费用、账簿的记录费用、收账费用以及其他有关费用。

3. 坏账损失

应收账款因某种原因而无法收回的损失就是坏账损失。一般情况下，应收账款越多，发生的坏账损失也会越多。当然，坏账损失的发生与信用期限的长短、应收账款的管理水平也存在直接的关系，而且不同行业的坏账平均损失率也有差别。

4. 现金折扣成本

现金折扣是指为了鼓励对方早日付款，而给予对方付款数额方面的优惠。企业提供现金折扣条件，若购货方享受现金折扣，企业能缩短应收账款的占用时间，但必须付出现金折扣代价。

请思考：应收账款的成本有哪些？

三、信用政策的确定

利用应收账款进行赊销的效果好坏，依赖于企业的信用政策。信用政策包括：信用期限、信用标准和现金折扣政策。

(一)信用期限

信用期限是企业允许顾客从购货到付款之间的时间，或者说是企业给予顾客的付款期间。例如，若某企业允许顾客在购货后的 50 天内付款，则信用期限为 50 天。信用期限过短，不足以吸引顾客，在竞争中会使销售额下降；信用期限过长，对销售额增加固然有利，但只顾及销售增长而盲目放宽信用期限，所得的收益有时会被增长的费用抵消，甚至造成利润减少。因此，企业必须慎重研究，确定出恰当的信用期限。

信用期限的确定，主要是分析改变现行信用期限对收入和成本的影响。延长信用期限，会使销售额增加，产生有利影响；与此同时，应收账款、收账费用和坏账损失增加，会产生不利影响。当前者大于后者时，可以延长信用期限，否则不宜延长。如果缩短信用期限，情况与此相反。

【做中学 7-3】 某公司现在采用 30 天按发票金额付款的信用政策，拟将信用期放宽至 60 天，仍按发票金额付款即不给折扣。假设风险投资的最低报酬率为 15%，其他有关的数据见表 7-3。

表 7-3

信用期 项目	30 天	60 天
销售量(件)	100 000	120 000
销售额(元)(单价 5 元)	500 000	600 000
销售成本(元)		
变动成本(每件 4 元)	400 000	480 000
固定成本(元)	50 000	50 000
毛利(元)	50 000	70 000
可能发生的收账费用(元)	3 000	4 000
可能发生的坏账损失(元)	5 000	9 000

在分析时，先计算放宽信用期得到的收益，然后计算增加的成本，最后根据两者比较的结果做出判断。

1. 收益的增加

收益的增加＝销售量的增加×单位边际贡献

＝(120 000－100 000)×(5－4)＝20 000(元)

2. 应收账款占用资金的机会成本增加

应收账款机会成本＝日销售额×平均收现期×变动成本率×资本成本率

$$30\text{天信用期机会成本}=\frac{500\ 000}{360}\times 30\times\frac{400\ 000}{500\ 000}\times 15\%=5\ 000(\text{元})$$

$$60\text{天信用期机会成本}=\frac{600\ 000}{360}\times 60\times\frac{480\ 000}{600\ 000}\times 15\%=12\ 000(\text{元})$$

机会成本增加＝12 000－5 000＝7 000(元)

3. 收账费用和坏账损失增加

收账费用增加＝4 000－3 000＝1 000(元)

坏账损失增加＝9 000－5 000＝4 000(元)

4. 改变信用期的税前损益

收益增加－成本费用增加＝20 000－(7 000＋1 000＋4 000)＝8 000(元)

由于收益的增加大于成本增加，故应采用60天的信用期。

(二)信用标准

信用标准，是指顾客获得企业的商业信用所应具备的条件。如果顾客达不到信用标准，便不能享受企业的信用或只能享受较低的信用优惠。

企业在设定某一顾客的信用标准时，往往先要评估其坏账的可能性。这可以通过“5C”系统来进行。所谓“5C”系统，是评估顾客信用品质的五个方面，即：品质(Character)、能力(Capacity)、资本(Capital)、抵押(Collateral)和条件(Conditions)。

1. 品质。品质指顾客的信誉，即履行偿债义务的可能性。企业必须设法了解顾客过去的付款记录，看其是否有按期如数付款的一贯做法，以及与其他供货企业的关系是否良好。这一点经常被视为评价顾客信用的首要因素。

2. 能力。能力指顾客的偿债能力，即其流动资产的数量和质量以及与流动负债的比例。顾客的流动资产越多，其转换为现金支付款项的能力越强。同时，还应注意顾客流动资产的质量，看是否有存货过多、过时或质量下降，影响其变现能力和支付能力的情况。

3. 资本。资本指顾客的财务实力和财务状况，表明顾客可能偿还债务的能力。

4. 抵押。抵押指顾客拒付款项或无力支付款项时能被用作抵押的资产。这对于不知底细或信用状况有争议的顾客尤为重要，一旦收不到这些顾客的款项便以抵押品抵补。如果这些顾客提供足够的抵押，就可以考虑向他们提供相应的信用。

5.条件。条件指可能影响顾客付款能力的经济环境。比如，万一出现经济不景气，会对顾客的付款产生什么影响，顾客会如何做等等，这需要了解顾客在过去困难时期的付款经历。

(三)现金折扣政策

现金折扣是顾客在折扣期限内付款，企业对顾客在商品价格上所做的扣减。向顾客提供这种价格上的优惠，主要目的在于吸引顾客为享受优惠而提前付款，缩短企业的平均收款期。折扣的表示常采用如"5/10、3/20、*n*/30"这样一些符号形式。这三种符号的含义为："5/10 表示 10 天内付款，可享受 5%的价格优惠；3/20 表示 20 天内付款，可享受 3%的价格优惠；*n*/30 表示付款的最后期限为 30 天，此时付款无折扣。"

企业提供比较优惠的现金折扣政策往往能增加销售量，但同时也会增加现金折扣成本、收账成本和应收账款的机会成本及管理成本。在进行信用条件决策时，就是要综合考虑上述因素，先计算增加的收益，再计算增加的成本，最后，根据二者比较，选择最大可能增加企业利润的信用条件。

【做中学 7-4】　沿用上例，假定该公司在放宽信用期的同时，为了吸引顾客尽早付款，提出了 0.8/30、*n*/60 的现金折扣条件，估计会有一半的顾客(按 60 天信用期所能实现的销售量计)将享受现金折扣优惠。

1.收益的增加

收益的增加＝销售量的增加×单位边际贡献

＝(120 000－100 000)×(5－4)＝20 000(元)

2.应收账款占用资金的机会成本增加

$$30\text{天信用期机会成本}=\frac{500\ 000}{360}\times 30\times\frac{400\ 000}{500\ 000}\times 15\%=5\ 000(\text{元})$$

$$\text{提供现金折扣的机会成本}=\left[\frac{600\ 000\times 50\%}{360}\times 60\times\frac{480\ 000\times 50\%}{600\ 000\times 50\%}\times 15\%\right]+\left[\frac{600\ 000\times 50\%}{360}\times 30\times\frac{480\ 000\times 50\%}{600\ 000\times 50\%}\times 15\%\right]=6\ 000+3\ 000=9\ 000(\text{元})$$

机会成本增加＝9 000－5 000＝4 000(元)

3.收账费用和坏账损失增加

收账费用增加＝4 000－3 000＝1 000(元)

坏账损失增加＝9 000－5 000＝4 000(元)

4. 估计现金折扣成本的变化

现金折扣成本增加＝新的销售水平×新的现金折扣率×享受现金折扣的顾客比例－旧的销售水平×旧的现金折扣率×享受现金折扣的顾客比例

＝600 000×0.8％×50％－500 000 ×0 ×0

＝2 400(元)

5. 提供现金折扣后的税前损益

收益增加－成本费用增加＝20 000－(4 000＋1 000＋4 000＋2 400)

＝8 600(元)

由于可获得税前收益，故应当放宽信用期，提供现金折扣。

请思考：如果信用标准发生变化，将会产生哪些影响？

四、应收账款日常管理

(一)加强对客户信用要求的审批管理

企业在生产经营过程中，随着经营方向和经营范围的不断拓宽，新客户也会不断增加。当新客户提出赊销的信用要求时，通常要履行一定的审批手续。根据对客户进行调查所掌握的有关资料，包括经营状况、信用状况等，由销售部门经理审核批准后，决定是否给客户赊销以及赊销金额的大小。对一次性赊销数额较大的即使是老客户，也要经过重新的审核批准手续，以防止意外情况发生而蒙受损失。

(二)加强应收账款的跟踪调查管理

应收账款的跟踪调查，主要是针对那些赊销金额大或信用品质较差的客户。要及时地了解这些客户的偿债能力的变化，以便采取有效的收款对策，保证货款的回收，同时也为企业及时调整信用政策提供依据。

定期对应收账款进行账龄分析，即对应收账款的账龄结构进行分析。所谓应收账款的账龄结构，是指已经发生的各账龄应收账款的余额占应收账款总计余额的比重。如表 7-4 所示。

表 7-4 应收账款账龄分析表

应收账款账龄	账户数量	金额(万元)	比重(%)
信用期以内	90	100	50
超过信用期 1 个月内	45	30	15
超过信用期 2 个月内	15	10	5
超过信用期 3 个月内	10	10	5
超过信用期 4 个月内	20	14	7
超过信用期 5 个月内	18	16	8
超过信用期 6 个月内	8	12	6
超过信用期 6 个月以上	15	8	4
应收账款余额总计		200	100

表 7-4 表明,该企业应收账款余额中,有 100 万元尚在信用期内,占全部应收账款的 50%。逾期数额 100 万元,占全部应收账款的 50%,其中逾期在 1、2、3、4、5、6 个月内的,分别占全部应收账款的 15%、5%、5%、7%、8%、6%。有 4%的应收账款已逾期 6 个月以上。企业对逾期应收账款应予以足够重视,查明原因,采取有力对策。

(三)收账政策

收账政策是指企业对各种逾期应收账款所采取的对策、措施以及准备为此而付出代价的策略。

对于逾期时间长短不同的应收账款,应采用不同的收账政策。

对逾期较短的顾客可以暂不打扰,以便保持与客户之间的长期赊销关系;

对逾期稍长的顾客可去信函有礼有节地提醒对方付款;

对逾期较长的顾客应去电话或较明朗的信函催收;

对逾期很长的顾客,则应派专人登门催收,若对方故意拒付时则可诉诸法律。当然能在做出某些必要的让步或优惠政策后可收回大部分或绝大部分货款的情况下,也可以考虑不通过法律程序解决。因为诉诸法律不仅会恶化与客户的关系,而且要花费相当数额的诉讼费。事实上,逾期应收账款也不一定都是能通过法律制裁可以回收的。

(四)加强对应收账款的责任管理

在应收账款的回收问题上,要坚持谁销售,谁负责收款,并按回收款额计发销售人员的工资和奖金。对超过规定信用期的应收账款,一方面要督促销售人员及时催收,另一方面要制定适当的奖惩办法加以保证。如对逾期应收账款可依据逾期时间的长短,从销售人员工资或奖金中抵扣逾期应收账款占用资金的利息;应收账款发生了坏账损失,可以考虑由销售人员按比例承担一定的损失费用等。同时,对应收账款回收及时、坏账损失率低于规定标准的销售人员给予适当的奖励等。

企业财务部门和财务人员，也应围绕应收账款的责任管理制度，做好协调、督促工作，确保将企业应收账款的日常管理工作落到实处。

请思考：假如你是公司应收账款管理者，哪些措施可以减少企业坏账？

第五节 存货管理

在企业流动资产中，存货所占比重往往较大，一般会占到流动资产的40％～60％，存货是流动资产中流动性最差的资产，企业在存货上投入资金的多少，直接影响到企业流动资产的结构及其流动性、安全性和收益性，从而对企业财务状况产生重要影响。因此，加强存货的管理与控制，使存货保持在最优水平上，就成为存货管理的主要目标和财务管理的重要内容。

一、存货管理目标

从企业的供应和生产过程来看，供应部门为保证生产对原材料等物资的消耗，必须保持一定量的周转性储备。企业的生产是连续进行的，需要不停地耗用原材料，生产过程中就必然经常占用各种半成品、在产品。为了保证企业生产经营正常进行，每个企业必须储备一定数量的原材料和在产品等存货。

从企业销售过程来看，保持一定数量的产成品存货也是必要的，它能满足客户订货的要求。客户从节约采购成本的目的出发，一般要成批采购，企业保持一定数量的产成品存货，才能及时满足客户成批采购的要求。尤其当市场需求突然增加时，企业有足够的产成品储存，才能及时满足客户的需要，提高企业的销售量。

为防止某些突发事件的出现而导致企业生产的中断，企业需要保持一定数额的保险储备，减少因存货不足带来的损失。另外，从组织均衡生产、有利于降低成本的目的出发，企业也需要保持一定的保险储备。

所以，存货管理的主要目标是尽力在各种存货成本与存货效益之间做出权衡，以达到两者的最佳结合。

二、存货管理的成本

(一)进货成本

进货成本是指存货的取得成本。主要由存货的进价成本和进货费用两个方面构成。其中进价成本又称采购成本，是每次采购进货所支付的款项，一般包括买价、运杂费等。进价成本一般与采购数量成正比例变化，它等于采购数量与单价的乘积。在一定时期进货总量既定的情况下，无论企业采购次数如何变化，存货的进价成本通常是保持相对稳定的(假设物价不变且没有数量折扣)，因而属于决策的无关成本。

进货费用又称订货成本，是指企业为组织进货而支付的费用。其中一部分与订货次数有关，如差旅费、邮资、电报、电话费等与进货次数成正比例变动，这类变动性进货费用属于决策的相关成本；另一部分与订货次数无关，如专设采购机构的基本开支等，这类固定性进货费用则属于决策的无关成本。

（二）储存成本

储存成本是指在物资储存过程中所支付的各种仓储费、占用利息、搬运费、保险费、租赁费等。储存成本可以按照与储存数额的关系划分为变动性储存成本和固定性储存成本两类。

变动性储存成本是指那些随着储存数额的增减成正比例变动的支出，如存货占用资金的应计利息、霉烂变质费用、仓储保险费用等，这类成本的高低，取决于存货数量，平均库存量越多，变动性储存成本也就越高，属于决策的相关成本。

固定性储存成本与存货储存数额的多少没有直接的联系，如仓库折旧费、保管人员的固定月工资等，这类成本属于决策的无关成本。

（三）缺货成本

缺货成本是因存货不足而给企业造成的损失，包括由于材料供应中断造成的停工损失、成品供应中断导致延误发货的信誉损失及丧失销售机会的损失等。

如果生产企业能够以替代材料解决库存材料供应中断之急的话，缺货成本便表现为替代材料紧急采购的额外开支。缺货成本能否作为决策的相关成本，应视企业是否允许出现存货短缺的不同情形而定。一般企业不允许发生缺货情形，因此缺货成本为零，也就无须加以考虑。

请思考：企业持有存货的成本有哪些？随着存货投资额的上升，这些成本如何变化？

三、存货控制方法

（一）存货经济批量控制法

经济进货批量，是指能够使一定时期存货的总成本达到最低点的进货数量。通过上述对存货成本分析可知，决定存货经济进货批量的成本因素主要包括变动性进货费用（简称进货费用）和变动性储存成本（简称储存成本）。不同的成本项目与进货批量呈现着不同的变动关系。减少进货批量，增加进货次数，在影响储存成本降低的同时，也会导致进货费用的提高；相反，增加进货批量，减少进货次数，尽管有利于降低进货费用，但同时会影响储存成本的提高。因此，如何协调各项成本费用间的关系，使其总和保持最低水平，是企业组织进货时需解决的主要问题。

1.无数量折扣情况下经济进货批量的确定

无数量折扣情况下确定的进货批量，也就是基本经济进货批量。即进货费用与储存成本总和最低水平下的进货批量，就是经济进货批量。其计算公式为：

经济进货批量$(Q)=\sqrt{2AB/C}$

经济进货批量的存货总成本$(\mathrm{TC})=\sqrt{2ABC}$

经济进货批量的平均占用资金$(W)=QP/2$

年度最佳进货批次$(N)=A/Q$

其中：Q为经济进货批量；A为某种存货年度计划进货总量；B为平均每次进货费用；C为单位存货年度储存成本；TC为存货总成本。

【做中学7-5】 某公司每年需耗用甲材料8 000千克，该材料的单位采购成本15元，单位储存成本5元，平均每次进货费用为50元，则：

$Q=\sqrt{2\times8\ 000\times50/5}=400$(千克)

$\mathrm{TC}=\sqrt{2\times8\ 000\times50\times5}=2\ 000$(元)

$W=400\times15/2=3\ 000$(元)

$N=8\ 000/400=20$(次)

上述计算表明，当进货批量为400千克时，进货费用与储存成本总额最低。

请思考：上例中计算存货总成本可否采用如下方法：

经济进货批量的存货总成本$(\mathrm{TC})=400\times5/2+8\ 000/400\times50=2\ 000$(元)

应当指出，实际工作中，通常还存在着数量优惠(即商业折扣或称价格折扣)以及允许一定程度的缺货等情形，企业必须同时结合价格折扣成本具体分析，灵活运用经济进货批量的基本模式。

【学中做7-2】 某家书店正在确定一本经济学畅销书的最佳订货量。该书店每年销售该书5 000本，零售价为20元，成本价比零售价低20%。书店估计每本书每年的存货保存成本为1元，每次新书订货成本120元。问：经济订货量是多少?

2.有数量折扣情况下经济进货批量的确定

有数量折扣情况下的经济进货批量，就是实行数量折扣的经济进货批量模式。为了鼓励客户购买更多的商品，销售企业通常会给予不同程度的价格优惠，即实行数量折扣或称价格折扣，购买越多，所获得的价格优惠越大。此时，进货企业对经济进货批量的确定，除了考虑进货费用与储存成本外，还应考虑存货的进价成本，因为此时的存货进价成本已经与进货数量的大小有了直接的联系，属于决策的相关成本。计算的基本步骤为：首先按照基本模式确定出无数量折扣情况下的经济进货批量及其总成本，然后加进不同批量的进价成本差异因素，通过比较，确定出成本总额最低的进货批量，即有数量折扣时的经济进货批量。

【做中学 7-6】 某公司甲材料的年需要量为 8 000 千克，每千克标准进价为 15 元。销售企业规定：客户每批购买量不足 1 000 千克的，按照标准价格计算；每批购买量 1 000 千克以上 2 000 千克以下的，价格优惠 2%；每批购买量 2 000 千克以上的，价格优惠 3%。已知每批进货费用 50 元，单位材料的年储存成本 5 元。计算经济进货批量。

在没有数量折扣(即进货批量 1 000 千克以下)时的经济进货批量和存货成本总额：

经济进货批量＝$\sqrt{2\times8\ 000\times50/5}$＝400(千克)

存货成本总额＝8 000×15＋(8 000/400)×50＋(400/2)×5＝122 000(元)

进货批量在 1 000～1 999 千克之间，可以享受 2%的价格优惠。在此范围内，进价成本总额是相同的，逐项计算可发现，越是接近价格优惠的进货批量，成本总额就越低，这是一个规律。所以，在可享受 2%的价格优惠的批量范围内，成本总额最低批量是 1 000 千克，存货成本总额计算如下：

存货成本总额＝8 000×15×(1－2%)＋(8 000/1 000)×50＋(1 000/2)×5＝120 500(元)

同理，在享受 3%价格优惠的进货批量(即进货 2 000 千克以上)范围内，成本总额最低的进货批量为 2 000 千克，存货成本总额计算如下：

存货成本总额＝8 000×15×(1－3%)＋(8 000/2 000)×50＋(2 000/2)×5＝121 600(元)

通过比较可以发现，在各种价格条件下的批量范围内，成本总额最低的进货批量为 1 000 千克。

【学中做 7-3】 某公司某年需要某种材料 5 000 吨，每次订货成本为 200 元，年储存成本为 8 元，材料的采购单价为 50 元/吨，一次订货量在 1 000 吨以上可获得 2%的折扣，在2 000吨以上可获得 4%的折扣，请问公司采购多少时成本最低？

(二)存货储存期控制法

存货储存期控制，是根据存货的有关费用与存货储存时间的依存关系，通过控制存货储存时间，加速存货周转，实现存货管理目标的一种控制方法。无论是商品流通企业还是生产制造企业，其商品产品一旦入库，便面临着如何尽快销售出去的问题，且不考虑未来市场供求关系的不确定性，仅是存货储存本身就会给企业造成较多的资金占用费(如利息成本或机会成本)和仓储管理费，因此，尽力缩短存货储存时间，加速存货周转，是节约资金占用、降低成本费用、提高企业获利水平的重要保证。

企业进行存货投资所发生的费用支出，按照与储存时间的关系可以分为固定储存费用与变动储存费用两类。前者数额的大小与存货储存期的长短无直接联系，如各项进货费用、管理费用等。后者即变动储存费用则随着存货储存期的延长或缩短成正比例增减变动，如存货资金占用费（贷款购置存货的利息或现金购置存货的机会成本）、存货仓储管理费、仓储损耗（为计算方便，如果仓储损耗较小，亦将其并入固定储存费）等。

基于上述分析，引入本量利的平衡关系原理，可以将商品流通企业经营商品的利润与毛利、销售税金与附加、固定储存费、变动储存费以及商品储存期（天数）的相关联系图示如下，见图7-6：

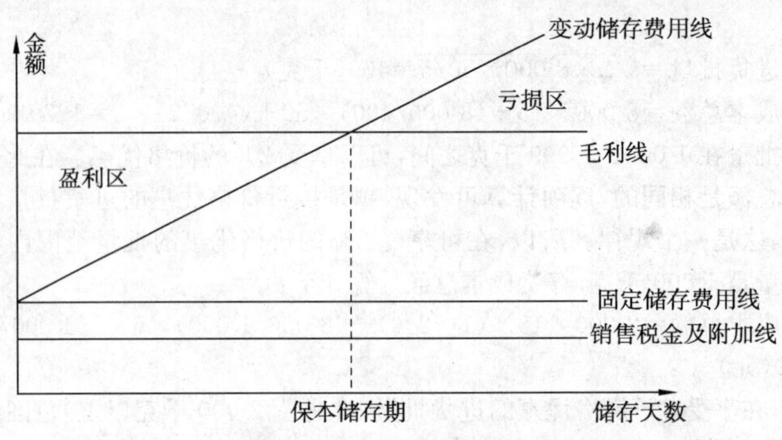

图7-6　商品储存盈亏关系图

利润的计算公式可以调整如下：

利润＝毛利－固定储存费用－销售税金及附加－每日变动储存费用×储存天数

可见，存货的储存成本之所以会不断增加，主要是由于变动储存费用随着存货储存期的延长而不断增加的结果，所以，利润与费用之间此增彼减的关系实际上是利润与变动储存费用之间此增彼减的关系。这样，随着存货储存期的延长，利润将日渐减少。当毛利扣除固定储存费用和销售税金及附加后的余额被变动储存费用抵消到恰好等于企业目标利润时，表明存货已经到了保利期。当它完全被变动储存费用抵消时，便意味着存货已经到了保本期。无疑，存货如果能够在保利期内售出，所获得的利润便会超过目标值，反之将难以实现既定的利润目标。倘若存货不能在保本期内售出的话，企业便会蒙受损失。具体计算公式如下：

$$\text{存货保本储存天数}=\frac{\text{毛利}-\text{固定储存费用}-\text{销售税金及附加}}{\text{每日变动储存费用}}$$

在整批购进又整批卖出的情况下，经销某批存货获利或亏损的计算公式如下：

$$\text{存货保利储存天数}=\frac{\text{毛利}-\text{固定储存费用}-\text{销售税金及附加}-\text{目标利润}}{\text{每日变动储存费用}}$$

获利或亏损额＝每日变动储存费用×（保本储存天数－实际储存天数）

当保本储存天数大于实际储存天数时为获利，反之为亏损。

【做中学7-7】 某商品流通企业购进丙商品500件，单位进价（不含增值税）500元，单位售价550元（不含增值税），经销该批商品的固定储存费用为5 000元，若货款均来自银行贷款，年利率9%，该批存货的月保管费用率0.3%，销售税金及附加为2 500元。要求：

(1)计算该批存货的保本储存期。

(2)若企业要求获得3.5%的投资利润率，计算保利期。

(3)若该批存货实际储存了150天，问能否实现3.5%的目标投资利润率，如果不能实现，那么差额是多少？

(4)若该批存货亏损了875元，则实际储存了多少天？（一年按360天、一个月按30天计算）

分别计算如下：

$$\text{商品保本储存天数}=\frac{(550-500)\times 500-5\ 000-2\ 500}{500\times 500\times(9\%/360+0.3\%/30)}=\frac{17\ 500}{87.5}=200(\text{天})$$

$$\text{商品保利储存天数}=\frac{(550-500)\times 500-5\ 000-2\ 500-500\times 500\times 3.5\%}{500\times 500\times(9\%/360+0.3\%/30)}=\frac{8\ 750}{87.5}=100(\text{天})$$

储存180天的实际利润额＝87.5×(200－150)＝4 375(元)

实际利润小于目标利润8 750元(500×500×3.5%)，未达到3.5%的目标投资利润率。

$$\text{亏损875元的实际储存天数}=200-\frac{-875}{87.5}=210(\text{天})$$

从财务管理方面，需要分析哪些存货基本能在保利期内销售出去，哪些存货介于保利期与保本期之间售出，哪些存货直至保本期已过才能售出或根本就没有市场需求。通过分析，财务部门应当通过调整资金供应政策，促使经营部门调整产品结构和投资方向，推动企业存货结构的优化，提高存货的投资效率。

【学中做7-4】 某商业企业批进批出一批商品共1 000件，该批商品单位进价18元（不含增值税），单位售价为25元（不含增值税），经销该批商品的固定储存费用为1 200元。该批商品的进货款来自于银行贷款，年利率7.2%，商品的月保管费用率为3.6%，销售税金及附加为760元。请独立完成以下要求：

(1)计算该批商品的保本储存期。

(2)若企业要求获得12%的投资利润率，计算保利期。

(3)若该批商品实际储存了100天，问能否实现12%的目标投资利润率？

(4)若该批商品亏损了1 008元，则实际储存了多少天？

(三)存货的日常管理——ABC分类控制法

对于一个大型公司来说，往往有成千上万种的存货品种，在这些存货中，有的价值昂贵，有的则较低廉；有的数量庞大，有的则数量很少。在日常的存货管理中，如果不分主次,都分别计算经济采购批量,进行周密计划、严格控制,工作量太大,不符合成本—效益原则和重要性原则,ABC分类控制法正是针对这一问题而提出来的。

ABC分类控制法是意大利经济学家巴雷特于19世纪发明的,以后经过不断地发展和完善,已广泛用于存货、成本和生产等方面的控制。所谓ABC分类管理就是按照一定的标准,将企业的存货划分为A、B、C三类,分别实行分品种重点管理、分类别一般控制和按总额灵活掌握的存货管理方法。

ABC分类管理方法的基本原理是:先将存货分为A、B、C三类,其分类的标准有两个:一是金额标准;二是品种数量标准。其中金额标准是最基本的,品种数量标准仅作为参考。

A类存货的特点是金额巨大,品种数量较少;B类存货金额一般,品种数量相对较多;C类存货品种数量繁多,但价值较少。三类存货的金额比重大致为A∶B∶C=0.7∶0.2∶0.1。

运用ABC分类控制法一般分以下四个步骤:

第一步,根据每一种存货在一定期间内(例如一年内)耗用量乘以价格计算出该种存货的资金耗用总额;

第二步,计算出每一种存货资金耗用总额占全部存货资金耗用总额的百分比,并按大小顺序排列,编成表格;

第三步,根据事先测定好的标准,把各项存货分为A、B、C三类,并用直角坐标图显示出来;

第四步,对A类存货实施重点控制,对B类存货实施次重点控制,对C类存货实施一般性的控制。

【做中学7-8】 某公司共有21种材料,总金额为1 200 000元,按金额多少的顺序排列并按上述原则将其划分成A、B、C三类,列表7-5。各类存货金额百分比用图形表示如图7-7。

表7-5

材料名称	年耗用量(千克)	单价(元)	年耗用金额(元)	各类存货金额和比重	分类
♯1	12 000	40	480 000	840 000	A
♯2	12 000	30	360 000	70%	
♯3	5 000	18	90 000		B
♯4	4 000	18	72 000	240 000	
♯5	4 000	12	48 000	20%	
♯6	2 000	15	30 000		

续表

材料名称	年耗用量(千克)	单价(元)	年耗用金额(元)	各类存货金额和比重	分类
#7	2 000	9	18 000		
#8	2 000	6.5	13 000		
#9	2 000	6.2	12 400		
#10	2 000	6.1	12 200		
#11	2 000	6	12 000		
#12	2 000	5.4	10 800		
#13	2 000	4.05	8 100	120 000	
#14	2 000	3.9	7 800	10	C
#15	3 000	2.1	6 300		
#16	2 000	2.1	4 200		
#17	2 000	1.8	3 600		
#18	2 000	1.6	3 200		
#19	2 000	1.65	3 300		
#20	2 000	1.35	2 700		
#21	2 000	1.2	2 400		
合计	—	—	120 000	100%	—

A、B、C 三类存货的特点与控制要求：

(1)A 类存货的特点与控制要求。A 类存货品种数量少，但占用资金多。企业应集中主要力量进行周密的规划和严格的管理，应列为控制重点。其控制措施有：一是计算确定其经济订货批量，严格控制存货数量；二是采用永续盘存制，对存货的收发结存进行严密监视，当存货数量达到再订货点时，应及时通知采购部门组织进货。

(2)B 类存货的特点与控制要求。B 类存货品种、数量、占用资金均属中间状态，不必像 A 类存货控制那样严格，但也不能过于宽松。其控制要求是：确定每种存货的经济订货批量，并采用永续盘存制对存货的收发结存情况进行反映和监督。

(3)C 类存货的特点与控制要求。C 类存货品种多，数量大，但资金占用量很小。企业对此类存货不必花费太多的精力，可以采用总金额控制法，根据历史资料分析后，按经验适当增大订货批量，减少订货次数。

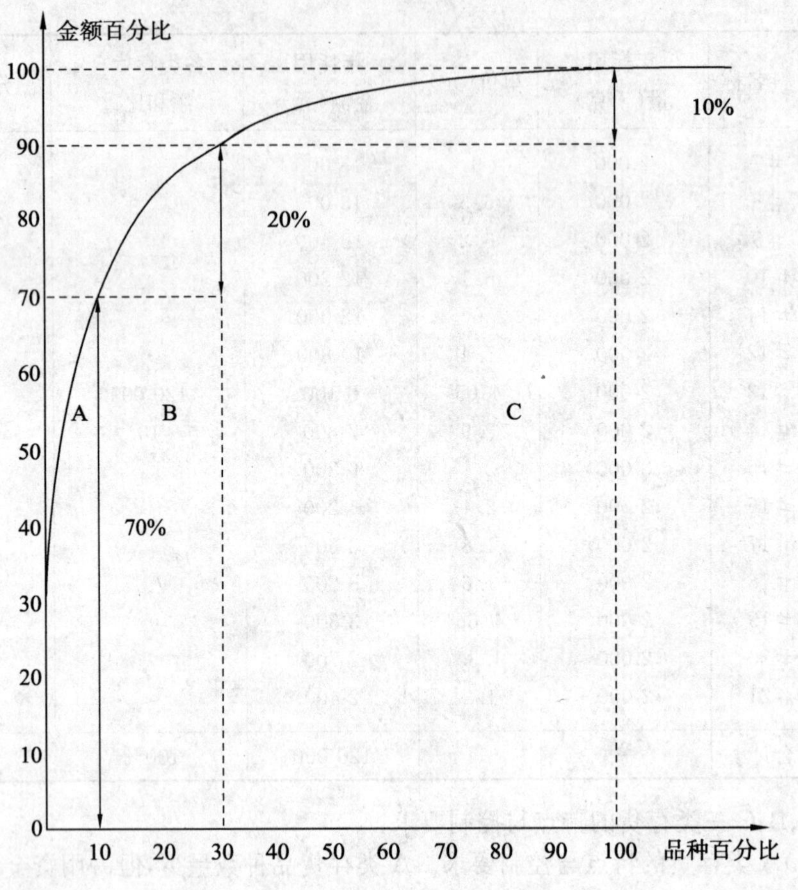

图 7-7

【思考题】

1. 确定最佳现金持有量有哪些模式？
2. 应收账款日常管理的主要管理措施有哪些？
3. 什么是存货管理的 ABC 分类法？

【实训题】

一、单项选择题

1. 企业为满足交易动机而持有现金，所需考虑的主要因素是（　　）

A. 企业销售水平的高低　　B. 企业临时举债能力的大小

C. 企业对待风险的态度　　D. 金融市场投机机会的多少

2. 企业在进行现金管理时，可利用的现金浮游量是指　　（　　）

A. 企业账户所记存款余额

B. 银行账户所记企业存款余额

C. 企业账户上现金余额与银行账户上所示的存款余额之差

D. 企业实际现金余额超过最佳现金持有量之差

3. 在确定最佳现金持有量时，成本分析模式和存货模式均需考虑的因素是　　（　　）

A. 持有现金的机会成本　　B. 固定性转换成本

C. 现金短缺成本　　D. 现金保管费用

4. 某企业规定的信用条件为："5/15，2/20，n/30"，一客户从该企业购入原价为10 000元的原材料，并于第15天付款，该客户实际支付的货款是　　（　　）

A. 9 500　　B. 9 900　　C. 10 000　　D. 9 800

5. 企业赊销政策的内容不包括　　（　　）

A. 确定信用期限　　B. 确定信用条件

C. 确定现金折扣政策　　D. 确定收账方法

6. 企业将资金占用于应收账款而放弃的其他方面投资可获得的收益是应收账款的　　（　　）

A. 机会成本　　B. 转换成本　　C. 坏账成本　　D. 资本成本

7. 利用存货模型确定最佳现金持有量时，不予考虑的因素是　　（　　）

A. 持有现金的机会成本　　B. 现金的管理成本

C. 现金的交易成本　　D. 现金的平均持有量

8. 对信用期限的叙述，正确的是　　（　　）

A. 信用期限越长，坏账发生的可能性越小

B. 信用期限越长，表明客户享受的信用条件越优越

C. 延长信用期限，将会减少销售收入

D. 信用期限越长，收账费用越少

9. 存在商业折扣的情况下，与经济订货批量无关的成本是　　（　　）

A. 储存成本　　B. 购置成本　　C. 进货成本　　D. 资本成本

10. 采用ABC法对存货进行控制时，应当重点控制的是　　（　　）

A. 数量较多的存货　　B. 占用资金较多的存货

C. 品种较多的存货　　D. 库存时间较长的存货

二、多项选择题

1. 现金的短缺成本包括　　（　　）

A. 停工待料损失　　B. 临时采购的额外支出

C. 包括因不能及时支付而蒙受的信誉损失　　D. 放弃现金折扣的损失

2. 用成本分析模式确定最佳现金持有量时，应予考虑的成本费用项目有 （　　）

A. 现金管理成本　　B. 现金短缺成本
C. 现金机会成本　　D. 现金与有价证券的转换成本

3. 用存货模式确定最佳现金持有量时，应予考虑的成本项目有 （　　）

A. 管理成本　　B. 短缺成本　　C. 机会成本　　D. 转换成本

4. 在现金需要总量既定的前提下 （　　）

A. 现金持有量越多，现金管理总成本越高
B. 现金持有量越多，现金持有成本越大
C. 现金持有量与持有成本成正比，与转换成本成反比
D. 现金持有量越少，现金转换成本越高

5. 信用条件是指公司要求客户支付赊销款的条件，一般包括 （　　）

A. 信用期限　　B. 现金折扣　　C. 折扣期限　　D. 坏账损失率

6. 构成企业信用政策的主要内容是 （　　）

A. 信用标准　　B. 信用条件　　C. 信用期限　　D. 收账政策

7. 下列各项中，属于应收账款管理成本的是 （　　）

A. 坏账损失　　B. 收账费用
C. 客户信誉调查费　　D. 应收账款占用资金的应计利息

8. 信用标准过高的可能结果包括 （　　）

A. 丧失很多销售机会　　B. 增大坏账损失
C. 扩大市场占有率　　D. 减少坏账费用

9. 属于存货决策的无关成本的是 （　　）

A. 采购成本　　B. 专设采购机构的基本开支
C. 变动性储存成本　　D. 固定性储存成本

10. 在存货的 ABC 管理中，对存货进行划分的标准有 （　　）

A. 存货的金额　　B. 存货的类别
C. 存货的大小　　D. 存货的品种数量

三、判断题

1. 宽松的营运资金政策就是为保证经营活动的安全性而持有较高的营运资金。 （　　）

2. 稳健型筹资政策的特点是：临时性负债融通临时性流动资产的资金需要，而永久性资产，则由长期负债、自发性负债和权益资本作为资金来源。 （　　）

3. 最佳现金持有量的确定方法有很多，常用的方法有成本分析模式和存货模式。 （　　）

4. 从企业开出支票到收票人收到支票并存入银行一直到银行将款项划出企业

账户，这一过程需要一段时间，现金在这段时间的占用称为现金浮游量。　（　）

5. 证券组合投资，是指企业将资金同时投资于多种证券，是企业等法人单位进行证券投资时不太常用的投资方式。　（　）

6. 证券投资的“三分法”即把风险大、风险中等、风险小的证券放在一起进行组合。　（　）

7. 信用政策包括：信用期限、信用标准和现金折扣政策。　（　）

8. 信用期限的确定，主要是分析改变现行信用期限对收入和成本的影响。延长信用期限，会使销售额增加，产生有利影响；与此同时，应收账款、收账费用和坏账损失增加，会产生不利影响。　（　）

9. 存货管理的主要目标是尽力在各种存货成本与存货效益之间做出权衡，以达到两者的最佳结合。　（　）

10. C 类存货品种多，数量大，但资金占用量很小。企业对此类存货不必花费太多的精力，可以采用总金额控制法。　（　）

四、业务题

1. 已知：某公司现金收支平稳，预计全年（按 360 天计算）现金需要量为 250 000 元，现金与有价证券的转换成本为每次 500 元，有价证券年利率为 10%。

要求：(1)计算最佳现金持有量。

(2)计算最佳现金持有量下的全年现金管理总成本、全年现金转换成本和全年现金持有机会成本。

(3)计算最佳现金持有量下的全年有价证券交易次数和有价证券交易间隔期。

2. 某企业预测 2007 年度销售收入净额为 4 500 万元，现销与赊销比例为 1 : 4，应收账款平均收账天数为 60 天，变动成本率为 50%，企业的资本成本率为 10%。一年按 360 天计算。

要求：(1)计算 2007 年度赊销额。

(2)计算 2007 年度应收账款的平均余额。

(3)计算 2007 年度维持赊销业务所需要的资金额。

(4)计算 2007 年度应收账款的机会成本额。

(5)若 2007 年应收账款需要控制在 400 万元，在其他因素不变的条件下，应收账款的平均收账天数应调整为多少天？

3. 某公司目前年赊销额为 24 万元，每件产品售价为 10 元，该公司考虑其目前的信用政策及另外两个新的政策，并预期这些政策将产生如下结果：

假设该公司新增产品每件能带来 3 元利润，其资金报酬率为 20%。

	目前政策	政策 A	政策 B
需求增加	0	25%	35%
平均收现期	1个月	2个月	3个月
坏账损失	1%	3%	6%

问:该公司采取哪个政策对它更有利?

4. 某公司均衡生产某产品,且每年需耗用乙材料 36 000 千克,该材料采购成本为 200 元/千克,年度储存成本为 16 元/千克,平均每次进货费用为 20 元。

要求:(1)计算每年度乙材料的经济进货批量。

(2)计算每年度乙材料经济进货批量下的平均资金占用额。

(3)计算每年度乙材料最佳进货批次。

【自测题】

1. 某企业计划全年耗用 C 材料 16 000 公斤,该材料购入单价为 800 元,每次订货的变动成本为 200 元,每公斤 C 材料储存一个季度的变动储存成本为 10 元,假设不允许缺货且无数量折扣。请独立完成以下要求:

(1)填列表中的各项目,并写出批量为 200 公斤时的填表计算过程。

(2)每次购入 C 材料多少公斤能使全年相关总成本达到最低?此时的相关总成本为多少?

项目 批量	平均储存量	储存成本	订货次数	订货成本	相关总成本
200 公斤					
600 公斤					

2. 某企业预测的年度赊销收入净额为 4 800 万元,其信用条件是 $n/30$,变动成本率为 65%,机会成本率为 20%。假设企业收账政策不变,固定成本不变。该企业备有 A、B、C 三个备选方案,信用条件分别是:A:$n/30$;B:将信用条件放宽至 $n/60$;C:将信用条件放宽至 $n/90$。其赊销额分别为 4 800 万元、5 300 万元和5 600 万元;坏账损失率分别为 1.5%、3%和 5%;收账费用分别为 26 万元、36 万元和 59 万元。

请独立完成以下要求:

(1)试选择最佳方案。

(2)如果将最佳方案的信用条件改为 2/10、1/20、$n/50$(D 方案),估计约有 50%的客户利用 2%的折扣,20%的客户利用 1%的折扣,其余客户放弃折扣于信用期限届满时付款。坏账损失率降为1.2%，收账费用降为26万元，其他不变。试比较后选择最佳方案。

3.某企业N材料全年需要量为7 200吨，每吨标准价格为50元，销售企业规定：客户每批购买量不足500吨，按标准价格计算；每批购买量在500吨以上1 000吨以下的，价格优惠5%；每批购买量1 000吨以上，价格优惠8%。已知每次订货的变动成本为100元，每吨材料年变动储存成本为36元。请计算最佳经济批量。

第八章 利润分配管理

【学习目标】

通过本章学习，了解利润分配政策的影响因素、股利理论、股票股利、股票分割和股票回购；理解利润分配的原则和不同的股利政策的特点；掌握我国股份公司利润分配的一般顺序和股利分配方案的制定。

第一节 利润分配概述

一、利润分配的概念

按照收入与费用的不同配比层次，企业的利润可以分为营业利润、利润总额和净利润。企业经过经营活动赚取利润，并将其在相关各方之间进行分配，形成了国家的所得税收入、投资者的投资报酬和企业的留用利润等不同项目。根据财政部2006年12月4日颁布、2007年1月1日起实施的《企业财务通则》，利润分配是指分配主体对分配对象在各个分配参与者之间进行的分割和平衡，具体讲就是企业将净利润在投资者、经营者以及其他有特殊贡献的职工、企业留存之间进行的合理有效的分配。利润分配(又称作收益分配)是财务管理的重要内容。利润分配有广义和狭义两种理解，广义的利润分配是指对企业收入和利润进行分配的过程；狭义的利润分配则是指对企业净利润的分配。众所周知，税法具有强制性和严肃性，缴纳税款是企业必须履行的法定义务，但税法无法规范税收以外的收益分配行为，如企业是否允许职工参与收益分配、给经营者分配多少奖励、企业给投资者分配多少利润、分配方案是否合理等。从这个意义上看，财务管理中的利润分配，主要是指企业的净利润分配，其实质就是确定给投资者分红与企业留用利润的比例。本书所讨论的利润分配是指对净利润的分配，即狭义的利润分配概念。

从企业外部看，利润分配管理体现了国家引导和监督企业合理确定对经营成果分配的办法和标准，以保证企业之间、职工之间应有的公平，保护分配主体的合法权益，保障国家财经法规的有效执行和经济秩序的正常运转。从企业内部看，利润分配管理体现着企业是否遵守了国家有关收益分配的规定；是否贯彻了多贡献多回报的分配原则；是否实施了公平和效率的分配原则；有无个别分配主体侵害其他分配主体利益的不公平现象。

二、利润分配的原则

根据利润分配的概念可知，企业的利润分配不仅会影响企业的筹资和投资决策，而且还涉及国家、企业、投资者、职工等多方面的利益关系，涉及企业长远利益与近期利益、整体利益与局部利益等关系的处理与协调。为合理组织企业财务活动和正确处理财务关系，企业在进行利润分配时应遵循以下原则：

（一）依法分配原则

企业的利润分配必须依法进行，这是正确处理各方面利益关系的关键。为了规范企业的利润分配行为，国家有关法律如《公司法》、《民法通则》等对社会成员之间的分配关系做出了基本的规定，《企业财务通则》和相关政策、制度对企业收益分配的内容、顺序等进一步做出了具体的规定，企业必须严格遵照执行。

（二）合理积累、适当分配原则

企业在进行利润分配的过程中，应兼顾长远利益和近期利益，处理好积累和分配的比例关系，一方面要考虑为满足扩大再生产的需要积累必要的资金；另一方面还应满足投资者的要求，向投资者分配利润，起到以丰补歉、平抑利润分配数额波动、稳定投资报酬率的作用，以维持企业良好的形象和信誉。

（三）各方利益兼顾原则

利润分配是利用价值形式对社会产品的分配，直接关系到有关各方的切身利益。因此，企业的收益分配必须要坚持全局观念，兼顾各方，由相关的利益主体按与企业收益相关的贡献进行分配。国家作为社会事务管理者，为行使其自身职能，必须有充足的资金保证。这就要求企业以缴纳税款的方式，无偿上缴一部分利润，这是每个企业应尽的义务，同时也是企业发展的保障。投资者作为资本投入者和企业所有者，依法享有利润分配权。企业净利润归投资者所有，这是企业的基本制度，也是企业所有者投资于企业的根本动力所在。企业的利润离不开全体职工的辛勤工作，职工作为企业利润的直接创造者，就要获得工资及奖金等劳动报酬。因此，企业进行利润分配时，应统筹兼顾，合理安排：既要满足国家集中财力的需要，又要考虑企业自身发展的要求；既要维护投资者的合法权益，又要保障职工的切身利益。

（四）效率优先、兼顾公平原则

企业分配利润应当体现投资与收益对等的原则，即要做到“谁投资谁受益”、受益大小与投资比例相适应，这是正确处理投资者利益关系的关键。投资者因其投资行为而享有收益分配权，并同其投资的比例相适应。这就要求企业在向投资者分配利润时，应遵循公开、公平、公正的原则，按照各方投入资本的多少进行分配，不搞幕后交易，不得以其在企业中的其他特殊地位谋取私利。同时，根据国家制定和完善的一系列关于收入分配的方针政策和法律法规的规定，利润分配时应该坚持效率为主，兼顾公平，充分考虑局部利益和全局利益的关系、投资者利益和职工利益的关系。

(五)资本保全、无利不分原则

企业的利润分配必须以资本保全为前提。企业的利润分配是对投资人投入资本的增值部分进行的分配，不是投资者资本金的返还。对企业的资本金进行分配，属于一种清算行为而不是利润分配。原则上认为，只有当企业有税后盈余时，方可分配利润，这样才能充分保护投资者的利益。因此，当企业出现亏损时，企业不得分配股利或进行投资分红。但在特殊条件下，也可用以前年度积累进行分配，但必须要有一定的比例限制。

三、利润分配的程序

利润分配程序是指企业根据法律、法规或有关规定，对企业一定期间实现的净利润进行分派必须经过的步骤。我国《公司法》和《企业财务通则》对利润分配的程序都做出了明确的规定。

(一)非股份制企业的利润分配程序

根据我国《公司法》和《企业所得税法》等有关规定，非股份制企业当年实现的利润总额应按国家有关税法的规定做相应的调整，然后依法缴纳所得税。根据《企业财务通则》第 50 条规定，企业年度净利润，除法律、行政法规另有规定外，按照以下顺序分配：

1. 弥补以前年度的亏损

企业当年实现的净利润，首先应按照规定弥补以前年度发生的亏损。也就是说，将本年度实现的净利润与前期未分配利润或未弥补亏损合并，计算出本年度累计盈利或累计亏损。需要说明的是，根据《企业所得税法》的规定，弥补的亏损是指超过了正常的税前弥补期限(5 年)后，应当用所得税后利润弥补的亏损。企业实现的净利润在以前年度亏损未弥补完之前，不得提取法定公积金。

2. 提取法定盈余公积金

法定盈余公积金是按照有关法规制度的要求强制性提取的，其主要目的是为了保全资本，防止企业滥分税后利润。法定盈余公积金按照税后利润扣除弥补亏损后余额的 10%提取，当企业的法定盈余公积金累计达到注册资本的 50%时，可不再提取。法定盈余公积金是企业的一项内部积累，这部分资金提取出来后将继续留在企业内部，可用于弥补亏损或转增资本金，以满足扩大再生产的需要。但企业用盈余公积金转增资本金后，法定盈余公积金的余额不得低于企业注册资本的 25%。

3. 提取任意公积金

企业提取法定公积金后，企业章程对提取任意公积金有规定的，按企业章程的规定提取任意公积金；企业章程没有规定的，可以根据股东(大)会决议的比例提取任意公积金。国有企业根据政府规定或主管财政机关及其他有关部门、机构核定的比例，计算上缴国家利润，其扣除法定公积金和上缴利润后的剩余利润，全部作为任意公积金管理。因此，国有企业可以将任意公积金与法定公积金合并提取。

4. 向投资者分配利润

企业以前年度未分配的利润，并入本年度利润，企业应当按照“同股同权、同股同利”的原则，向投资者分配利润。企业以前年度未分配的利润，可以并入本年度利润，在充分考虑累计盈余、盈余的稳定性、投资机会、债务需要、举债能力和现金流量状况后，向投资者分配。属于各级人民政府及其部门、机构出资的企业，应当将应付国有利润上缴财政。

(二)股份制企业的利润分配程序

对股份有限公司而言，在弥补以前年度亏损、提取法定盈余公积金之后，向投资者分配利润还需要按以下步骤进行：

1. 支付优先股股息

企业应按事先确定的股息率向优先股股东支付股息。如果公司的优先股股东为可参与优先股，那么在向股东支付固定股息后，还应该按约定的条款允许优先股股东与普通股股东一起参与剩余利润的分配。

2. 提取任意盈余公积金

任意盈余公积金由企业根据章程的有关规定或董事会决议所确定的比例自愿提取。提取任意盈余公积金可以起到控制向普通股股东分配股利及调节各年股利分配波动的作用。任意盈余公积金的用途和法定盈余公积金一样，可用于弥补亏损或转增企业资本金。

3. 支付普通股股利

企业应按已经确定的利润分配方案向普通股股东支付股利。

下面举例说明股份有限公司利润分配的程序。

【做中学 8-1】 某股份有限公司 2008 年有关资料如下：(1)2007 年度实现利润总额 4 800 万元，所得税税率按 25%计缴；(2)公司前两年累计亏损 800 万元；(3)经董事会决定，任意盈余公积金提取比例为 20%；(4)支付 1 000 万股普通股股利，每股 1.5 元。

根据上述资料，该公司利润分配的程序如下：

(1)弥补亏损、计缴所得税后的净利润为：(4 800－800)×(1－25%)＝3 000(万元)

(2)提取法定盈余公积金:3 000×10%=300(万元)

(3)提取任意盈余公积金:3 000×20%=600(万元)

(4)可用于支付股利的利润:3 000－300－600=2 100(万元)

(5)实际支付普通股股利:1 000×1.5=1 500(万元)

(6)年末未分配利润:2 100－1 500=600(万元)

需要指出的是,企业利润分配也存在一些例外规定,比如我国《企业财务通则》第51条规定:"企业弥补以前年度亏损和提取盈余公积后,当年没有可供分配的利润时,不得向投资者分配利润,但法律、行政法规另有规定的除外。"限于篇幅关系,我国法律、行政法规关于利润分配的例外规定以及国有资本收益分配的特殊规定就不再展开,其详细内容可参阅《中外合作经营企业法》、《国务院关于实行分税制财政管理体制的决定》(国发[1993]85号)等相关法律法规。

四、利润分配的影响因素

利润分配政策又称为股利政策,是指企业管理团队对股利支付与否、支付多少股利和何时发放股利等有关事项做出的方针与决策。股利政策主要包括股利支付程序中各日期的确定、股利支付比率的确定、股利支付形式的确定、支付现金股利所需现金的筹集方式等,其中最重要的是确定股利的支付比率,即多少盈余用于发放股利,多少盈余为公司留存所用。

可供分配的利润如何在投资者和企业再投资之间进行分配,构成了企业利润分配的基本内容。企业实现的净利润属于投资者所有,但为了保证企业相关利益者的利益,《企业财务通则》要求企业在利润分配时应充分考虑现金流量状况,以利于企业长期稳健地发展。

影响利润分配政策的因素很多,可分为内部因素和外部因素。

(一)影响利润分配政策的内部因素

1.盈利状况

盈利状况是任何公司应首先考虑的因素。只有当盈利状况良好时,公司才有可能采用高股利或稳定增长的利润分配政策;若公司盈利很少甚至亏损,公司就只能采用低股利或不发股利的分配政策。公司在制定利润分配政策时,必须以盈利状况和未来发展趋势作为出发点。

2.变现能力

变现能力是指公司将资产变为现金的可能性的大小。一个公司的可迅速变现资产多,现金充足,那么它的股利支付能力就较强,采用高股利分配政策就可行;若公司因扩充生产或偿还债务已将其可变现的资产和现金几乎耗用完毕,那么就不应采用高额股利分配政策。

3. 筹资能力

筹资能力是指公司随时筹集到所需资金的能力。规模大、效益好的公司往往容易筹集到资金，它们可向银行借款或是发行股票、债券。这类公司在利润分配政策上就有较大选择余地，既可采用高股利政策，又可采用低股利政策。规模小、风险大的公司，一方面很难从外部筹集到资金；另一方面在这个阶段往往又需要大量资金。因此，这类公司往往会采取低股利或不发股利的政策，以尽可能多地保留盈余。

(二)影响利润分配政策的外部因素

影响公司利润分配政策的外部因素很多，主要有法律上的限制、合同上的限制、投资机会的出现以及股东的意见等，这些因素都会对公司的利润分配政策产生很大的影响。

1. 法律上的限制

《公司法》等法律法规对公司利润分配政策做出限制。保护资本完整，不能因支付股利而减少资本总额，目的在于使公司有足够的资本来保护债权人的权益。股利必须出自盈利，即按弥补以前年度亏损后的净利润的一定比例提取法定盈余公积金后发放股利。如果公司已经无力偿还债务，则不准发放股利。

2. 合同上的限制

在公司债务的贷款合同或租赁协议上，为了让公司有到期偿还债务的能力，保证债权人的利益不受伤害，往往有限制公司支付股利的条款。这种限制通常包括：(1)未来的股利只能以签订合同以后的收益发放；(2)营运资金低于某一定特定金额时不得发放股利；(3)将一部分利润以偿债基金的形式留存；(4)利息保障倍数低于一定水平时不得发放股利。

3. 投资机会

公司的利润分配政策在较大程度上要受外部投资机会的制约，如果公司有许多有利的投资机会，需要大量的资金，则宜采用较紧的利润分配政策；反之，利润分配政策就可偏松。

4. 股东的意见

在制定利润分配政策时，董事会必须重视股东的意见。股东从自身需求出发，对利润分配政策会产生不同影响。通常，对股利有很强依赖性的股东要求获得稳定的股利；而除股利外有着其他高收入的股东出于避税的考虑，往往反对公司发放较多的股利。公司支付高股利后，将来发行新股的可能性加大，而发行新股必然稀释公司的控制权。当原来持有控制权的老股东拿不出更多的资金购买新股时，他们宁可不分配股利而反对筹集新股。

请思考：影响利润分配的因素有哪些？

第二节　股利理论与股利政策

一、股利理论

股利政策理论存在两大流派:股利无关论和股利相关论。前者认为,股利政策对企业股票的价格不会产生任何影响;后者认为,股利政策对企业股票价格有较强的影响。

(一)MM 理论

MM 理论认为,在完全资本市场的条件下,股份公司的股利政策与公司普通股每股市价无关,公司派发股利的高低不会对股东的财富产生实质性的影响,公司决策者不必考虑公司的股利分配方式,公司的股利政策将随公司投资、融资方案的制订而确定。股利完全取决于投资项目需用盈余后的剩余,投资者对于盈利的留存或发放股利毫无偏好。

(二)"在手之鸟"理论

"在手之鸟"理论源于谚语"双鸟在林不如一鸟在手"。该理论认为,在投资者眼里,用留存收益再投资带给投资者的收益具有很大的不确定性,并且将随着时间的推移收回较高股利或获得较高的股票出售价格的风险也进一步增大,而股利收入要比由留存收益带来的资本收益更为可靠。因此,投资者需要公司定期向股东支付较高的现金股利,而不大喜欢将利润留给公司。公司分配的股利越多,公司的市场价值也就越大。

(三)信号传递理论

信号传递理论认为,代理人如能选用某种信号来将其私人信息揭示给委托人,委托人在观测到信号后才与代理人签约,并可以根据产品的质量进行相应的定价。在信息不对称的情况下,公司可以通过股利政策向市场传递有关公司未来盈利能力的信息。企业管理者对企业当前收益知道的信息要比投资者多,并通过股利分配向投资者传递有关当前收益的信号,后者根据收到的信号判断企业的当前收益,由此预测未来收益,进而确定企业的市场价值。一般来说,如果公司连续保持较为稳定的股利支付率,那么投资者就可能对公司未来的盈利能力与现金流量抱有较为乐观的预期。不过,公司以支付现金股利的方式向市场传递信息,通常也要付出较为高昂的代价,包括:1. 较高的所得税负担;2. 一旦公司因分派现金股利造成现金流量短缺,就有可能被迫重返资本市场发行新股,摊薄每股收益,对公司的市场价值产生不利影响;3. 如果公司因分派现金股利造成投资不足,并丧失有利的投资机会,还会产生一定的机会成本。

(四)代理理论

詹森与麦克林率先利用代理理论分析了企业股东、管理者与债券持有者之间的代理冲突及其解决措施,从代理关系角度对困扰财务学家的融资问题做了新的阐释,认为股利政策有助于减缓管理者与股东之间以及股东与债权人之间的代理冲突,也就是说,股利政策是协调股东与管理者之间代理关系的一种约束机制。股利政策对管理者的约束作用体现在两个方面:一方面,从投资角度看,当企业存在大量自由现金时,管理者通过股利发放不仅减少了因过度投资而浪费资源的倾向,而且有助于减少管理者潜在的代理成本,从而增加企业价值,它解释了股利增加宣告与股价变动正相关的现象;另一方面,从融资角度看,企业发放股利减少了内部融资,导致进入资本市场寻求外部融资,从而可以经常接受资本市场的有效监督,减少代理成本,这一分析有助于解释公司保持稳定股利政策的现象。因此,高水平股利支付政策将有助于降低企业的代理成本,但同时也增加了企业的外部融资成本,最优的股利政策应使两种成本之和最小化。

(五)税收效应理论

一般而言,税收对股利政策的影响是反向的,由于股利的税率比资本利得的税率高,而且资本利得税可以递延到股东实际出售股票为止。因此,投资者可能喜欢公司少支付股利,而将几年的盈余留下来用于投资,以便获得较高的资本利得。税收效应理论认为,在对股利和资本收益征收不同税率的情况下,考虑到税负因素,公司选择不同的股利支付方式,不仅会对公司的市场价值产生不同的影响,而且也会使公司(及个人)的税收负担出现差异。考虑到纳税的影响,企业应采用低股利政策。

二、股利政策

股利政策,是指在法律允许范围内,企业是否发放股利、发放多少股利以及何时发放股利的方针及对策。股利分配在公司制企业理财决策中始终占有重要地位。这是因为股利的发放,既关系到公司股东的经济利益,又关系到公司的未来发展。通常较高的股利,一方面可使股东获取可观的投资收益;另一方面还会引起公司股票市价上涨,从而使股东除股利收入外还获得了资本利得。但是过高的股利必将使公司留存收益大量减少,或者影响公司未来发展,或者大量举债,增加公司的资本成本负担,最终影响公司未来收益,进而降低股东权益;较低的股利虽然使公司有较多的发展资金,但与公司股东的愿望相背离,股票市价可能下降,公司形象将受到损害。如何兼顾股利发放与企业的未来发展,并使公司股票价格稳中有升,便成为企业管理当局孜孜以求的目标。在财务管理的实践中,通常有下列几种股利分配政策可供选择:

(一)剩余股利政策

1.剩余股利政策的内容

剩余股利政策是将股利的分配与公司的资本结构有机地联系起来,公司生产经营所获得的净收益先要满足公司的资金需求,即根据公司的最佳资本结构测算出公司投资所需要的权益资本数额,先从盈余中留用,如果还有盈余,则将剩余的盈余作为股利派发,否则,不派发股利。在确定投资项目对权益资本的需求时,必须保证公司最佳资本结构,所以这种股利政策也是一种有利于保持公司最优资本结构的股利政策。剩余股利政策比较适合于新成立的或处于高速成长的企业。

2.剩余股利政策的理论依据

剩余股利政策以MM股利无关论为依据,由于投资者对公司盈利的留存或发放毫无偏好,因此企业可以始终把保持最优资本结构放在决策的首位。

3.剩余股利政策的实施步骤

(1)确定最优资本结构。企业可采用比较资本成本法、每股收益无差别点分析法等来确定企业最优资本结构,使企业的加权平均资本成本最低,同时企业价值最大。

(2)确定最优资本结构下投资项目所需要的权益资本数额。即根据投资总额和权益资本与债务资本的最优比例关系,来确定投资项目所需要的权益资本的数额。

(3)最大限度地使用公司留存收益来满足投资项目对权益资本的需要数额。

(4)投资项目所需要的权益性资本得到满足后,如果公司的未分配利润还有剩余,就将其作为股利发放给股东。

【做中学8-2】 万利公司2007年提取公积金之后的税后净利为2 500万元。目前,公司的最优资本结构为:权益资本占70%,债务资本占30%。2008年公司有一个投资项目,该项目需要的投资总额为2 000万元。该公司决定采用剩余股利政策来向股东分配股利,已知公司流通在外的普通股为1 000万股,那么每股普通股至多能分配多少股利?投资项目需要的2 000万元资金应如何筹集呢?

2 000万元投资总额对公司权益资本的需求为:2 000×70%=1 400(万元)

所以投资总额的筹集方式是:1 400万元用税后净利来满足,剩余的600万元通过举债的方式来筹集。

在满足投资项目对权益资本的需要之后剩余的部分为:2 500-1 400=1 100(万元)

每股普通股可以分配的股利为:1 100÷1 000=1.1(元)

【学中做8-1】 某公司2007年税后利润在提取公积金后为1 000万元。2008年投资计划已定,所需资金1 200万元。经测定,公司合理的资本结构应为权益资本占60％，债务资本占40％。若公司当年流通在外的普通股为500万股，采用剩余股利政策每股普通股应发放多少股利？

(二)固定股利或持续增长股利政策

1. 固定股利或持续增长股利政策的内容

固定股利或持续增长股利政策是指公司将每年发放的股利固定在某一特定水平上，并在较长的时期内保持不变，或者在此基础上维持某一固定比率逐年稳定增长。一般来说，只有当公司认为未来盈余会显著地、不可逆转地增长时，才会宣布实施固定或稳定增长的股利政策。采用固定或稳定增长的股利政策，要求公司对未来盈余和支付能力能够做出比较准确的判断。公司确定的固定股利额不应太高，以免陷入无力支付的被动局面。该政策一般适用于经营比较稳定或正处于成长期的企业。许多公司都愿意采用这种股利政策，但是该政策很难被长期采用。

2. 固定股利或持续增长股利政策的理论依据

固定股利或持续增长股利政策以股利相关论为基础。提出这种政策的专家认为：(1)采取该政策发放的股利比较稳定，稳定的股利向市场传递着公司正常发展的信息，从而有利于树立企业的良好形象，并增强投资者对公司的信心，进而稳定股票的价格。(2)采取该政策发放的股利比较稳定，稳定的股利额有利于投资者安排股利收入和支出，特别是对股利有很强依赖性的股东更是如此。而股利忽高忽低的股票，则不会受这些股东的欢迎，股票价格会因此下降。(3)采取该政策发放的股利比较稳定，稳定的股利可能会不符合剩余股利政策的理论，可能会导致公司不能保持最优资本结构。但考虑到股市受多种因素影响，为将股利维持在稳定水平上，即使推迟某些投资方案或公司暂时偏离最佳资本结构，也可能要比降低股利或降低股利增长率更为有利。

3. 固定股利或持续增长股利政策的优缺点

采用这种股利政策的优点是：(1)企业固定分配股利可使公司树立良好的市场形象，有利于公司股票价格的稳定，增加投资者的投资信心。(2)稳定的股利可以使投资者预先根据企业的股利水平安排支出，从而降低了投资风险，而当企业股利较丰厚时，其股票价格也会大幅提高，这些都有助于吸引那些打算长期投资的股东。

固定股利额政策的缺点主要在于股利的支付与公司盈余相脱节。当公司盈余较低时仍需支付固定的股利额，这会导致侵蚀公司的留存收益，甚至侵蚀公司资本，给财务运作带来很大压力。该政策也不能像剩余股利政策那样使企业保持较低的资本成本。

(三)固定股利支付率政策

1. 固定股利支付率政策的内容

固定股利支付率政策是指公司先确定企业发放股利额与公司净利润的一个固

定百分比，然后每年都按这个固定比率向股东发放股利。这个固定比率通常称为股利支付率。采用此政策时，股东每年领取的股利额是变动的，其多少主要取决于企业每年实现的净利润的多少以及股利支付率的高低。每年发放的股利额都等于净利润乘以固定的股利支付率。股利支付率越高，股东领取的股利就越多；股利支付率越低，股东领取的股利就越少。净利润多的年份，股东领取的股利就多；净利润少的年份，股东领取的股利就少。一般而言，该政策比较适合于那些处于稳定发展且财务状况比较稳定的公司。

2. 固定股利支付率政策的理论依据

主张采用此政策的人认为，通过固定的股利支付率向股东发放股利，能使股东获取的股利与企业实现的盈余紧密配合，以真正体现"多盈多分，少盈少分，无盈不分"的原则，只有这样，才算真正公平地对待了每一个股东。另外，采取此政策向股东发放股利时，实现净利多的年份向股东发放的股利多，实现净利少的年份向股东发放的股利少，所以不会给公司带来固定的财务负担，从企业支付能力角度看，这是一种稳定的股利政策。该政策的缺点主要是由于股利波动容易使外界产生企业经营不稳定的印象，不利于股票价格的稳定与上涨。

【做中学 8-3】 某公司长期采用固定股利支付率政策进行股利分配，确定的股利支付率为40%。2007年公司净利润为2 000万元，若继续执行固定股利支付率政策，公司本年度要支付的股利为2 000×40%=800(万元)。

【学中做 8-2】 某公司长期采用固定股利支付率政策进行股利分配。已知公司2006年净利润为1 000万元，发放股利400万元。公司2007年净利润为1 500万元，若继续执行固定股利支付率政策，公司本年度应发放多少股利？

(四)低正常股利加额外股利政策

1. 低正常股利加额外股利政策的内容

低正常股利加额外股利政策介于稳定股利政策与变动股利政策之间，属于折中的股利政策。该政策是指企业在一般情况下，每年只向股东支付某一固定的、金额较低的股利，只有在盈余较多、资金较充足的年份，企业才根据实际情况决定向股东额外发放较多的股利，且额外支付的股利并不固定。固定股利加额外股利政策吸收了固定股利政策对股东投资收益的保障的优点，又摒弃了股利发放过多可能导致公司财务压力过大的不足，故在资本市场上颇受投资者和公司的欢迎。该政策适用于盈利水平随着经济周期波动变化较大的行业或公司。

2. 低正常股利加额外股利政策的优缺点

采用这种股利政策的优点是：(1)该政策赋予公司一定的灵活性，使公司在股利发放上留有余地和具有较大的财务弹性。(2)企业固定分配股利有利于公司股票价格的稳定，增加投资者的投资信心。当企业盈利较少或投资需要的资金较多时，可维持原定的较低但正常的股利，股东也不会有很大的投资损失；当企业盈余有较大幅度增加时，在原定的较低但正常的股利基础上，向股东增发额外的股利，可以增强股东对企业未来发展的信心，进而稳定股价。

该股利政策的缺点主要在于：(1)公司的盈利波动使得额外股利不断变化，给投资者造成公司收益不稳定的感觉。(2)当公司在较长时期持续盈利，并持续发放额外股利时可能会被误以为"正常股利"，一旦公司不派发额外股利，传递出的信号可能使股东认为公司财务恶化，进而引起公司股价下跌。

请思考：利润分配政策有哪些种类？评述一下每种政策的特点及适用性。

三、利润分配方案

公司股利分配方案的确定必须考虑以下方面的内容：

(一)选择股利政策

企业选择股利政策除了应遵循利润分配的各项原则外，通常还需要考虑以下几个因素：1.企业所处的成长与发展阶段；2.企业支付能力的稳定情况；3.企业获利能力的稳定情况；4.目前的投资机会；5.投资者的态度；6.企业的信誉状况。公司在不同成长与发展阶段采用的政策可参考表8-1。

表8-1　不同成长与发展阶段公司股利政策的选择

公司发展阶段	特点	适应的股利政策
公司初创阶段	公司经营风险高，融资能力差	剩余股利政策
公司高速发展阶段	产品销量急剧上升，需要进行大规模的投资	低正常股利加额外股利政策
公司稳定增长阶段	销售收入稳定增长，公司的市场竞争力增强，行业地位已经巩固，公司扩张的投资需求减少，广告开支比例下降，净现金流入量稳步增长，每股净利呈上升态势	稳定增长型股利政策
公司成熟阶段	产品市场趋于饱和，销售收入难以增长，但盈利水平稳定，公司通常已积累了相当的盈余和资金	固定型股利政策
公司衰退阶段	产品销售收入锐减，利润严重下降，股利支付能力日绌	剩余股利政策

(二)确定股利支付水平

股利支付水平通常用股利支付率来衡量。股利支付率是当年发放股利与当年净利润之比，或每股股利除以每股收益。股利支付率的制定往往令企业进退两难。低股利支付率通常有利于公司多留有收益，但可能会降低公司股票对投资者的吸引力而影响公司未来的增资扩股；高股利支付率可能有利于增强公司股票对投资者的吸引力，从而有助于公司在市场上筹措资金，但是由于公司留存收益的减少会影响企业资金周转，进而给公司带来财务压力。

股利支付率的高低，主要取决于企业对下列因素的权衡：1. 企业所处的成长周期及目前的投资机会；2. 企业的再筹资能力及筹资成本；3. 企业的控制权结构；4. 顾客效应；5. 股利信号传递功能；6. 贷款协议以及法律限制；7. 通货膨胀因素等。

(三)确定股利支付形式

选择发放股利的形式，是股利政策的一项重要内容。股利形式有以下几种：

现金股利，即直接以现金向股东支付股利，它是最基本也是最常见的股利形式。公司采用现金股利形式时，必须具备足够的未指明用途的留存收益(未分配利润)和足够的现金。

股票股利，是指公司以无偿增发的股票向股东支付股利，又称为送红股，它是仅次于现金股利的常用股利支付形式。股票股利对于公司而言，现金并没有流出企业，也不会导致公司财产的减少。

财产股利，是指用公司有价值的财产物资向股东支付股利的形式。例如，用公司拥有的其他公司的股票或债券等有价证券作为现金的替代品向股东支付股利。

负债股利，即公司通过建立一项负债的方式向股东发放股利。例如，以公司的应付票据或债券作为股利交付给股东，在未来一定时期再偿付该项负债。

我国《公司法》规定，公司应当采用现金股利或股票股利支付形式。一般来说，当公司的现金比较充足、且在资本市场上有较强的筹资能力时，往往会发放现金股利。公司发放股票股利，相当于把公司的盈利转化为股本，既不影响公司的资产和负债，也不影响股东权益总额，只是股东权益的内部结构发生变化，所以我国许多公司也经常采用股票股利支付方式。

(四)确定股利发放日期

股份公司必须遵循法定的程序分配股利。股利支付应先由董事会提出分红预案并进行公告，然后提交股东大会决议，股东大会决议通过分配预案之后，再以公告的形式向股东宣布发放股利的方案，并公告股权登记日、除息(或除权)日和股利支付日等。一般而言，财务管理实务中股利支付需要按照下列日程进行：

1. 预案公布日

即公司董事会公告分红预案的日期。分红预案包括本次分红数量、分红方式、股东大会召开的时间、地点以及表决方式等。以上内容由公司董事会向社会公布。

2. 股利宣告日

即公司董事会宣布发放股利的日期。股份公司分红预案提交股东大会决议通过后，由董事会对外宣布每股支付的股利、股权登记日、除息日和股利支付日。

3. 股权登记日

即有权领取股利的股东资格登记的最后日期。公司宣布股利后，可规定一段时期供股东过户登记。只有在股权登记日及此前列入股东名册上的股东才有权获得本次分派的股利。

4. 除息除权日

即除去交易中的股票领取本次分配的股利权利的日期。除息、除权分别适用于分配现金股利和股票股利的情况。凡在除息除权日之前购买股票的股东，有权领取本次股利；而在除息除权日及此后购买股票的股东无权获得本次股利。

在股权登记日确定之后，除息除权日一般取决于证券业的交易习惯。例如，若证券业的交易惯例为实行“$T+3$”交易制度，即成交日之后的第 3 个工作日才能完成交割和过户手续，那么为保证在股权登记日成为法定意义的股东，新股东最晚应在股权登记日之前的第 3 个工作日购入股票，而从股权登记日之前的第 2 个工作日开始购买股票的股东，不能在股权登记日完成交割和过户手续，就无权领取本次股利，在这种情况下，股权登记日之前的第 2 个工作日即为除息除权日。当证券交易通过先进的计算机交易系统进行时，证券的交易、交割和过户往往在一天之内就能完成，那么在股权登记日当天购买股票的股东，仍然拥有领取本次发放股利的权利，即在证券业实行“$T+0$”交易制度的情况下，除息除权日应为股权登记日之后的第 1 个工作日。除息除权日对股票的价格有明显的影响，除息除权日开始，股票价格因不再含有本次股利而会有所下降。例如，某公司股票在除息日的前一日收盘价为 12 元/股，若本次分派的现金股利为 2 元 /股，那么除息后的价格应为 10 元/股。若除息日当天的股票开盘价为 11 元/股，虽然低于除息日前一日的收盘价，但与除息后的价格相比，股票的价格实际上涨了 1 元/股。

5. 股利支付日

即公司按照公布的分红方案向股权登记日登记在册的股东实际支付股利的日期。公司应将现金股利以公司宣布的股利支付方式向股东发放。

下面来看几个财务管理实务中股利发放日期的例子。

【做中学 8-4】 A 上市公司于 2007 年 7 月 10 日举行的股东大会决议通过利润分配方案，并于当日由董事会宣布 2007 年的中期分配方案为每 10 股派发现金股利 6 元，公司将于 2007 年 7 月 31 日将股利支付给已在 2007 年 7 月 20 日登记在册的本公司股东。根据上述条件，A 公司的股利宣告日应为 2007 年 7 月 10 日，股权登记日为 2007 年 7 月 20 日，股利支付日为 2007 年 7 月 31 日。如果证券交易所实行“$T+3$”交易制度，那么除息日应为 2007 年 7 月 18 日；而如果证券交易所实行“$T+0$”交易制度，那么除息日应为 2007 年 7 月 21 日。

【做中学 8-5】 青岛海信(600060)电器股份有限公司 2007 年度股东大会于 5

月28日召开，审议通过了2007年度利润分配方案。2008年7月8日，海信电器刊登2007年度利润分配实施公告，分配方案为：每10股派1.2元(含税，扣税后10股派1.08元)。股权登记日：2008年7月14日。除息日：2008年7月15日。现金红利发放日：2008年7月18日。

【做中学8-6】 隆平高科(000998)2007年度股东大会于5月8日召开，通过公司2008年利润分配方案。2008年6月25日，隆平高科刊登2007年度分红派息及公积金转增股本实施公告，分红派息及公积金转增股本方案为：每10股送红股1股，并派现金红利1.00元(含税)，扣税后，个人股东、投资基金实际每10股派0.8元现金，每10股转增5股。股权登记日为2008年6月30日，除权除息日为2008年7月1日。本次无限售条件流通股的现金红利于2008年7月1日通过股东托管券商直接划入其资金账户。本次所送红股及公积金转增可流通股份起始交易日为2008年7月1日。

请思考：公司应该如何制定股利分配方案？

第三节 股票股利、股票分割和股票回购

一、股票股利

股票股利也叫送红股，是指以无偿增发新股的方式支付股利。将股票作为股利来发放，通常是按现有股东持有股份的比例来分派。股票股利并不直接增加股东的财富，不会导致企业资产的流出或负债的增加，因而不使用企业资金，同时也并不因此而增加企业的财产，但会引起所有者权益各项目的结构发生变化。尽管股票股利不直接增加股东的财富，也不增加企业的价值，但对股东和企业都有特殊意义。

(一)股票股利对股东的意义

1.如果企业在发放股票股利后同时发放现金股利，股东会因所持股数的增加而得到更多的现金。

2.发放股票股利后，理论上由于普通股股数增加会引起每股收益和每股市价成比例的下降，但实务中并非必然结果。一般在发放少量股票股利(如2%～3%)后，不会引起股价的迅速变化，这可使股东得到股票价值相对上升的好处。

3.发放股票股利通常由成长中的企业所为，因此市场和投资者往往认为发放股票股利预示着企业将会有较大发展，利润额会大幅度增长，足以抵消增发股票带来的消极影响。这种心理会稳定住股价甚至略有上升。

4.股票变现能力强，在股东需要现金时，可以将分得的股票股利出售。有些国家税法规定，出售股票所缴纳的资本利得(价值增值部分)税率比收到现金股利所

需缴纳的所得税率低，这使得股东可以从中获得纳税上的好处。

(二)股票股利对企业的意义

1.发放股票股利可使股东分享企业的盈余而无须分配现金。这使企业留存了大量现金，便于进行再投资，有利于企业长期发展。

2.在盈余和现金股利不变的情况下，发放股票股利可以降低每股价值，吸引更多的投资者，从而分散股权，有效防止公司被恶意控制。

3.发放股票股利往往会向社会传递企业将会继续发展的信息，从而提高投资者对企业的信心，在一定程度上稳定股票价格。但在某些情况下，发放股票股利也会被认为是企业资金周转不灵的征兆，从而降低投资者对企业的信心，加剧股价的下跌。

二、股票分割

(一)股票分割的概念

股票分割又称为股票拆细，是将面额较高的股票分割成面额较低股票的一种行为。分割后，股票面额按一定比例减少，同时股票数量按同一比例增多。

股票分割只会使公司发行在外的股票总数增加，对于公司的资本总额和结构不会产生影响，对股票价格产生的效果与发放股票股利近似。股票分割是在股票市价急剧上升，而企业又试图大幅度降低价格时使用的一种手段。当股票价格上涨幅度不大时，公司往往通过发放股票股利将股价维持在理想范围内。按国际惯例，发放25%以下股票股利界定为股票股利，而发放25%以上股票股利则界定为股票分割。IBM公司、Ford Motor公司、Honeywell公司、Giant Food公司等均采用过股票分割。2004年1月29日，中国海洋石油有限公司宣布，该公司计划进行股票分割，将该公司的一股股票分割成五股新股。

【做中学8-7】 某上市公司原发行面额2元的普通股股票200 000股。按照1股换2股的比例进行股票分割。分割前后股东权益各项见表8-2。

表8-2　股票分割对股东权益的影响

	分割前	分割后
普通股数量	200 000股	400 000股
普通股面值	2元	1元
普通股	400 000元	400 000元
资本公积	800 000元	800 000元
未分配利润	4 000 000元	4 000 000元
股东权益合计	5 200 000元	5 200 000元

(二)股票分割的作用

1. 股票分割会使每股股票市价降低,可以使更多的资金实力有限的潜在股东变成持股股东,有利于促进股票流通性并使公司的股东数量增加,使公司股票在市场上的交易更活跃。

2. 股票分割可以向股票市场和投资者传递公司业绩好、利润高、发展前景良好的信息,有利于增强投资者对公司的信心。

3. 股票分割可以降低股价,从而为公司发行新股票做准备。

4. 有助于公司并购政策的实施,增加对被并购方的吸引力。

5. 可能增加股东的现金股利,使股东感到满意。

(三)股票反分割

当公司股票价格过低,不利于公司在市场上的声誉和未来再筹资时,为提高股票价格,会采取反分割措施。股票反分割实质上是公司将流通在外的股票数按比例进行合并,理论上反分割以后股票价格会成比例上升。反分割显然会降低股票的流通性,加大投资者入市的门槛,它向市场传递的信息通常是不利的。实证和统计结果表明,在其他因素不变的情况下,股票反分割宣布日前后股票价格有大幅度的下跌。

三、股票回购

(一)股票回购及其法律规定

股票回购是指股份公司出资将其发行流通在外的股票以一定价格购回予以注销或库存的一种资本运作方式。如果企业由净收益所产生的现金净流量很多,但缺少有利可图的投资机会的话,企业可采用股票回购或增加现金股利的方式将企业多余现金分配给股东。企业回购的股票作为库藏股份,市场上流通的股票将因此而减少,每股收益将增加,从而导致股价上涨。来自股票回购的资本收益,在理论上应该等于企业多支付给股东的股利。

根据《公司法》第 143 条,“公司不得收购本公司股份。但是,有下列情形之一的除外:(一)减少公司注册资本;(二)与持有本公司股份的其他公司合并;(三)将股份奖励给本公司职工;(四)股东因对股东大会做出的公司合并、分立决议持异议,要求公司收购其股份的。公司因前款第(一)项至第(三)项的原因收购本公司股份的,应当经股东大会决议。公司依照前款规定收购本公司股份后,属于第(一)项情形的,应当自收购之日起 10 日内注销;属于第(二)项、第(四)项情形的,应当在 6 个月内转让或者注销。公司依照第一款第(三)项规定收购的本公司股份,不得超过本公司已发行股份总额的 5%;用于收购的资金应当从公司的税后利润中支出;所收购的股份应当在 1 年内转让给职工。”

尽管目前我国的法律制度对股票回购行为做了十分严格的限制，但股票回购在业界一度十分盛行。2007年7月2日网易宣布，该公司董事会已经批准了一项新股票回购计划。根据这一计划，网易将于未来不超过12个月内回购价值最高1.2亿美元的在外流通美国存托凭证。根据这一计划，网易回购了约530万股在外流通美国存托凭证，总计支出9 570万美元(包括交易成本)。2007年12月25日，巨人网络宣布将于未来12月内，通过公开市场或其他渠道，用公司的储备现金回购价值不超过2亿美元的美国存托股票。受此消息影响，巨人网络股价应声上涨1.23美元至11.50美元，涨幅达11.98%。2008年7月21日，比亚迪电子有限公司(0285.HK)在香港联交所发出公告显示，比亚迪电子21日6次出手，总计回购股票46万股，达185万元。公告显示，2008年以来比亚迪电子已累计赎回股票1 473万股，占总流通股的0.648 4%。

(二)股票回购的动机

公司回购自己的股票，可能出于以下几个方面的原因：

1.替代现金股利

股票回购与支付现金股利相类似，都是公司支付现金来使股东获利，因此，股票回购可以认为是现金股利的一种特殊支付方式，但股票回购并不能像支付现金股利那样经常发生，一般是当公司有较多的现金，但又没有好的投资项目时，超额的现金要向股东进行分配，如果通过增加现金股利的方式进行分配，有可能影响公司股利分配政策的稳定性，因为公司过多的现金可能只是暂时的，未来并不能保证长期地获得较高的收益而有同样多的现金。这种情况下，通过回购股票向股东分配超额现金就可避免对股利政策造成的不利影响。

2.改善公司的资本结构

公司进行股票回购后，其权益资本在资本结构中的比例降低，债务资本的比例相应的提高。特别是当公司通过借债筹资后再进行股票回购，一方面债务增加，另一方面权益资本减少，会使资本结构得到较大幅度的调整。因此，如果管理人员认为公司的资本结构失衡需要调整时，可通过回购股票的方式实现资本结构的优化。

3.满足选择权的需要

如果公司已经发行了可转换债券或认股证，那么当债权人或认股证的持有者想要行使其选择权时，公司应有足够的普通股票满足其需要。公司通过股票回购并将购回的股票以库存的方式储存起来，就可以较好地满足选择权持有者的需要，而不必另外发行新股票。

4.用于并购或抵制被兼并

公司实施并购政策时，既可以现金支付的方式也可以股票交换的方式获得目标公司的产权。回购股票或拥有库存股可为公司开展并购活动提供便利的条件。

相反，当一家公司成为其他公司并购的目标时，通过股票回购来减少流通股的数量，可起到有效防止潜在的并购者进攻的作用。

5.提高每股收益和传递公司信息

为了自身形象、上市需求和投资人渴望高回报等原因，采取股票回购方式减少实际支付股利的股份数，从而提高每股收益指标。当公司股价被低估时，通过股票回购以向市场和投资者传递公司真实的投资价值，稳定或提高公司股价。

(三)股票回购的方式

股票回购的方式主要有以下三种：

1.公开市场回购

上市公司可以通过经纪人在公开市场上按照公司股票的当前市场价格购回本公司的股票，这种购买方式往往受到证券监管部门的种种限制，如公司回购股票时不能发行新股、公司回购股票的数量不能超过公司已发行股票数量的一定比例等。因为回购股票一般会伴随着股价上涨，此时发行新股会有损投资者的利益；而过多回购股票会因支付现金过多而可能有损债权人的利益。由于受到种种规定的限制，公司以这种方式回购股票往往需要花费较长的时间才能积累起一笔相对数量较多的股票，因此，当公司准备回购数量较多的股票时，不宜采用这种回购方式。

2.要约回购

公司可以向股东发出正式的报价购买部分股票，通常回购股票的价格是固定的。回购价格通常要高于当时股票的市价，以吸引股东出售其持有的股票。回购时间一般为2～3个星期，股东完全有权选择是以固定价格出售股票还是继续持有股票。如果各股东愿意出售的总股数多于公司事先设定的回购数量，公司就可以自行决定购买部分或全部超购股数。相反，如果股东提供的股票数量太少，达不到公司原定想要购买的股数，则公司可以通过公开市场购回不足的股数。公司通过投标出价方式回购股票往往会委托金融中介机构来进行，并向其支付必要的费用。这种回购方式比较适用于公司想要购回大量股票的情况。

3.协议回购

公司可以直接与一个或几个大股东共同协商确定回购价格并购回股票。采用这种方式回购股票时，公司应注意与大股东所确定的回购价格的公平合理性，因为过高的回购价格必然会损害其余股东的利益。一般来说，各国对股份公司进行股票协议回购都有一定的法律限制。

(四)股票回购的意义

股票回购对于股东和企业具有重要意义。

股票回购对股东的意义在于：

1.多获取资本利得：股票回购的决策往往是在企业管理当局认为企业股票价

格过低的情况下做出的，回购企业部分股票会导致股价的上涨，从而使股东多获取资本利得收益；

2. 推迟纳税或避税：股票回购后股东得到的是资本利得，一般需缴纳资本利得所得税，而发放现金股利后股东则需缴纳一般所得税。在前者税率低于后者的情况下，股票回购将使股东获得纳税上的好处。

股票回购对企业的意义在于：

1. 改善企业资本结构，提高负债比例，发挥财务杠杆的作用；

2. 将过剩的现金流量以股票回购的方式分配给股东，无异于股东退股或公司资本的减少，在一定程度上削弱了对债权人利益的保障；

3. 可避免企业被收购；

4. 可将库藏股票用来满足可转换债券持有人转换企业普通股的需要，也可以用来兼并其他企业；

5. 企业如果需要额外的现金，可将库藏股票出售；

6. 如果企业意欲处置其拍卖资产所得的现金，回购股票是其良好的选择。

但是股票回购会使企业有帮助股东逃避应纳所得税和操纵股价之嫌，在法律上有可能给企业带来一定程度的风险，容易引发证券管理机构的调查，或可能涉嫌避税而受到税收征管部门的查处。因此，企业实施股票回购应认真研究相关的法律条款，谨慎从事。

请思考：公司应该如何制定股利分配方案？

【思考题】

1. 简述公司制企业的税后利润分配顺序。

2. 简述选择股利政策时应考虑的因素。

3. 股利的基本理论有哪几种？它们各自的主要观点是什么？

4. 简述剩余股利政策的含义及其步骤。

5. 简述股票回购的原因和方式。

6. 阐述股票股利和股票分割有何差异。

【实训题】

一、单项选择题

1. 在下列股利分配政策中，能保持股利与利润之间一定的比例关系，并体现了风险投资与风险收益对等原则的是　（　　）

A. 剩余股利政策　　B. 固定股利政策

C. 固定股利支付率政策　　D. 低正常股利加额外股利政策

2. 某企业在选择股利政策时，以代理成本和外部融资成本之和最小化为标准。

该企业所依据的股利理论是 ( )

A.“在手之鸟”理论 B. 信号传递理论

C. MM 理论 D. 代理理论

3. 下列各项中，不属于股票回购方式的是 ( )

A. 用本公司普通股股票换回优先股

B. 与少数大股东协商购买本公司普通股股票

C. 在市上直接购买本公司普通股股票

D. 向股东标购本公司普通股股票

4. 相对于其他股利政策而言，既可以维持股利的稳定性，又有利于优化资本结构的股利政策是 ( )

A. 剩余股利政策 B. 固定股利政策

C. 固定股利支付率政策 D. 低正常股利加额外股利政策

5. 在下列公司中，通常适合采用固定股利政策的是 ( )

A. 收益显著增长的公司 B. 收益相对稳定的公司

C. 财务风险较高的公司 D. 投资机会较多的公司

6. 通常公司成熟阶段适合采用的股利政策是 ( )

A. 剩余股利政策 B. 固定股利政策

C. 固定股利支付率政策 D. 低正常股利加额外股利政策

7. 所谓利润分配中分配的利润是 ( )

A. 营业利润 B. 利润总额

C. 净利润 D. 主营业务利润

8. 股票分割一般不会引起 ( )

A. 每股市价变化 B. 公司发行的股数变化

C. 每股盈余变化 D. 公司财务结构变化

9. 如果公司拟为发行新股做准备，在这种情况下应采用 ( )

A. 现金股利 B. 股票股利 C. 股票分割 D. 股票回购

10. 要想获得减税效应，应采用低股利支付率，这种观点是 ( )

A. 股利政策无关论 B.“在手之鸟”理论

C. 税收效应理论 D. 代理理论

11. 某股东持有甲公司的股票 10 000 股，该公司宣布发放 10%的股票股利，假定发放股票股利前的每股价格为 3 元，发放股票股利后的每股价格为 2.3 元，则该股东所持股票的市场价值是( )元。

A. 30 000 B. 33 000 C. 23 000 D. 25 300

12. 某企业需投资 100 万元，目前企业的负债率为 30%，现有盈利 130 万元，如果采用剩余股利政策，需支付股利( )万元。

A. 40　　B. 52　　C. 60　　D. 70

13. 我国《公司法》允许的股利支付方式有　　(　　)

A. 现金股利　　B. 财产股利　　C. 信用股利　　D. 负债股利

二、多项选择题

1. 利润分配的原则包括　　(　　)

A. 依法分配原则　　B. 合理积累、适当分配原则

C. 投资与收益对等原则　　D. 各方利益兼顾原则

E. 有利必分原则

2. 企业选择股利政策通常需要考虑的因素是　　(　　)

A. 企业所处的成长与发展阶段　　B. 企业支付能力的稳定情况

C. 企业获利能力的稳定情况　　D. 目前的投资机会

3. 上市公司发放现金股利的主要原因为　　(　　)

A. 投资者偏好　　B. 减少代理成本

C. 传递公司的未来信息　　D. 公司现金充裕

4. 公司发放股票股利的优点主要有　　(　　)

A. 可将现金留存公司用于追加投资，同时减少筹资费用

B. 股票变现能力强，易流通，股东乐于接受

C. 可传递公司未来经营绩效的信号，增强投资者对公司未来的信心

D. 便于今后配股融通更多资金并刺激股价

5. 股票分割的主要作用有　　(　　)

A. 有利于促进股票流通和交易

B. 有助于公司并购政策的实施，增加对被并购方的吸引力

C. 可能增加股东的现金股利，使股东感到满意

D. 有利于增强投资者对公司的信心

6. 在我国可以采用的股利支付方式有　　(　　)

A. 现金股利　　B. 股票股利　　C. 财产股利　　D. 负债股利

7. 公司进行股票分割所产生的影响有　　(　　)

A. 每股市价上升　　B. 每股市价不变

C. 每股市价降低　　D. 股东权益减少

E. 股东权益总额不变

三、判断题

1. 税收效应理论认为，一般来说，股利收入的所得税率高于资本利得所得税率，因此，资本利得对于股东更为有利。　　(　　)

2. 股利政策的基本理论包括股利政策无关论、“在手之鸟”理论和差别税收理论，这三种理论给公司财务管理者提供了一个明确的选择答案。　　(　　)

3. 公司的股利分配方案由股东大会决定，债权人不得干预。 （ ）

4. 为了减少税负，高收入阶层的股东，通常愿意公司少支付股利而将较多的盈余保留下来以作为再投资用。 （ ）

5. 比较而言，低正常股利加额外股利政策会使公司在股利发放上具有较大灵活性。 （ ）

6. 盈余公积金可以转增公司资本。 （ ）

7. 股票股利和股票分割产生的效果十分相近。 （ ）

8. 股票股利不会改变股东权益总额，但是股票分割会使股东权益减少。 （ ）

四、业务题

1. 某股份公司今年的税后利润为800万元，目前的负债比例为50%，企业想继续保持这一比例，预计企业明年将有一项良好的投资机会，需要资金700万元，如果采取剩余股利政策。

要求：(1)计算明年的对外筹资额。

(2)计算可发放多少股利额及股利发放率。

2. 某企业本年度投资规模为8 000万元，产权比率4∶1，即资产负债率为80%，本年度提取了法定盈余公积金(90万元，拟转增资本)、公益金40万元后，可供分配的剩余税后利润为750万元，由于当前的负债比率较高，财务风险过大，下年度拟通过增加资本的方式将资产负债率降至60%，即产权比率为3∶2，资本结构调整的途径有：一是偿还债务600万元；二是通过可转换债券转换资本400万元；三是依靠税后利润解决差额部分。转增资本后还有剩余税后利润，将用于发放股利。

要求：(1)计算税后利润转增资本额。

(2)计算发放股利的限额。

3. 某公司成立于2005年1月1日，2005年度实现的净利润为1 000万元，分配现金股利550万元，提取盈余公积金450万元(所提盈余公积均已指定用途)。2006年实现的净利润为900万元(不考虑计提法定盈余公积的因素)。2007年计划增加投资，所需资金为700万元。假定公司的目标资本结构为自有资金占60%，借入资金占40%。

要求：(1)在保持目标资本结构的前提下，计算2007年投资方案所需的自有资金额和需要从外部借入的资金额。

(2)在保持目标资本结构的前提下，如果公司执行剩余股利政策，计算2006年度应分配的现金股利。

(3)在不考虑目标资本结构的前提下，如果公司执行固定股利政策，计算2006年度应分配的现金股利、可用于2007年投资的留存收益和需要额外筹集的资金额。

(4)在不考虑目标资本结构的前提下，如果公司执行固定股利支付政策，计算该公司的股利支付率和2006年度应分配的现金股利。

(5)假定公司2007年面临着从外部筹资的困难，只能从内部筹资，不考虑目标资本结构，计算在此情况下2006年度应分配的现金股利。

【自测题】

1. MBC公司股本资本结构不含有优先股，假定它拥有20万股面值为2元的在外普通股。该公司的创立者不幸于1989年末意外去世。这一事件发生后，人们估计MBC将进入一个持续低增长时期，其吸引人的投资必定很少。过去，MBC认为有必要将其收益的大部分再投资，以保持其平均每年12%的增长率。现在看来，5%的增长率比较切合实际，但这会要求增加其股利分配。此外，MBC的股东要求收益率至少为14%(K_s)，1990年的投资项目总额为80万元。预计1990年公司净收益为200万元，如果现行的20%股利发放率(DPS/EPS)保持不变，那么，1990年留存收益将为160万元。

(1)假定1990年投资项目全部通过留存收益筹集，MBC公司奉行剩余股利政策，试计算1990年每股股利(DPS)。

(2)1990年的股利发放率为多少？

(3)如果MBC公司在可预见的将来可望保持增长的股利发放率，那么普通股的内在价值是多少？这一价值与以前情形(该创立者未逝)下的价值相比有无变化？为什么？(提示：根据$K_s=D_1/P_0+g$的公式，求出P_0)。

(4)如果继续保持20%的股利发放率，普通股的内在价值为多少？试评价股利发放率的提高对股东财富的影响。

2. 某公司是一家不发放股利的公司，公司当期的现金流量为1 200 000元，并预期未来现金流量的现值为15 000 000元。公司流通在外的普通股为1 000 000股。

(1)该公司的股价是多少？

(2)公司宣布计划将当期现金流量的50%用作发放股利，假设你有1 000股该公司的股票，而又不急需股利，你将会采取哪种方法抵消公司的股利政策？

3. G股份有限公司本年收益为1 650万元，其中50%需用于公司目前极佳的投资机会的投资。公司现有在外股票2 062 500股，目前市价为32元。王先生作为该公司的主要股东(拥有187 500股)，曾对公司的许多管理政策表示不满。管理部门希望通过购回他所拥有的股票解决这一问题。王先生表示同意并作价32元/股。假定目前市场上用于股票估值的固定P/E(每股价格/每股收益)比率为4，公司是否应该回购王的股票？如果王的股票被回购，则不对其支付股利。(提示：计算在回购及不回购情况下的股票除息价格和所得股利，以决定余留股东的每股股票价值)。

4. AA公司与BB公司是同一行业中相互竞争的对手。两个公司在过去的6年里的盈利水平和资本结构几乎一样，不同的是，AA公司采取的是固定股利支付率政策，即股利支付率为50%；而BB公司则采取固定股利支付政策，每股股利波动性较小。以下是两个公司有关的财务记录：

年份	AA公司			BB公司		
	EPS	DPS	平均股价	EPS	DPS	平均股价
1997	4.00	2.00	40	4.10	0.75	38
1998	5.00	2.50	46	4.80	0.75	44
1999	3.00	1.50	30	3.00	0.75	34
2000	2.00	1.00	20	1.80	0.75	28
2001	−2.40	0.00	14	−2.40	0.50	20
2002	3.00	1.50	28	2.90	0.75	34

根据表中资料，AA公司的每股收益和所发放的股利水平在过去的几年里似乎比BB公司略高一点，但其平均股价在后4年不如BB公司。

(1)你认为造成这一现象的原因是什么？

(2)从提高股价的角度看，你认为对两个公司而言，最佳的股利政策是什么？你的建议有何限制条件？

5. BBC公司有关的财务数据如下：

税后利润	6 000万元
发行在外的普通股股数	1 000万股
每股收益	6元
每股市价(除息价格)	50元
预计每股股利	4元

该公司计划向现有股东分配4 000万元的收益，分配方案有两种：以现金股利方式，或以股票回购方式分配。BBC公司的主要股东主张采取股票回购方式，并提议以每股54元的价格回购740 741股。如果发放现金股利4 000万元，股利发放后，每股市价将为50元。

(1)假设不考虑所得税因素，两种方案对BBC公司股东财富有何影响？

(2)如果大多数股东的边际税率都很高，哪种方案更有利？

(3)除了税收因素外，你认为公司采取股票回购方式的目的或动机是什么？

6. WAC公司是一家发展地产项目的上市公司，公司的税后利润为550 000元，市盈率为10%。公司现有流通在外的普通股2 000 000股。公司董事会宣布发放20%的股票股利。

(1)股利发放前后的股价为多少?

(2)假设在股利发放前,你拥有 100 股该公司股票,请问你的股票总值在股利发放后有何改变?

7. 假设你拥有 AAA 公司 5%流通在外的股票,每股股价为 98 元,流通在外的股票为 25 000 股,公司管理层宣布进行 2∶1 的股票分割计划。

(1)股票分割后,你的股票总价值有何改变?

(2)公司管理层相信在股票分割后,因市场有正面反应,股价只会下跌 40%,请问你是否获利?

8. 某公司目前息税前利润为 100 万元,年利息费用和折旧费均为 40 万元。现有债务要求公司每年向偿债基金存入 30 万元。该公司希望今年能发放 20 万元的现金股利,但这要求公司的现金流量(在满足偿债基金需求和支付股利之前的现金流量)大于公司的股利、利息和偿债基金需求三者之和,否则公司现有的债务契约将禁止发放股利。假设公司所得税率为 30%。

问:(1)该公司能否发放计划中的股利?

(2)该公司最多能发放多少股利?

第九章 财务分析

【学习目标】

通过本章学习，了解财务分析的含义与内容，明确财务分析的作用；掌握财务分析的基本方法；熟练掌握各种财务指标的经济意义与计算方法，能灵活运用各种财务指标进行偿债能力、营运能力和盈利能力的分析；掌握财务状况综合分析的主要方法。

第一节 财务分析概述

一、财务分析的含义与作用

(一)财务分析的含义

财务分析是以财务报告反映的主要财务指标为主要依据，运用一定的方法和程序对企业的财务状况和经营成果进行剖析和评价，以揭示企业经营运行过程中的财务状况和发展趋势，为企业经营管理者、投资者、债权人和政府管理机构提供有用的经济信息的一项管理工作。

(二)财务分析的作用

1. 满足企业经营管理人员进行经营决策的需要

在竞争日趋激烈、供应关系瞬息万变的市场环境下，企业欲立于不败之地，首先必须通过自我剖析，洞察自身的经营状况与财务状况，并依此规划和调整其市场定位的策略与行为目标。因此，通过全面的财务分析，揭示与披露企业经营状况，对企业的财务状况及其经营成果作出准确的判断，才能全面、客观地掌握本企业具体情况，及时作出正确的企业经营决策，以进一步挖掘潜力，为经济效益的持续稳定增长奠定基础。

2. 满足企业投资者进行投资决策的需要

投资者高度关心其资本的保值和增值状况，通过财务分析评估投资风险和投资前景，以便做出正确的投资决策。企业的财务状况和经营成果如何，不仅是企业经营者、管理者需要掌握的，而且也是企业的投资者十分关心的。它直接关系到投资者的利益，为了提高投资利益，减少投资风险，投资者需要对企业的财务报告进行分析，了解企业的盈利能力、营运能力及发展趋势，从而作出正确的投资决策。

3.满足企业债权人了解企业偿债能力的需要

债权人因为不能参与企业剩余受益的分配，因此，企业的债权人关心的不是企业的获利能力是否强劲，而主要是其债务本息能否及时足额地予以偿还。债权人根据财务分析结果，在全面了解企业的获利能力和偿债能力的基础上，作出信用政策和贷款政策的最佳选择。企业的资金周转情况是债权人关心的重要内容。

4.满足国家有关政府部门的需要

国家有关政府部门，如财政、税务及有关经济管理部门，从国家财政收入和宏观经济角度，也要对企业财务状况及发展趋势进行评估，衡量企业对国家或社会的贡献水平。国家有关政府部门，除关注投资所产生的社会效益外，还必须对投资的经济效益予以考虑，在谋求资本保全前提下，期望能够同时带来稳定增长的财政收入。政府作为一个特殊的产权所有者，又在本质上区别于其他投资者，而更多地则从全面利益最大化角度对企业财务状况进行判断。政府考核企业经营理财状况，不仅需要了解资金占用的使用效率，预测财政收入的增长情况，有效地组织和调整社会资金资源的配置，而且还要借助财务分析，检查企业是否存在违法乱纪、偷漏国家税款、浪费国家财产的问题，通过综合分析，对企业的发展后劲以及对社会的贡献程度进行分析。

二、财务分析的内容

不同利益主体进行财务分析有着各自的侧重点，企业经营者注重企业经营理财诸方面全部信息的了解和掌握，以便总结经验，找出差距，发现问题，采取对策，不断提高企业经营理财水平；作为投资者则主要关心资本是否实现了保值、增值；国家政府部门关注企业资金使用效率，财政预期收入增长情况和执行财经法规、法纪情况；而债权人则主要关心企业资产的流动性及有无偿债能力。但就企业总体来看，财务分析的主要内容可归纳为以下几个方面：

（一）企业偿债能力分析

偿债能力是指企业对债务的清偿能力或保证程度。企业偿债能力分为短期偿债能力和长期产债能力两种。短期偿债能力主要通过流动比率、速动比率等指标反映企业的偿债能力。由于短期债务是企业日常经营活动中弥补营运资金不足的一个重要来源，因而通过分析有助于判断企业短期资金的营运能力及其周转状况。长期偿债能力主要通过资产负债率、已获利息倍数等指标进行考核。偿债能力大小的分析，是判断企业财务状况稳定与否的重要内容。企业偿债能力强，则说明企业可以举债筹集资金来获取利益；反之，偿债能力差，则说明企业资金紧张，难以偿还到期应偿债务，甚至危及企业生存。

(二)企业营运能力分析

企业营运能力或经营能力,是指企业的资产营运能力,也就是资金的利用效率。运用资金是否有效,是决定企业经营水平的前提。企业资金的多少可以表现为经营能力的大小,有效的经营可以提高资金利用效率使企业增加收入,加速资金周转。因此,对企业进行营运能力分析,主要是对企业所运用的资产进行全面分析,如分析各项资产的使用效果、资金周转的快慢等。企业营运能力的大小对企业获利能力的增长与偿债能力的不断提高有着决定性影响。

(三)企业盈利能力分析

盈利能力分析主要是通过将企业的资产、负债、所有者权益与经营成果结合起来分析企业的各项报酬率指标,从而从不同角度判断企业的获利能力。它通常体现为企业收益数额的大小与水平的高低。盈利是企业经营理财的核心,盈利能力的大小是衡量企业经营好坏的重要标志。一般来说,经营好、管理有方的企业就有较强的盈利能力。

(四)企业财务状况综合分析

财务状况综合分析主要是对财务报表的综合研究,以静态与动态两个方面对资产负债表、损益表和财务状况变动表等进行全面分析,通过观察、考核企业经营规模、资本增值、支付能力、生产经营成果、财务成果的增长情况等,将各项分析指标联系起来,揭示他们的内在联系,构成一个完整的财务分析体系,从而全方位地对企业经营状况、财务状况及企业的发展能力,做出准确的评价与判断。

三、财务分析的基本方法

开展财务分析,应采用合适的方法,财务分析的方法有很多种,主要包括比较分析法、比率分析法、因素分析法等。

(一)比较分析法

比较分析法也称对比分析法,是一种用得最多、最广的分析方法,它是通过两个或两个以上的相关财务指标进行对比确定数量差异,揭示企业财务状况和经营成果的一种分析方法。比较分析法的作用在于揭露矛盾,评价业绩,揭示不足,挖掘潜力。在实际工作中,比较分析法主要有以下几种形式:

1.考察达到预期目标程度的比较

比较的方式包括:本期实际指标与计划指标对比,与长远规划指标对比等。计划指标即财务管理的具体目标,它是在分析影响财务指标客观因素的基础上制定的。通过实际指标与计划指标的对比,可以说明企业与其计划的实现情况和程度。如果企业的实际财务指标未达到预期指标而产生差异,应进一步查明原因,以便改进财务管理工作。

2.考察发展变化情况的比较

比较的方式包括：本期实际指标与上期实际指标对比，与上年同期实际指标对比，与历史最好水平对比，与有关典型意义的时期对比等。这种比较方法可以观察同一指标的发展和变化趋势，有利于揭示企业财务状况和经营成果的变化趋势及存在差距，从中吸取经验，有助于改进财务管理工作。

3.考察现有水平和揭示差距的比较

比较的方式包括：本企业实际指标与国内同类企业先进水平对比，与国内同类企业平均水平对比，与当地同类企业先进水平对比，与当地同类企业平均水平对比，与国际同类企业先进水平对比，与国际同类企业平均水平对比等。这种比较方法可以扩大眼界，在更大范围内发现先进与落后的差距，促使学人之长，补己之短，以不断提高企业财务管理水平。

采用比较分析法进行财务分析，应注意以下几个问题：

第一，实际指标要与所对比的指标的计算口径保持一致。所谓计算口径一致，是指实际财务指标所包含的内容、范围要与所对比的指标保持一致，否则，二者没有可比性。

第二，实际指标与所对比的指标的时间期限要一致，即实际指标与所对比指标的计算期限要一致。如果实际指标是年度指标，那么，对比指标也应是年度指标，否则二者不可比。

第三，实际指标与所对比指标的计算方法，必须一致，即实际指标与所对比指标的计算方法不仅一致，而且影响指标各因素内容也需一致，否则二者不可比。

(二)比率分析法

比率分析法是指利用财务报表中两个相关指标的相互关系，通过计算它们的比率来考察、揭示企业财务状况和经营成果的一种分析方法。在财务分析中，比率分析法的应用比较广泛，因为比率分析是从财务现象到财务本质的一种深化，它比比较分析法更具科学性、可比性。根据分析的不同内容和不同要求，比率分析主要有以下三种：

1.构成比率分析

构成比率又称结构比率，它是某项经济指标的各个组成部分占总体的比率，揭示部分与总体的关系，用以观察它的构成内容及其变化，以掌握该项经济活动的特点和变化趋势。其计算公式为：

构成比率＝某个组成部分额÷总体数额

利用构成比率，可以考察总体某个部分的形成和安排是否合理，以便协调各项财务活动。例如计算各成本项目在成本总额中所占的比重，并同其各种标准进行比较,可据以了解成本构成的变化,明确进一步降低成本的重点。

2.效率比率分析

效率比率是某项经济活动中所费与所得的比率,反映投入与产出的关系。利用效率比率指标,可以进行得失比较,考察经营成果,评价经济效益。如将利润项目与营业成本、营业收入、资本等项目加以对比,可计算出成本利润率、营业利润率以及资本利润率指标,可以从不同角度观察比较企业获利能力的高低及其增减变化情况。

3.相关比率分析

它是根据经济活动客观存在的相互依存、相互联系的关系,以某个项目和其有关但又不同的项目加以对比所得的比率,反映有关经济活动和相互关系。利用相关比率指标,可以考察有联系的相关业务安排是否合理,以保障企业运营活动能够顺畅进行。如将流动资产与流动负债加以对比,计算出流动比率,据以判断企业的短期偿债能力。

比率分析法的优点是计算简便,计算结果容易判断,而且可以使某些指标在不同规模的企业之间进行比较,甚至也能在一定程度上超越行业间的差别进行比较。但采用这一方法时应该注意计算比率的子项和母项两个指标的相关性和口径的一致性,同时注意衡量标准的科学性。

(三)因素分析法

因素分析法是依据分析指标与其影响因素之间的关系,按照一定的程序和要求,从数值上测定各因素对有关财务指标差异影响程度的各种方法的总称。它是对某项综合指标的变动原因按其内在的因素,计算和确定各个因素对这一综合指标发生变化的影响程度。通过因素分析法,可以衡量各项因素影响程度的大小,有利于分清原因和责任,并可以作为制定措施、挖掘潜力的参考。因素分析法有连环替代法和差额分析法两种。

1.连环替代法

连环替代法也称为连锁替代法,其计算程序:

(1)根据影响某项财务指标完成情况的因素,按其依存关系列出该财务指标与其影响因素的分析公式。

(2)确定进行财务分析的目标——财务指标变动的差异。

(3)对影响这项财务指标的各因素进行分析,决定每一因素的排列顺序进行替代。

(4)逐项计算各影响因素的影响程度。将各因素替代后获得的指标与该因素替代前的指标相比较,则是该因素变动对这项指标的影响程度。

(5)验证各因素影响程度计算的正确性。

设某一财务指标N是由相互联系的A、B、C三个因素组成。计划指标和实际指标的计算公式是：

计划指标：$N_0=A_0\times B_0\times C_0$

实际指标：$N_1=A_1\times B_1\times C_1$

分析目标：指标N实际比计划产生差异$D(N_1-N_0=D)$的因素。

计划指标：$N_0=A_0\times B_0\times C_0$　(1)

第一次替代：$N_2=A_1\times B_0\times C_0$　(2)

第二次替代：$N_3=A_1\times B_1\times C_0$　(3)

第三次替代(即实际指标)：$N_1=A_1\times B_1\times C_1$　(4)

据此测定的结果：

(2)－(1)＝D_1(由于因素A变动的影响)

(3)－(2)＝D_2(由于因素B变动的影响)

(4)－(3)＝D_3(由于因素C变动的影响)

各因素综合影响：$D_1+D_2+D_3=D$

【做中学9-1】 某企业2008年3月甲材料的实际消耗总额为4 620元，而其计划数为4 000元。相关资料如表9-1所示。运用连环替代法分析该企业甲材料消耗总额实际比计划超支620元的因素。

表9-1

项　目	单位	计划数	实际数	差异数
产品产量	件	100	110	10
单位产品材料消耗量	千克	8	7	－1
材料单价	元/千克	5	6	1
材料消耗总额	元	4 000	4 620	620

分析目标：甲材料消耗总额实际比计划超支620元的因素。

指标因素关系式：材料消耗总额＝产品产量×单位产品材料消耗量×材料单价

计划指标：100×8×5＝4 000(元)　(1)

第一次替代：110×8×5＝4 400(元)　(2)

第二次替代：110×7×6＝3 850(元)　(3)

第三次替代(实际指标)：110×7×6＝4 620(元)　(4)

(2)－(1)＝4 400－4 000＝400(元)(由于产量增加的影响)

(3)－(2)＝3 850－4 400＝－550(元)(由于单位产品材料消耗量节约的影响)

(4)－(3)＝4 620－3 850＝770(元)(由于材料单价上涨的影响)

各因素综合影响：400－550＋770＝620(元)

与分析目标相吻合。

2. 差额分析法

差额分析法是连环替代法的一种简化形式，它是利用各个因素的实际数与计划数之间的差额，直接计算各因素对指标变动影响程度的分析方法。

【做中学 9-2】 资料见【做中学 9-1】。

由于产量增加影响的材料费用消耗总额：

(110－100)×8×5＝400(元)

由于单位产品材料消耗量节约影响的材料费用消耗总额：

1 100×(7－8)×5＝－550(元)

由于材料单价上涨影响的材料费用消耗总额：

1 100×7×(6－5)＝770(元)

三个因素共同影响，使材料费用消耗总额发生的差异为：

400－550＋770＝620(元)

在采用因素分析法时，应注意以下问题：

(1)因素分解的关联性。即确定构成经济指标的因素，必须是客观上存在着的因果关系，要能够反映形成该项指标差异的内在构成原因，否则就失去了其存在的价值。

(2)因素替代的顺序性。替代因素时，必须按照因素的依存关系，排列成一定的顺序并依次替代，否则将会得出不同的结果。

(3)因素替代的连环性。连环替代法在计算每一个因素变动的影响时，都必须是采用连环比较的方法确定因素变化影响结果，否则就会得出错误结果。

(4)计算结果的假定性。连环替代法前提条件有一定的假定性，在此法分析时，财务人员应力求使这种假定合乎逻辑，否则会妨碍分析的有效性。

第二节 比率分析

一、偿债能力分析

企业偿债能力是指企业偿还各种到期债务(包括本息)的能力。偿债能力如何，是衡量一个企业财务状况好坏的重要标志。偿债能力分析包括短期偿债能力分析和长期偿债能力的分析。现将后面举例需要用到的恒通公司的资产负债表、利润表列示如下(如表 9-2、9-3)。

恒通公司资产负债表

表 9-2　　2007 年 12 月 31 日　　单位：万元

资产	年初数	年末数	负债及所有者权益	年初数	年末数
流动资产			流动负债		
货币资金	800	900	短期借款	200	2 300
交易性金融资产	1 000	500	应付账款	1 000	1 200
应收账款	1 200	1 300	预收账款	300	400
预付账款	40	70	其他应付款	100	100
存　　货	4 000	5 200	流动负债合计	3 400	4 000
待摊费用	60	80	长期负债	2 000	2 500
流动资产合计	7 100	8 050	所有者权益		
长期投资	400	400	实收资本	12 000	12 000
固定资产净值	12 000	14 000	盈余公积	1 600	1 600
无形资产	500	550	未分配利润	1 000	2 900
			所有者权益合计	14 600	16 500
资产总计	20 000	23 000	负债及所有者权益合计	20 000	23 000

恒通公司利润表

表 9-3　　2007 年度　　单位：万元

项　　目	上年数	本年数
一、营业收入	18 000	20 000
减：营业成本	10 700	11 200
营业税金及附加	1 080	1 200
销售费用	1 620	1 900
管理费用	800	1 000
财务费用	200	300
二、营业利润	3 600	4 400
加：营业外收入	100	150
减：营业外支出	600	650
三、利润总额	3 100	3 900
减：所得税费用（税率为 40%）	1 240	1 560
四、净利润	1 860	2 340

(一)短期偿债能力分析

短期偿债能力是指企业流动资产对流动负债及时足额偿还的保证程度，是衡量企业当前财务能力，特别是流动资产变现能力的重要标志。衡量一个企业的短期偿债能力，主要是对流动资产和流动负债的分析。

企业短期偿债能力衡量的财务比率主要有流动比率、速动比率和现金比率等。

1.流动比率

流动比率是指企业流动资产与流动负债的比率。流动比率反映企业的短期偿债能力，同时也反映企业的变现能力，它表明企业每百元流动负债有多少流动资产作为偿还的保证。其计算公式为：

$$流动比率=\frac{流动资产}{流动负债}\times 100\%$$

公式中流动资产和流动负债的数据可从资产负债表中得到。

【做中学 9-3】 根据表 9-2 资料，恒通公司 2007 年的流动比率为：

年初流动比率：7 100÷3 400×100%=208.8%

年末流动比率：8 050÷4 000×100%=201.3%

计算结果表明，企业每百元的流动负债年初和年末分别有 208.8 元和 201.3 元的流动资产作为偿还债务的保证。一般来说，流动比率越高，反映企业短期偿债能力越强，债权人的权益越有保障。一般情况下，评价流动比率的标准以 200%左右比较适宜。它表明企业财务状况稳定可靠。如果流动比率过低，则表示企业可能面临到期难以清偿债务的困难；但是，流动比率也不宜过高，流动比率过高，虽然表示有足够的变现资产来清偿债务，但并不能说明有足够的现金可以还债，也可能是持有不能盈利的闲置的流动资产。因此还要结合现金流量进行分析。若现金不足，则说明有不合理的资金占用，如存货超储积压，应收账款增多等不合理现象。究竟应该保持多高的流动比率水平，主要看企业对待风险与收益的态度。

2.速动比率

速动比率是企业速动资产与流动负债之比。所谓速动资产是指流动资产减去变现能力较差且不稳定的存货、待摊费用、待处理流动资产损失等后的余额。速动资产主要包括：货币资金、交易性金融资产、应收票据、应收账款、其他应收款等。速动资产中的货币资金即现金，交易性金融资产很快就能在证券市场上变现，应收票据在必要时可通过贴现方式变现，应收账款项也可以在较短时间内收回。由于剔除了存货等变现能力较弱且不稳定的资产，因此，速动比率较之流动比率能够更加准确、可靠地评价企业资产的流动性及其偿还短期负债的能力。其计算公式为：

$$速动比率=\frac{速动资产}{流动负债}\times 100\%$$

【做中学 9-4】 根据表 9-2 资料，恒通公司 2007 年的速动比率为：

年初速动比率：(800+1 000+1 200+40)÷3 400×100%=89.4%

年末速动比率：(900+500+1 300+70)÷4 000×100%=69.3%

计算结果表明，企业百元的流动负债年初和年末分别有 89.4 元和 69.3 元的速动资产作为偿还债务的保证。一般来说对速动比率的评价标准是 100%左右比较适宜，表示企业有较好的偿债能力。如果速动比率大于100％，说明企业有足够的能力偿还短期债务，同时，也表明企业有较多的不能盈利的现款和应收账款；如果速动比率小于100％，则又表示支付能力不足。但在实际分析中，应根据不同企业的情况来判断。

3. 现金比率

现金比率是现金类资产对流动负债的比率。现金类资产包括企业所拥有的货币资金和持有的交易性金融资产。它是速动资产扣除应收款项后的余额。由于应收账款存在着发生坏账损失的可能，因此，速动资产扣除应收款项后计算出来的金额，最能反映企业直接偿付流动负债的能力。其计算公式为：

$$现金比率=\frac{现金+交易性金融资产}{流动负债}\times 100\%$$

在企业的流动资产中，现金及交易性金融资产的变现能力最强，如无意外，可以百分之百地保证相等数额的短期负债的偿还，因此，较之流动比率或速动比率，以现金比率来衡量企业短期债务的偿还能力更为保险。现金比率越高，说明现金资产在流动资产中所占比例越大，企业应急能力也就越强，具有较强的举债能力。但是，也不能认为这项指标越高越好，因该项指标太高，可能是企业拥有大量不能盈利的现款和银行存款所致，也就意味着企业流动负债没有得到合理的运用。同时必然会增加过多持有现金的机会成本，这也是不经济的。现金比率过低，说明现金类资产在流动资产中所占比例少，应急能力较差。一般认为，现金比率以适度为好，即既要保证短期债务偿还的现金需要，又要尽可能降低过多持有现金的机会成本。

【做中学9-5】 根据表9-2资料，恒通公司2007年的现金比率为：

年初现金比率：(800＋1 000)÷3 400×100％＝52.9％

年末现金比率：(900＋500)÷4 000×100％＝35％

计算结果表明，该企业2007年年初、年末的现金比率都比较高，年初竟超过50％，年末有些改进，这说明企业还需要进一步有效地运用现金类资产，合理安排资产结构，提高资产使用效益。

(二)长期偿债能力分析

长期偿债能力是指企业偿还长期债务的能力。分析长期偿债能力的指标主要有资产负债率、产权比率、所有者权益比率、利息保障倍数等指标。

1. 资产负债率

资产负债率亦称负债比率，是企业负债总额与资产总额的比率。它表明企业资产总额中，债权人提供资金所占的比重，以及企业资产对债权人权益的保障程度。即每百元资产所承担的负债数额，是衡量企业资产对债权人权益的保障程度的指标。这一比率越小，表明企业的长期偿债能力越强。其计算公式为：

$$资产负债率=\frac{负债总额}{资产总额}\times100\%$$

【做中学 9-6】 根据表 9-2 资料，恒通公司 2007 年的资产负债率为：

年初资产负债率：5 400÷20 000×100%=27%

年末资产负债率：6 500÷23 000×100%=28.3%

计算结果表明，该企业年初、年末的资产负债率均不高，说明企业长期偿债能力较强。企业的资金是由所有者权益和负债构成的。这个指标反映了在企业总资产中债权人所提供的资产所占的比重。资产负债率的高低对企业的债权人、企业投资者和经营者有不同的影响。从债权人的角度看，应该是越低越好。越低，债权人的利益保障程度就越高。这是由于企业资产负债率越低，风险就越小，偿债能力也就越强。而从投资者的角度看，在不同情况下有不同要求。投资者主要考虑的是投入资金的回报，当企业总资产报酬率大于长期负债的利息率时，投资者希望扩大负债，即加大资产负债率，这将有利于权益资本（自有资本）报酬率的提高。反之，当企业总资产报酬率小于长期负债利息率时，投资者希望缩小负债规模（即降低资产负债率），这将有利于延缓权益资本报酬率的下降。这就是我们通常所说的财务杠杆作用。从经营者角度看，企业经营者是企业所有者的代理人，所有者谋求高回报率的意图必须通过经营者来实现，所以，经营者经营目标在某种程度上和所有者的目标应是一致的，但经营者的终极目标是谋求经营者的年薪最大化，而经营者年薪又和经营业绩相联系。经营业绩一方面体现在权益资本报酬率的稳步提高上，另一方面还体现在对企业风险的控制上。所以，经营者从风险和业绩综合平衡基础上，则要求资产负债率必须适度，这就是适度负债问题。

因此，企业究竟应该以多大的资产负债率来经营，关键取决于企业经营者的风险承受能力和未来企业资产报酬率的情况。从理论上看，资产负债率的评价标准一般以 50%左右为好。在实际评价该项指标时，应结合行业平均负债水平来选择标准。

由于企业所有的资产并非都可以作为偿债的物质保证，为稳健评价企业的长期偿债能力，故又可用有形资产负债率指标进行评价，其公式为：

$$有形资产负债率=\frac{负债总额}{有形资产总额}\times100\%$$

$$有形资产总额=资产总额-(无形资产及递延资产+待摊费用+待处理财产损失)$$

2. 产权比率

产权比率又称负债与股东（所有者）权益比率，是企业负债总额与股东权益总额之比。它反映债权人提供的资本与股东提供的资本的相对关系，是企业财务结构稳健与否的重要标志，反映了企业所有者权益对债权人权益的保障程度，其计算公式为：

$$产权比率=\frac{负债总额}{股东权益总额}\times 100\%$$

【做中学 9-7】　根据表 9-2 资料，恒通公司 2007 年的产权比率为：

年初产权比率：5 400÷14 600×100%=37%

年末产权比率：6 500÷16 500×100%=34.4%

计算结果表明，该企业年初、年末的产权比率都不算高，同资产负债率计算结果相印证，表明企业的长期偿债能力较强，债权人的保障程度较高。

产权比率越低，表示企业的长期偿债能力越强，债权人所得到的保障越大，债权人就越有安全感；反之，比率越高，企业长期偿债能力越低，债权人的安全感就越小。理论上，这个指标的评价标准，一般应小于 100%。但不是这个比率越小越好，比率越小，说明股东权益越大，尽管有利于企业长期偿债能力的提高，但企业不能充分地发挥负债的财务杠杆效应。所以，企业在评价负债与股东权益比率适度与否时，应从提高获利能力与增强偿债能力两个方面综合进行。即在保障债务偿还安全的前提下，应尽可能提高产权比率。

3. 所有者权益比率

所有者权益比率是企业的所有者权益总额与资产总额的比率。其计算公式为：

$$所有者权益比率=\frac{所有者权益总额}{资产总额}\times 100\%$$

【做中学 9-8】　根据表 9-2 资料，恒通公司 2007 年的所有者权益比率为：

$$年初所有者权益比率=\frac{14\ 600}{20\ 000}\times 100\%=73\%$$

$$年末所有者权益比率=\frac{16\ 500}{23\ 000}\times 100\%=71.34\%$$

计算结果表明，该企业所有者权益比率较高，有较强的长期偿债能力。

所有者权益比率反映了在企业全部资金中，企业所有者提供了多少，这个比率越高，说明所有者投入的资金在全部资金中所占的比例越大，则企业偿债能力越强，财务风险越小。因此，从偿债能力角度来看，这一比率越高越好。

4. 利息保障倍数

利息保障倍数又称为已获利息倍数，是指企业一定时期内息税前利润与利息费用的比率。它是衡量企业偿付借款利息的承担能力和保证程度的指标，同时也反映了债权人投资的风险程度。其计算公式为：

$$已获利息倍数=\frac{息税前利润}{利息}$$

$$=\frac{税前利润+利息}{利息}$$

（利息＝计入费用的利息＋计入固定资产的利息）

【做中学 9-9】 某公司 2007 年税前利润为 8 万元，利息为 2 万元。其已获利息倍数为：

$$(8+2)\div 2=5$$

对这个指标的评价标准，要看行业水平或企业历史水平，一般按利润较低的水平评价。这个指标的倍数越高，说明企业承担利息的能力越强。如果倍数小于 1，则表示企业的获利能力无法承担举债经营的利息支出。

除以上几个反映企业长期偿债能力的指标外，还有反映长期资产来自长期负债程度的“长期资产与长期负债比率”，反映固定资产来自长期负债程度及企业潜在抵押偿债能力的“固定资产与长期负债比率”，反映所有者权益用于固定资产程度的“自有资金固定资产率”，反映长期负债转化为流动负债偿债能力的“长期负债与营运资金比率”，以及反映企业运用负债经营对增加企业收益的“财务杠杆系数”等等，也都是评价长期偿债能力的指标。这里不再详述。

二、营运能力分析

企业的经营能力实际上就是企业资产的营运能力。企业营运能力是指企业资产占用资金的利用效率，即资金周转的速度快慢及其有效性。企业营运能力的大小对企业获利能力的持续增长与偿债能力的不断提高产生决定性影响。营运能力的分析主要从流动资产周转情况、固定资产周转情况和总资产周转情况三方面进行，其评价指标主要有流动资产周转率、存货周转率、应收账款周转率、固定资产周转率、总资产周转率等等。

（一）流动资产周转情况分析

反映企业流动资产周转情况的指标主要有流动资产周转率、存货周转率、应收账款周转率。

1. 流动资产周转率

流动资产周转率是反映企业流动资产周转速度的指标。它是企业流动资产在一定时期所完成的周转额（营业收入）与全部流动资产的平均占用额之间的比率，反映在一定时期内流动资产可以周转的次数。其计算公式为：

$$\text{流动资产周转率（次数）}=\frac{\text{营业收入}}{\text{流动资产平均占用额}}$$

公式中流动资产平均占用额应按分析期的不同分别加以确定，并应当与分子的营业收入在时间上保持一致。流动资产月、季、年平均占用额的计算如下：

$$\text{月平均占用额}=\frac{\text{月初占用额}+\text{月末占有额}}{2}$$

$$\text{季平均占用额}=\frac{1\text{ 月平均占用额}+2\text{ 月平均占用额}+3\text{ 月平均占用额}}{3}$$

$$\text{年平均占用额}=\frac{\text{一季平均占用额}+\text{二季平均占用额}+\text{三季平均占用额}+\text{四季平均占用额}}{4}$$

在一定时期内，流动资产周转次数越多，说明流动资产周转速度越快，表明以相同的流动资产完成的周转额（即营业收入）越多，流动资产利用效率越高，同时会相对节约流动资产，增强企业盈利能力；反之，则延缓周转速度，形成资金浪费，降低企业盈利。

流动资产周转率也可以用周转天数表示，其计算公式为：

$$\text{流动资产周转天数}=\frac{\text{计算期天数}}{\text{流动资产周转次数}}$$

$$=\frac{\text{计算期日历天数}\times\text{流动资产平均占用额}}{\text{营业收入}}$$

流动资产周转率用周转天数表示时，周转一次所需要的天数越少，表明流动资产在经历生产和销售各阶段时所占用的时间越短，即周转速度越快，效果则越好；反之，则表示周转速度减缓，盈利能力降低。

【做中学 9-10】　某企业 2008 年 1 月至 6 月流动资产平均占用额为 250 万元，完成营业收入为 1 500 万元，其流动资产周转次数和周转天数分别为：

流动资产周转率（次数）＝1 500÷250＝6（次）

流动资产周转率（天数）＝180÷6＝30（天）或＝180×250÷1 500＝30（天）

流动资产占用额与流动资产周转速度有着密切的制约关系。在销售额既定的情况下，流动资产周转速度越快，流动资产占用额就越小；反之则越多。

2. 应收账款周转率

应收账款是企业流动资产的重要组成部分。应收账款周转率是反映应收账款周转速度的指标。它是指企业一定时期内的营业收入与应收账款平均余额的比值。其计算公式为：

$$\text{应收账款周转率（次数）}=\frac{\text{营业收入}}{\text{平均应收账款余额}}$$

$$\text{平均应收账款余款}=\frac{\text{期初应收账款余额}+\text{期末应收账款余额}}{2}$$

应收账款包括会计核算中的“应收账款”与“应收票据”等全部赊销账款在内，但应为扣除坏账准备后的净值。

评价应收账款的周转速度还可以用应收账款回收期来反映。其计算公式为：

$$\text{应收账款回收期}=\frac{360}{\text{应收账款周转率（次数）}}=\frac{360\times\text{平均应收账款余额}}{\text{营业收入}}$$

应收账款周转速度反映了年度内应收账款转为现金的平均次数，应收账款回收期表示从取得应收账款的权利到收回款项转换为现金所需要的时间。一般来说，应收账款周转率越高，回收期越短越好，它说明应收账款回收速度快，资产流动性强，可以减少和避免坏账损失。

【做中学 9-11】 某企业2007年的营业收入为6 000万元，年初应收账款余额为220万元，年末应收账款余额为380万元，其应收账款周转速度如下：

应收账款周转率＝6 000÷[(220＋380)÷2]＝20(次)

应收账款回收期＝360÷20＝18(天)

3. 存货周转率

存货是企业流动资产的主要组成部分。存货周转率是企业一定时期的营业成本与存货平均余额之间的比值，表明在一定时期内企业存货资产的周转次数。它是反映企业营运能力和流动资产流动性的一个指标，也是衡量企业生产经营各环节中存货营运效率的一个综合性指标。也可以用存货周转天数来反映存货的周转速度。其计算公式为：

$$存货周转率(次数)=\frac{营业成本}{存货平均余额}$$

$$存货周转天数=\frac{360}{存货周转率}=\frac{存货平均余额\times 360}{营业成本}$$

其中：存货平均余额＝(期初存货＋期末存货)÷2

存货周转速度的快慢，不仅反映企业采购、储存、生产、销售各环节管理工作状况的好坏，而且对企业的偿债能力及获利能力产生决定性的影响。一般来说，在正常情况下存货周转率越高，周转期越短，存货周转速度就越快，利用效率也就越好。因此，通过存货周转分析，有利于找出存货管理中存在的问题，尽可能降低资金占用水平。但存货周转率过高，并不总是表明企业存货管理的成功。因为出现这种情况，有可能是存货太少或库存经常不足所致，这样就会导致经常缺货、延误生产，商品脱销丧失销售机会；或采购次数频繁，增加采购成本。因此，不能绝对地认为存货周转率越高、周转期越短就越好。在实际工作中，一定要加强存货管理，以提高其变现能力和盈利能力。

在使用和计算存货周转率时必须注意：一是对存货的计价方法在一个年度内必须保持一致，只能用一种计价方法，不能更换，否则会导致掩盖成本的真相；二是计算时分子、分母的数据应注意时间上的对应性。

【做中学 9-12】 某企业2007年度营业成本为8 500万元，年初存货余额为2 850万元，年末存货余额为2 720万元，则存货次数和周转天数为：

存货周转次数＝8 500÷[(2 850＋2 720)÷2]＝3.05(次)

存货周转天数＝360÷3.05＝118.03(天)

(二)固定资产周转情况分析

企业固定资产的生产经营能力及利用效率，直接影响着企业流动资产的投资规模，周转额以及周转速度，从而影响企业获利能力的持续增长与偿债能力的提高。因此,对固定资产周转情况的分析是全面了解企业营运能力的一个方面。固定资产周转情况的衡量指标为固定资产周转率。它是企业一定时期的营业收入与固定资产平均占用额的比率,其计算公式为:

$$\text{固定资产周转率}=\frac{\text{营业收入}}{\text{固定资产平均占用额}}=\frac{\text{流动资产平均占用额}}{\text{固定资产平均占用额}}\times\text{流动资产周转率}$$

其中,固定资产平均占用额=(期初固定资产额+期末固定资产额)÷2

由公式可以看到,固定资产周转率在于说明企业是否以相对节约的固定资产投资实现尽可能多的流动资产经营规模与加速其周转速度。固定资产周转率越高,说明固定资产的利用率越高。

运用和计算固定资产周转率时,要注意固定资产平均占有额应按固定资产原值计算,若以固定资产净值计算,则会因所采用的折旧方法或折旧年限的不同而产生人为的差异,导致该指标缺乏可比性。

【做中学 9-13】 某企业 2007 年固定资产平均占用额为 120 万元,营业收入为 1 500 万元,流动资产周转率为 6 次,其固定资产周转率为:

固定资产周转率=1 500÷120=12.5(次)

或=1 500÷6÷120×6=250÷120×6=2.07×6=12.5(次)

(三)总资产周转情况分析

总资产周转情况集中反映了企业总资产的营运能力,总资产周转情况的评价指标是总资产周转率,是指营业收入与平均资产总额的比值。其计算公式为:

$$\text{总资产周转率}=\frac{\text{营业收入}}{\text{平均资产总额}}$$

总资产周转率也可以用周转天数表示,其计算公式为:

$$\text{总资产周转天数}=\frac{\text{计算期日历天数}}{\text{计算期总资产周转率}}=\frac{\text{计算期日历天数}\times\text{平均资产总额}}{\text{营业收入}}$$

其中:式中平均资产总额应根据分析期的不同情况采用不同的方法计算。常见的计算方法有以下两种:

(1)当企业资产占用的波动性较大时,应采用详细资料计算。方法如下:

$$\text{月平均占用额}=\frac{\text{月初占用}+\text{月末占用}}{2}$$

$$\text{季平均占用额}=\frac{\text{三个月平均占用额之和}}{3}=\frac{\frac{1}{2}\text{季初占用}+\text{第一月末占用}+\text{第二月末占用}+\frac{1}{2}\text{季末占用}}{3}$$

$$年平均占用额=\frac{四个季度平均占用额之和}{4}=\frac{12\ 个月平均占用额之和}{12}$$

(2)当企业资产占用比较稳定时，可用简便方法计算：

$$月平均占用额=\frac{月初占用+月末占用}{2}$$

$$季平均占用额=\frac{季初占用+季末占用}{2}$$

$$年平均占用额=\frac{年初占用+年末占用}{2}$$

另外，计算期天数一般每月按 30 天，每季度按 90 天，每年按 360 天计算。

总资产周转率越高，总资产周转天数越少，反映企业整体资产的周转速度越快，企业营运能力也就越强。

【做中学 9-14】 某企业 2007 年度平均资产总额 900 万元，实现营业收入 1 404 万元，则该企业总资产周转率为：

总资产周转率＝1 404÷900＝1.56(次)

总资产周转天数＝360÷1.56＝230.7(天)

三、盈利能力分析

企业的盈利能力是企业获取利润的能力，也就是说企业资金增值的能力的大小。获取利润是企业经营的最终目标，也是企业能否在激烈的市场竞争中生存和发展的前提。它不仅关系到企业投资者的利益，也关系到企业债权人以及企业经营者的切身利益。因此，企业盈利能力是企业投资者、债权人和经营者共同关心的一个重要指标。盈利能力分析，是衡量企业是否具有活力和发展前途的重要内容。

(一)一般企业盈利能力分析

企业的资金筹集、运用、耗费、收回及分配等一系列经营活动都直接影响着的获利能力和收益水平，企业的利润是资产、负债、所有者权益、收入、费用等要素有机统一于企业资金运动过程，并通过取得收入、补偿成本费用实现的。因此，反映企业盈利能力的指标一般有营业利润率、成本费用利润率、总资产利润率和净资产收益率等指标。

1.营业利润率

营业利润率是企业一定时期的利润与营业收入之间的比率，是指每百元营业额所获得的利润。它是以营业收入为基础分析评价企业获利能力的主要指标，其计算公式为：

$$营业利润率=\frac{利润额}{营业收入}\times 100\%$$

另外，企业也可以采用营业净利率指标反映企业的盈利能力。

【做中学 9-15】 恒通公司 2007 年有关利润资料如表 9-3 所示，计算如下：

营业利润率＝3 900÷20 000×100%＝19.5%

2.成本费用利润率

成本费用利润率是企业一定时期利润额与成本费用额的比率，是指每耗费百元成本费用额所获得的利润，这一指标反映企业所得与所耗费的关系。若企业一定时期利润额高，而成本费用额低，则成本费用利润率指标值就大，表示企业成本费用支出的经济效益好；反之说明企业经营管理水平差，经济效益欠佳。其计算公式为：

$$成本费用利润率=\frac{利润额}{成本费用总额}\times 100\%$$

上式中成本费用总额是指公司营业成本、营业税金及附加、销售费用、管理费用、财务费用之和。

3.总资产利润率

总资产利润率是指企业利润与资产平均占用额的比值，表明每百元资产所获取的利润额，反映企业资产的利用效果。一般来说，资产利润率越高，说明资产利用率越高，反之则说明资产利用率越低。

总资产利润率是指企业利润与平均资产总额之比，其计算公式为：

$$总资产利润率=\frac{利润额}{平均资产总额}\times 100\%$$

当利用资产周转率指标计算时，则：

总资产利润率＝营业利润率×总资产周转率

该指标反映了企业资产利用的综合效果及获利能力。以上公式表明，总资产利润率与营业利润率、总资产周转率成正比例关系，即营业利润率越高，全部资产周转越快，则总资产利润率就越高。因此，要增强资产获利能力，提高总资产利润率，不仅要增加企业营业收入，而且还要提高资产使用效果。

4.净资产收益率

净资产收益率是公司一定时期的净利润与净资产的比率。其计算公式为：

$$净资产收益率=\frac{净利润}{净资产}\times 100\%$$

净资产即所有者权益。

该指标通用性强，适应范围广，不受行业局限，是国际上公司综合评价中使用率非常高的一个指标，也是评价公司资本运营效益的核心指标。通过对该指标的综合对比分析，可以看出公司获利能力在同行业中所处的地位，以及与同类公司的差异水平。一般认为，公司净资产收益率越高，公司自有资本获取收益的能力越强，运营效益越好，对公司投资人、债权人的利益保证程度越高。

【例 9-1】 某公司 2007 年初净资产为 3 000 万元，年末净资产为 3 030 万元，

2007 年实现的净利润为 402 万元，则公司的净资产收益率为：

$$2006\text{ 年净资产平均余额}=(3\,000+3\,030)\div 2=3\,015(\text{万元})$$

$$\text{净资产收益率}=\frac{402}{3\,015}\times 100\%=13.33\%$$

(二)股份公司盈利能力分析

股份公司是通过发行股票来筹集企业资本的，股东购买企业股票，都希望获得好的报酬。因此，投资者对股份公司的盈利能力必然非常关心，特别是每年的股利分配。反映股份公司盈利能力的财务指标主要有：每股收益、每股股利、市盈率等。

1. 每股收益

每股收益是衡量股份公司盈利能力的指标，它是指本年净利润额与年末普通股份总数的比值。这里的净利润额是指交纳所得税后的净利润减去优先股股利的剩余额，年末普通股份总数是企业发行在外的普通股股份平均数。该指标反映每一普通股份的获利水平。指标值越高，表示每一股份可得到的利润越多，股东投资效益越好；反之则越差。其计算公式为：

$$\text{每股收益}=\frac{\text{税后净利润}-\text{优先股股利}}{\text{年末普通股份总数}}$$

2. 每股股利

每股股利也是衡量股份公司获利能力的指标，它是股利总额与期末普通股股份总数的比值。该指标表现的是每一普通股获取股利的大小，指标值越高，股票获利能力越强。计算公式为：

$$\text{每股股利}=\frac{\text{股利总额}}{\text{年末普通股份总数}}$$

3. 市盈率

市盈率是衡量股份公司盈利能力的另一个指标，它是指普通股每股市价为每股收益的倍数。这里的市价是指普通股每股在证券市场的买卖价格。用每股收益与市价进行比较，目的是反映普通股票当期盈余与市场价格的关系，它可以为投资者提供重要的决策参考。其计算公式为：

$$\text{市盈率}=\frac{\text{普通股每股市价}}{\text{普通股每股收益}}$$

市盈率反映投资人对每元净利润所愿支付的价格，可以用来估计股票的投资风险和报酬。它是市场对公司的共同期望指标，市盈率越高，表明市场对公司的未来越看好。在市价确定的情况下，每股收益越高，市盈率越低，风险越小；反之亦然。在每股收益确定的情况下，市价越高，风险越大；反之亦然。仅从市盈率高低的横向比较来看，高市盈率说明公司能够获得社会信赖，具有良好的前景；反之亦然。

(三)社会贡献能力分析

在现代经济社会，企业对社会贡献的主要评价指标有两个：

1.社会贡献率

社会贡献率是企业社会贡献总额与平均资产总额的比值。它反映了企业占用社会经济资源所产生的社会经济效益大小，是社会进行资源有效配置的基本依据。其计算公式为：

社会贡献率＝企业社会贡献总额÷平均资产总额

社会贡献总额包括：工资(含奖金、津贴等工资性收入)、劳保退休统筹及其他社会福利支出、利息支出净额、应缴或已交的各项税款、附加及福利费等。

【做中学 9-16】 假定恒通公司 2006 年和 2007 年的社会贡献总额分别为 6 200 万元和 5 600 万元。根据表 9-2 资料，该公司社会贡献率为：

2006 年社会贡献率为：6 200÷[(19 000＋20 000)÷2]＝0.318

2007 年社会贡献率为：5 600÷[(20 000＋23 000)÷2]＝0.26

2.社会积累率

社会积累率是企业上交的各项财政收入与企业社会贡献总额的比值。其计算公式为：

社会积累率＝上缴国家财政总额÷企业社会贡献总额

上缴国家的财政收入总额包括企业依法向财政缴纳的各项税款，如：增值税、所得税、营业税金及附加、其他税款等。

【做中学 9-17】 假定恒通公司 2006 年和 2007 年缴纳的增值税分别为 1 241 万元和 1 326 万元。公司除缴纳增值税、所得税、营业税金及附加外，不再缴纳其他税款。根据表 9-3 资料，该公司企业社会积累率为：

2006 年社会积累率为：(1 080 ＋ 1 240＋ 1 241)÷6 200＝0.574

2007 年社会积累率为：(1 200 ＋ 1 560＋ 1 326)÷5 600＝0.730

需要强调的事，上述各类指标不是相互独立的，它们相辅相成，有一定的内在联系。企业资产周转能力好，盈利能力就较强，则可以提高企业的偿债能力。反之亦然。

第三节　综合财务分析

一、综合财务分析的含义及特点

(一)综合财务分析的含义

为了正确评价企业经营理财水平，了解企业财务状况的变动，即经营规模、资本增值、支付能力、生产经营成果、财务成果等变动方向及其数额和幅度，以便正确预测企业财务活动前景，准确判断企业的发展能力，适时调整企业经营理财方略，增强企业竞争力，则必须对企业的财务状况进行综合分析。

财务分析的最终目的在于全方位地了解企业经营理财的状况，并藉以对企业经济效益的优劣作出系统地、合理的评价。单独分析任何一项财务指标，都难以全面评价企业的财务状况和经营成果，要想对企业财务状况和经营成果有一个总的评价，就必须进行相互关联的分析，采用适当的标准进行综合性的评价。所谓综合财务分析就是将企业的营运能力、偿债能力和盈利能力等诸方面的分析纳入一个有机的整体之中，全面地对企业的经营状况、财务状况进行解剖和分析，从而对企业经济效益的优劣做出准确地评价与判断。

(二)综合财务分析的特点

综合财务分析的特点，体现在所建立的财务分析指标体系的要求上，一个健全有效的综合财务分析指标体系必须具备以下几个特点：

1. 指标体系中各项要素要齐全

分析指标体系中的指标必须能够涵盖着企业营运能力、偿债能力、盈利能力等方面的分析和考核要求。

2. 指标体系中主要指标与辅助指标的功能要匹配

在确定企业营运能力、偿债能力和盈利能力等各方面评价指标时，要明晰总体指标体系中主要指标和辅助指标的地位。因为不同范畴的财务指标反映了企业经营状况和财务状况的不同侧面与不同层次，因此要保证主要指标与辅助指标功能要匹配，应当能够全面详实地揭示企业经营理财实绩。

3. 综合财务分析要能够满足各方面信息需要

综合财务分析指标体系必须能够提供多层次、多角度的信息资料，既能满足企业内部实施决策的需要，又能满足企业外部投资者和政府管理机构等的需要。

二、综合财务分析的方法

财务状况综合分析方法主要有杜邦财务体系分析法和财务比率综合评价法。

(一)杜邦财务体系分析法

杜邦财务分析法是在考虑各财务比率内在联系的条件下，通过制定多种比率的综合财务分析体系来考察企业财务状况的一种分析方法。该方法是由美国杜邦公司(Dupont)率先采用的，故称杜邦财务体系分析法。其分解公式如下：

净资产收益率＝总资产净利率×权益乘数

＝营业净利率×总资产周转率×权益乘数

式中：净资产收益率是一个综合性最强的财务比率，是杜邦体系的核心。其他各项指标都是围绕这一核心，通过研究彼此间的依存关系来揭示公司的获利能力及其前因后果。

净资产收益率的高低取决于总资产净利率与权益乘数。

总资产净利率也是一个重要的财务比率，综合性也较强。它是营业净利率与总资产周转率的乘积。因此要进一步分析公司的销售成果以及资产运营情况。

权益乘数即权益总资产率，是指资产总额与股东权益的比率。反映总资产与所有者权益之间的倍数关系，由股东权益融资的资产比例越大，权益乘数越小。其计算公式如下：

权益乘数＝资产÷所有者权益＝1÷(1－资产负债率)

杜邦分析体系的基本结构可以用图加以说明(如图 9-1)

从图 9-1 中可以看出，杜邦分析体系是把有关财务比率和财务指标以系统分析图的形式连在一起进行分析的。

通过分析，可以了解如下一些问题：

(1)决定净资产收益率高低的因素有三个方面：营业净利率、总资产周转率和权益乘数。这样分解后，可以把净资产收益率这一综合性指标发生变化的原因具体化。

(2)权益乘数反映所有者权益同总资产的关系。权益乘数＝1÷(1－资产负债率)，即权益乘数的高低制约于企业资本的权益结构。负债比例大，权益乘数就高，负债经营可以给企业带来较大的财务杠杆利益，同时也给企业带来了较多的风险。

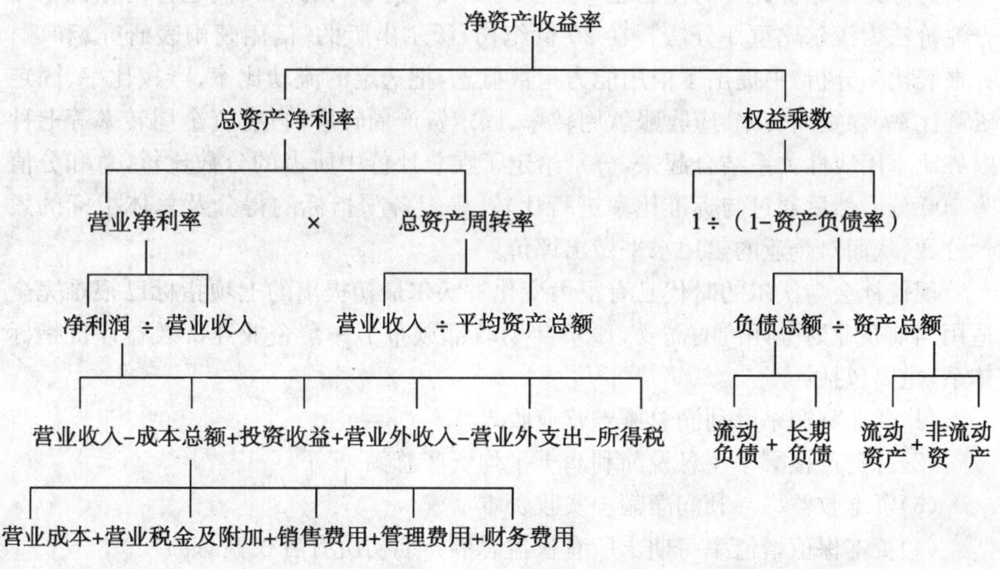

图 9-1　杜邦分析体系图

(3)营业净利率的高低取决于净利润和营业额。企业税后净利润,是由营业收入扣除成本费用总额加上投资收益和营业外收支净额再扣除所得税而得到的,而成本费用又由一些具体项目构成。通过对这些项目的分析,可以了解企业净利润增减及营业净利率升降的变动原因。

(4)总资产周转率是反映企业运用资产以产生营业收入能力的指标。对总资产周转率的分析,需对影响资产周转的各因素进行分析。企业的总资产是由长期资产和流动资产构成,它们各自又有明细项目,同时以自有的特点在运行周转。因此,在对影响资产周转的各因素情况进行分析时,除对资产的各构成部分占用量是否合理进行分析外,还要对流动资产周转率、存货周转率、应收账款周转率、固定资产周转率等有关资产组成部分的使用效率进行分析,以查明影响资产周转的主要问题所在。通过总资产构成和周转情况分析,可发现企业资产管理中存在的问题与不足。

(5)企业的资金是由所有者权益和负债两部分构成,通过对资本结构的分析可了解企业的资本结构是否合理和财务风险的大小,从而及时发现企业财务管理中存在的问题,以便采取措施加以改进。

通过杜邦体系自上而下逐层分析,可以全方位地揭示与披露企业经营理财的状况,为企业决策者优化经营理财、提高企业经济效益提供可靠依据。

(二)财务比率综合评价法

财务比率综合评价的先驱之一是亚历山大·沃尔,因此,人们也称财务比率综合评价法为沃尔比重评分法。在20世纪初,沃尔出版的《信用晴雨表研究》和《财务报表比率分析》中提出了信用能力指数概念,把选定的流动比率、产权比率、固定资产比率、存货周转率、应收账款周转率、固定资产周转率、自有资金周转率等七种财务比率用线性关系结合起来,分别给定了在总评价中所占的分数比重,总和分值为100分。然后通过与标准比率进行比较,确定各项指标的得分及总体指标的累计分数,从而对企业的信用水平做出评价。

现代社会与沃尔的时代已有很大变化。沃尔最初提出的七项指标已很难完全适用当前企业财务评价的需要,1995年财政部颁布了一套企业经济效益评价指标体系,主要包括:

(1)营业利润率=利润总额÷营业收入

(2)总资产报酬率=息税前利润÷平均资产总额

(3)资本收益率=利润净额÷实收资本

(4)资本保值增值率=期末所有权益总额÷期初所有者权益总额

(5)资产负债率=负债总额÷资产总额

(6)流动比率(或速动比率)=流动资产(或速动资产)÷流动负债

(7)应收账款周转率＝营业收入÷平均应收账款余额

(8)存货周转率＝营业成本÷平均存货成本

(9)社会贡献率＝企业社会贡献总额÷平均资产总额

(10)社会累积率＝上交国家财政总额÷企业社会贡献总额

上述指标可以分成四类:1～4项为获利能力指标,5～6项为偿债能力指标,7～8项为营运能力指标,9～10项为社会贡献指标。

标准比率应以本行业平均数为基础,适当进行理论修正,在给每个指标评分时,应规定上限和下限,以减少个别指标的异常变动对总分造成不合理的影响。上限可定为正常评分值的1.5倍,下限定为正常评分值的1/2。

关系比率在越大越好的情况下,关系比率＝实际值÷标准值;

关系比率在不是越大越好的情况下,关系比率$=\frac{\text{标准值}-|\text{实际值}-\text{标准值}|}{\text{标准值}}$。

【做中学9-18】 某公司2007年度综合分析表如下:

表9-4　财务比率综合分析表

指标类型	具体指标	实际值	标准值	重要性系数①	关系比率②	指数③＝①×②
偿债能力	1.流动比率	1.6	2	0.06	0.8	0.048
	2.速动比率	0.8	1	0.05	0.8	0.04
	3.资产负债率	50.65%	40%	0.06	0.734	0.044
	4.已获利息倍数	8.5	8	0.05	1.06	0.053
盈利能力	1.净资产收益率	13.98%	13%	0.20	1.07	0.214
	2.总资产报酬率	12.40%	12%	0.05	1.03	0.051 5
	3.资本保值增值率	112.54%	110%	0.08	1.02	0.081 6
	4.盈余现金保障倍数	1.41	1.5	0.09	0.94	0.084 6
营运能力	1.流动资产周转率	2次	3次	0.09	0.67	0.060 3
	2.总资产周转率	1.16次	1.5次	0.09	0.77	0.069 3
发展能力	1.销售(营业)增长率	14.53%	15%	0.09	0.97	0.087 3
	2.资本积累率	12.54%	10%	0.09	1.254	0.112 9
合计		—	—	1	—	0.946 5

从表中可以看出,该公司2007年度财务指标的综合指数为0.946 5,小于1,所以,该公司财务状况不是很好,需要改进。

第十章 财务预算与财务控制

【学习目标】

通过本章的学习，了解财务预算的作用；理解和掌握财务预算的概念，固定预算与弹性预算、增量预算与零基预算、定期预算与滚动预算的概念及其编制方法；熟练掌握现金预算和预计财务报表的编制方法，能够灵活运用有关资料编制现金预算；了解财务控制的作用和分类；掌握和理解财务控制的概念和基本特征；熟悉责任中心的概念、特征及各种责任中心的划分方法；熟练掌握与灵活运用成本中心的考核指标、利润中心成本计算和考核指标、投资中心的考核指标。

第一节 财务预算

一、财务预算的含义与作用

(一)财务预算的含义

财务预算是一系列专门反映企业未来一定预算期内预计财务状况和经营成果以及现金收支等价值指标的各种预算的总称，具体包括现金预算、预计利润表、预计资产负债表和预计现金流量表等内容。编制财务预算是企业财务管理的一项重要工作。

(二)财务预算的作用

编制财务预算，建立相应的财务预算管理制度，可以有效地调整和控制企业的生产经营活动，促使企业达到经营管理目标，其作用主要表现在以下几个方面：

1. 财务预算使企业内部各部门目标明确。财务预算管理的目的是将管理者确定的经营方针、目标与部门应承担的具体职责结合起来，并用具体数字表示，确定出各部门应实施的计划。企业的主要目标是盈利，需要通过预算分门别类、有层次地表达企业的各种目标，包括销售、生产、成本和费用、收入和利润等。这些企业目标，通过财务预算被分解成各级各部门的具体目标。企业的各级各部门根据预算安排各自的活动，如果各级各部门都完成了自己的具体目标，企业的目标也就有了保障。

2. 财务预算使企业内部各部门相互协调。财务预算是协调企业内部工作的重要工具。由于企业内部各级各部门所承担的任务不同,职责不同,往往会出现许多不协调的现象。通过参与财务预算的编制和综合平衡,可以促使企业各部门之间相互了解、协调,实现企业的总目标。财务预算的协调平衡作用表现为从整体出发,对各部门的预算方案进行平衡调整;在财务预算执行过程中对企业上下级之间、各部门之间进行平衡协调。

3.财务预算使企业内部各部门相互控制。财务预算编制完成以后,就进入执行阶段。为了实现既定的目标利润,必须对财务预算的执行情况进行控制。这种控制作用主要表现在:财务预算在编制时即确定出控制标准,并根据财务预算规定对日常的经济活动进行指导和监督;各部门为了执行财务预算,必须采取相应措施,使经济活动符合财务预算的要求。同时要对实际执行结果进行计量、比较,确定差异、进行差异分析,并提出改进措施,调整经济活动,以保证财务预算指标的实现。

4.财务预算是考核企业内部各部门的依据。

二、财务预算的编制方法

(一)固定预算

在传统的预算编制过程中,某预算期内编制财务预算所依据的成本费用和利润信息都只是在一个预定的产销业务量水平的基础上确定的,这种百分之百地依赖一种业务量编制的预算就是所谓固定预算或静态预算。显然,一旦这种预算赖以存在的前提——预计业务量与实际水平相差甚远时,必然导致有关成本费用及利润的实际水平与预算水平因基础不同而失去可比性,不利于开展控制与考核。譬如当预设业务量为生产能力的100%,而实际业务量为120%时,那么在成本方面实际脱离预算的差异就会包括本不该在成本分析范畴内出现的非主观因素——业务量增长造成的差异。

(二)弹性预算

1.弹性预算的概念

弹性预算是在成本习性分析的基础上,分别按一系列可能达到的预计业务量水平编制的能适应多种情况的预算。由于它能规定不同业务量条件下的预算,适用面宽,机动性强,故称为弹性预算,也可称为变动预算或滑动预算。

2.弹性预算的适用范围

由于未来业务量的变动会影响到成本费用和利润等各个方面,因此,弹性预算从理论上讲适用于全面预算中与业务量有关的各种预算。但从实用的角度看,主要用于编制弹性成本费用预算和弹性利润预算等。在实务中,由于收入、利润可以进行风险分析,直接材料、直接人工可按标准成本制度进行标准预算,只有制造费用、销售费用及管理费用等间接费用应用弹性的频率较高，以至于有人将编制弹性预算误以为只是编制费用预算的一种方法。

3. 弹性成本预算的编制

编制弹性成本预算应选择适当的业务计量单位，并确定其有效变动范围，按该业务量与有关成本费用项目之间的内在关系进行分析而编制。现介绍两种最常见方法。

(1)公式法：在成本习性分析的基础上，可将任何成本近似地表示为 $Y_i=a_i+b_iX_i$（$b_i=0$ 时，Y_i 为固定成本项目；当 $a_i=0$ 时，Y_i 为变动成本项目；当 a_i 和 b_i 均不为零时，Y_i 为混合成本。X_i 可以代指多种业务量指标如产销量、直接人工工时等）。公式法要求在事先确定有关业务量变化的最高与最低限度（可按历史资料或正常生产能量的 70%～110%来确定），只需列出各项中的 a 和 b，即可推算出业务量在允许范围内任何水平上的各项预算成本。公式法的计算公式如下：

$$弹性成本预算=\sum_{i=1}^{n}(a_i+b_ix_i)=\sum_{i=1}^{n}+\sum_{i=1}^{n}b_ix_i$$

【做中学 10-1】 华夏公司 2008 年制造费用弹性预算指标如表 10-1 所示。

华夏公司 2008 年弹性预算资料

表 10-1　　　　单位：元

项目	a	b	项目	a	b
管理人员工资	24 000		辅助材料	1 800	2
保险费	3 200		燃油		6
设备租金	6 000		辅助工资		8
维修费	2 500	4	检验员工资	500	6
水费	800	1.2			

要求：①试写出其弹性成本预算公式。

②若正常生产能力下维修工时为 1 000 工时，求在该水平下的预算成本。

解：已知 $n=9$，所以

$$\begin{aligned}弹性成本预算&=\sum_{i=1}^{9}a_i+\sum_{i=1}^{9}b_ix_i\\&=(24\ 000+3\ 200+6\ 000+2\ 500+800+1\ 800+0+0+500)+\\&\quad(0+0+0+4+1.2+2+6+8+6)X\\&=38\ 800+27.2X\end{aligned}$$

又当正常生产能力 X=1 000 时，该水平的制造费用预算为

38 800+27.2×1 000=38 800+27 200=66 000(元)

(2)列表法：此法在一定程度上能克服公式法查不到不同业务量下总成本预算

的弱点，在相关范围内每隔一定业务量间隔进行预算，以反映一系列业务量下的预算成本水平。

【做中学 10-2】 表 10-2 是假定各项制造费用的变动成本与生产能力正相关，且按同比例变动时用列表法编的华厦公司 2008 年制造费用弹性预算。

华厦公司 2008 年弹性制造费用预算资料

表 10-2 单位：元

生产能力利用	70%	75%	80%	100%	105%	110%
管理人员工资	24 000	24 000	24 000	24 000	24 000	24 000
保险费	3 200	3 200	3 200	3 200	3 200	3 200
设备租金	6 000	6 000	6 000	6 000	6 000	6 000
维修费	3 900	4 100	4 500	4 500	4 600	4 700
水费	9 200	10 400	12 800	12 800	13 400	14 000
辅助材料	2 920	3 080	3 400	3 400	3 480	3 560
燃油	6 300	7 200	9 000	9 000	9 450	9 900
辅助工资	1 120	1 280	1 600	1 600	1 680	1 760
检验员工资	1 760	1 940	2 300	2 300	2 390	2 480
合计	58 400	61 200	66 800	66 800	68 200	69 600

上述两种方法比较而言，公式法的优点是在一定范围内不受业务量波动影响，缺点是逐项甚至按细目分解成本比较麻烦，又不能直接查出特定业务量下的总成本预额，并有一定误差。而列表法结果会比公式法更精确些，但工作量较大。

4. 弹性利润预算的编制

编制弹性利润预算能够反映不同销售业务量条件下相应的预算利润水平，方法有二：

(1)因素法。指根据受业务量变动影响的有关收入、成本等因素与利润的关系，列表反映这些因素分别变动时相应的预算利润水平。

【做中学 10-3】 若华厦公司主流产品 K 产品预测的 2008 年固定成本为 5 000 元，单位变动成本为 78 元，单位售价有 108 元、120 元两种可能，正常销量为 500 件，按正常销量的 80%、90%、100%、110%、120%编制 K 产品的弹性利润预算如表 10-3 所示。

2008 年 K 产品弹性利润预算

表 10-3　　　　单位:元

销售量(件)	400		450		500		550		600	
单价	108	120	108	120	108	120	108	120	108	120
销售收入	43 200	48 000	48 600	54 000	54 000	60 000	59 400	66 000	64 800	72 000
单位变动成本	78	78	78	78	78	78	78	78	78	78
变动成本总额	31 200	31 200	35 100	35 100	39 000	39 000	42 900	42 900	46 800	46 800
固定成本	5 000	5 000	5 000	5 000	5 000	5 000	5 000	5 000	5 000	5 000
利润	7 000	11 800	8 500	13 900	10 000	16 000	11 500	18 100	13 000	20 200

本法适于单一品种经营或采用分算法的多品种经营的企业。但在预计各种销量、售价变动水平较大时,预算工作量较大。

(2)百分比法:又称销售额百分比法,即按不同销售额的百分比编制弹性预算。

【做中学 10-4】 若华厦公司预测 2007 年正常销售收入额为 1 080 万元,变动成本总额为 780 元,固定成本为 100 万元,用销售百分比法编制正常销售额 80%、90%、100%、110%、120%的弹性利润预算如表 10-4 所示。

华厦公司 2008 年弹性利润预算

表 10-4　　　　单位:万元

项目 \ 销售收入百分比	80%	90%	100%	110%	120%
销售收入	864	972	1 080	1 188	1 296
变动成本	624	702	780	858	936
固定成本	100	100	100	100	100
利润	140	170	200	230	260

此法适于多品种经营的企业,比较简单,但必须假定销售收入百分比的上下限均不突破相关范围,即固定成本在固定预算的基础上不变动和变动成本随销售收入变动的百分比而同比例变动。

(三)增量预算

增量预算是指在基期成本费用水平的基础上,结合预算期业务量水平及有关降低成本的措施,通过调整有关原有成本费用项目而编制预算的方法。编制这种预算时往往不加分析地保留或接受原有成本项目，或按主观臆断平均削减，或只增不减，容易造成浪费，有可能使不必要开支合理化。

(四)零基预算

零基预算是指在编制预算时，对于所有的预算支出均以零点为基底，不考虑其历史情况如何，完全根据未来一定期间生产经营活动的需要，以费用效益分析为基础编制的预算。零基预算针对传统预算的缺点进行改革，它要求对各个业务项目需要多少人力、物力和财力，逐个进行计算，并说明其经济效果。在此基础上，按项目的轻重缓急性质，分配预算经费。这种预算不以历史为基础，而是以“零”为出发点，重新计算。

零基预算的具体步骤如下：

1. 确定费用项目及数额。企业内部各有关部门，根据企业的总体目标，对每一项业务说明其性质、目的，以零为基础详细提出各项业务所需要的开支费用。

2. 划分费用层次。组成由企业领导、总会计师等人员参加的预算委员会，该预算委员会对各部门提出的预算方案进行成本效益分析。审查时，要依次考虑：(1)该项业务是否有必要，能否避免；(2)如果该项业务确实属于不可避免，那么能否进一步改进工作方法，提高工作效率。按以上次序确定每项业务后，再用对比的方法，权衡每项工作的轻重缓急，按所需经费的多少分成等级，排列顺序。

3. 分配经济资源。按照上一步骤所确定的层次与顺序，结合预算期内可动用的资金来源分配资金，落实预算。既要保证重点预算项目的资金需要，又要使预算期内各项生产经营活动得到均衡、协调发展。

【做中学 10-5】　华厦公司 2008 年第一季度各部门提出的经费预算，经预算委员会审核后排队如表 10-5 所示。如果华厦公司第一季度的预算资金只有 2 295 900 元。试根据上述材料编制零基预算。

华厦公司经费预算委员会研究预算资金分配如下：

(1)生产经费必须保证。

(2)本期技改项目经费满足 90%。

(3)以后技改项目经费满足 50%。

(4)实施战略规划的经费满足 40%。

(5)其他满足 20%。

第一季度部门预算汇总表

表 10-5 单位:元

经费项目＼部门	一车间	二车间	检修车间	质检科	合计
(1)生产经费	450 000	375 000	675 000	225 000	1 725 000
(2)本期技改经费	75 000	90 000	150 000	75 000	390 000
(3)以后技改经费	75 000	60 000	75 000	—	210 000
(4)实施战略规划经费	150 000	45 000	—	75 000	270 000
(5)其他	15 000	7 500	7 500	4 500	34 500
合计	765 000	577 500	907 500	379 500	2 629 500

根据上述比例计算为:

(1)生产经费	(1 725 000×100%)	1 725 000(元)
(2)本期技改项目经费	(390 000×90%)	351 000(元)
(3)以后技改项目经费	(210 000×50%)	105 000(元)
(4)实施战略规划的经费	(270 000×40%)	108 000(元)
(5)其他	(34 500×20%)	6 900(元)
合 计		2 295 900(元)

当然,对各个部门不能机械地按照这个比例分配资金,应该有轻重缓急地选择和保证几个重点项目的资金需要。

零基预算的优点是:(1)不仅能压缩经费开支,而且能合理有效地进行资源分配,将有限的资金用在最需要的地方。(2)不受过去老框框的制约,能够充分发挥各级管理人员的积极性和创造性,促进各预算部门精打细算,量力而行,合理使用资金,提高经济效益。其缺点是:由于一切支出均以零为起点进行详细分析研究,因而编制预算的工作量较大,而且对各费用项目的成本效益的计算缺乏依据,也比较粗糙,花费的时间和代价较高,所以有时甚至得不偿失。还容易引起人们注重短期利益而忽视企业的长期利益。因此,有的企业每隔几年就要进行一次零基预算,以后几年内略做适当调整,这样既减少了预算编制的工作量,又能适当地控制费用。

(五)定期预算

传统的业务预算与财务预算一般以会计年度为单位定期编制。这种定期预算有三大缺点:

1. 远期预算指导性差。因为定期预算多在其执行年度开始前两三个月进行,难以预测预算期后期的情况,数据笼统模糊。

2.预算的灵活性差。预算执行中，许多不测因素会妨碍预算的指导功能，甚至使之失去作用，成为虚假预算(如年内临时转产)，在实践中又往往不能进行调整。

3.预算的连续性差。即使年中稍事修订预算，也只是针对剩余预算期那几个月，执行预算也受到这种限制，对下年度很少考虑，形成人为的预算间断。

(六)滚动预算

为了克服定期预算的盲目性、不变性和间断性，可采用滚动预算的方法。滚动预算的编制如图10-1所示。它的要点在于不将预算期与会计年度挂钩，而是始终保持12个月，即每过一个月就在原预算基础上增补下一个月预算，从而逐期向后滚动，连续不断地以预算形式规划未来的经营活动。这种滚动预算也称为永续预算或连续预算。

为做到长计划短安排、远略近详，在实务中，滚动预算往往对未来头3个月按月编制详细预算，而对后9个月则按季粗略预算，待头一个滚动期过后，根据其实际执行情况随时调整一下滚动期，并对其做出详细预算安排。

滚动预算可以保持预算的连续性和完整性，使有关人员了解未来12个月内总体规划与近期目标，便于随时修订预算，确保企业经营管理工作秩序的稳定性，充分发挥预算的指导与控制作用。从这个意义看，编制预算已不再仅仅是每年年末才开展的工作了，而是与日常管理密切结合的一项措施。

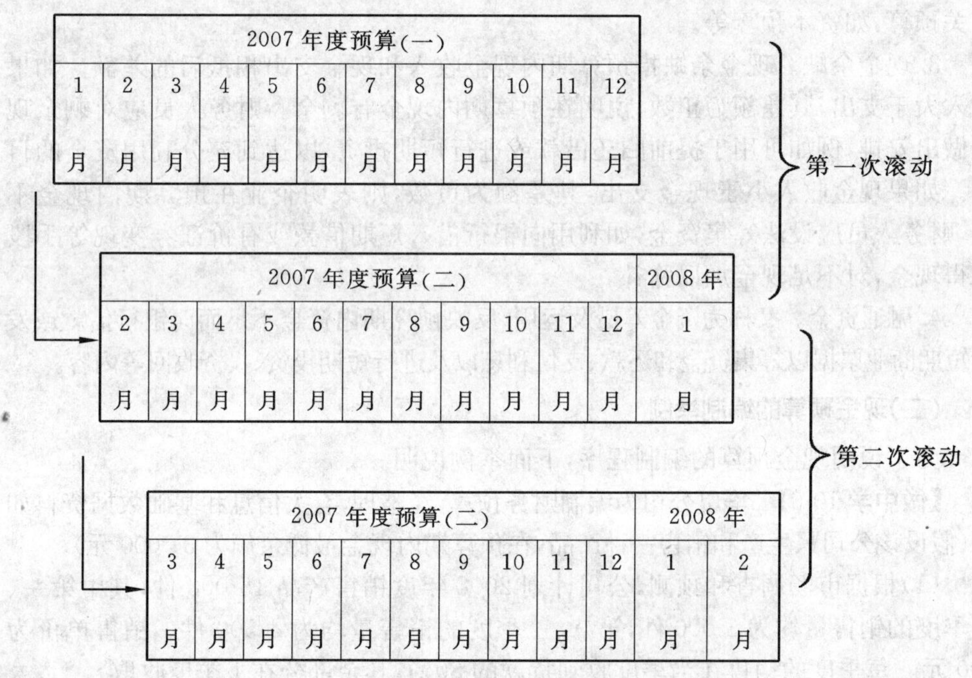

图10-1　滚动预算示意图

三、现金预算的编制

(一)现金预算的内容

现金预算又称现金收支预算,是以日常业务预算和专门决策预算为基础编制的反映现金收支情况的预算,这里说的现金是指企业库存现金和银行存款等货币资金。由于在现金预算中提供了较为详细的预算期内企业的现金收支资料,通过对现金收支的对比可以为企业资金运用和筹集指明方向,而编制现金预算的目的在于合理地处理现金收支业务。因此,现金预算是企业财务预算的重要组成部分,也是预算控制的重要工具。

现金预算的具体内容如下:

1. 现金收入。包括期初的现金结存数和预算期内发生的现金收入,如现销收入、收回的应收账款、应收票据到期兑现和票据贴现收入等。期初现金结存数是编制时的预计数;预算期内预计发生的现金收入数则来自销售预算。

2. 现金支出。指预算内预计发生的现金支出,如采购材料支付货款、支付工资、支付部分制造费用、支付销售费用、管理费用、财务费用、偿还应付款项、缴纳税金、支付利润以及资本性支出的有关费用(设备购置费)等。前四项费用支出数分别来自于各有关预算,其余各项数据则是根据有关预算数计算后求得或直接来自有关预算,如资本预算等。

3. 现金余缺。现金余缺指预算期内现金收入和现金支出相抵后的差额。如果收入大于支出,其差额为正数,说明在预算期内现金有剩余。财务人员应对剩余现金做出安排,例如可用于提前归还借款或进行短期投资,以达到充分利用资金的目的。如果现金收入小于现金支出,其差额为负数,则表明企业在预算期内现金不足,财务人员应设法筹集资金,如利用向银行借入短期借款或有价证券变现等手段取得现金,对不足现金加以弥补。

4. 融通资金。又称为资金筹措及运用,反映预算期内资金不足而向银行借款或发行短期商业票据以筹集资金和还款、支付利息以及进行短期投资、投资收回等内容。

(二)现金预算的编制举例

为了说明现金预算的编制程序,下面举例说明。

【做中学 10-6】 华夏公司为编制财务预算,经整理,有关信息和基础数据资料如下(假设该公司只生产和销售一种产品,在预算期内现金最低余额为 34 000 元)。

(1)根据市场调查和预测,公司计划 2008 年度销售产品 15 000 件,其中第一、四季度的销售量均为 3 000 件,第二、三季度的销售量均为 4 500 件。销售单价为 100 元。每季度的销售在当季度收到货款的 80%,其余部分在下季度收取。

(2)该公司各季度的期末产品存货按下季度销售量的 10%计算,年末产品存货预计 330 件。

(3)各季度的期末存料量预计为下季度生产需要量的 20%，预算期末存料量为 1 350 公斤，预计预算期材料计划单价为 10 元。每季度的购买材料款是本季度支付货款的 60%，其余在下季度支付。

(4)预计预算期内制造费用各项目开支数额如表 10-6 所示。制造费用按定额工时分配。

(5)预计预算期内管理费用各项目开支数额如表 10-7 所示(假设均为固定性管理费用)。

(6)预计财务费用各项目开支数额如表 10-8 所示。

(7)预计销售费用各项目开支数额及计算比例如下：工资每季度均为 1 500 元，第二季度广告费开支为 2 160 元，业务招待费、运输费、保管费、包装费等均为预计销售额的 1%。

(8)预计第四季投资收益为 30 000 元，营业外收入为 64 200 元，营业外支出第一季度为 1 400 元，第二季度为 12 700 元，第四季度为 27 900 元。

(9)根据资本预算，华厦公司计划期内第二季度以分期付款方式购入一套价值 122 550元的设备，该季度付款 82 500 元，第三季度付款 25 050 元，余款第四季度支付。

(10)预计各季度应纳增值税金分别为 18 060 元、23 190 元、24 390 元和 187 565 元。

制造费用预计表

表 10-6　　单位：元

项目	固定制造费用	单位产品变动制造费用
间接材料		4.5
管理人员工资		0.665 3
职工福利费		0.093 2
修理费	19 000	2.575 5
折旧费	30 000	
办公费	12 000	
水电费	16 000	1.168
劳动保护费	8 000	
租赁费	18 000	
差旅费	16 000	
保险费	14 000	
其他	17 300	0.998
合计	150 300	10

管理费用预计费

表 10-7　　　　单位:元

项目	金额	项目	金额
工资	30 000	差旅费	18 000
职工福利	4 200	保险费	4 500
折旧	8 895	物料消耗	9 000
办公费	2 250	无形资产摊销	7 500
递延资产摊销	7 500	职工教育经费	8 400
坏账损失	1 500	其他	3 205
业务招待费	4 500	工会经费	11 300
合计		14 100	

财务费用预计表

表 10-8　　　　单位:元

项　　目	金　　额
利息支出	3 990
利息收入	3 540
汇兑损失	6 000
汇兑收益	4 500
手续费	16 050
其他	28 200
合计	46 200

(11)按税后利润的 20%计提法定盈余公积金和公益金,按税后利润的 20%分给投资单位。

(12)华厦公司按年末应收账款余额的 3‰计提坏账准备金。

(13)定额成本资料如下:单位产品材料消耗定额为 2 公斤;单位产品工时定额为 5 工时;单位工时的工资为 6 元。

华厦公司资产负债表

表 10-9　　2007 年 12 月 31 日　　单位:元

资产	金额	负债及所有者权益	金额
流动资产:			
货币资金	75 000		
应收账款	45 000	流动负债:	
减:坏账准备	135	应付账款	36 000
应收账款净额	44 865	应付福利费	55 390
存货	33 300	流动负债合计	98 825
其中:材料 1230@10 元	12 300		190 215
产成品 300@70 元	21 000		
流动资产合计	153 165		
长期投资:			
长期投资	375 000		
固定资产:			
固定资产原值	450 000	所有者权益:	
减:累计折旧	150 000	实收资本(股本)	600 000
固定资产净值	300 000	资本公积	7 950
固定资产合计	300 000	盈余公积	35 000
无形及递延资产:		未分配利润	25 000
无形资产	7 500	所有者权益合计	667 950
递延资产	22 500		
无形及递延资产合计	30 000		
资产总计	858 165	负债及所有者权益总计	858 165

(14)预算期初资产负债表,见表 10-9。

试根据上述资料(1)～(14),编制华厦公司预算期内(2008 年)的现金预算。

1. 销售预算的编制

销售预算是由销售部门根据市场调查所获得的资料并根据上年的销售情况,考虑本年度的增减变动因素,如新订货、追加订货、取消订货等,考虑企业的生产能力以及产品价格变化等情况而编制的预算。销售预算的销售额项目中,本期收到的现金数为现金预算的现金收入项的主要来源。

华厦公司2008年的分季度销售预算表，如表10-10所示。

编表说明：

(1)表10-10中期初应收账款数据来自2007年年末资产负债表。

(2)第一季度的现金收入由两部分组成，计算如下：

上年应收账款本季收回数　45 000元

加：本季度货款当季收回部分 300 000×80%=240 000元

合计　285 000元

(3)第二季度的现金收入也由两部分组成，计算如下：

上季应收账款于本季收回部分 300 000×20%=60 000元

加：本季货款于当季收回部分　450 000×80%=360 000元

合计　420 000元

(4)第三、四季度的现金收入计算方法同上。

华厦公司销售预算表

表10-10　2008年度　单位：元

项目		一季度	二季度	三季度	四季度	全年合计
预计销售量(件)		3 000	4 500	4 500	3 000	15 000
销售单价(元÷件)		100	100	100	100	100
预计销售金额		300 000	450 000	450 000	300 000	1 500 000
预计现金收入	期初应收账款	450 000				450 000
	一季度销售收入	240 000	60 000			300 000
	二季度销售收入		360 000	90 000	450 000	
	三季度销售收入			360 000	90 000	450 000
	四季度销售收入				240 000	240 000
	现金收入合计	285 000	420 000	450 000	330 000	1 485 000

2.生产预算的编制

编制生产预算的主要目的是通过预计产品生产量，确定预算期内为生产产品所需的直接材料消耗总量和定额工时总量。有关计算公式如下：

预计产品生产量=预计产品销售量+预计期末产品存货量-预计期初产品存货量

预计直接材料消耗量=预计产品生产量×单位产品材料消耗定额

预计定额工时总量=预计产品生产量×单位产品工时定额

根据【做中学10-6】的有关资料，编制预算年度分季度的生产预算，如表10-11所示。

华厦公司生产预算

表 10-11　　2008 年度　　单位：件

项目	一季度	二季度	三季度	四季度	全年合计
预计销售量	3 000	4 500	4 500	3 000	15 000
加：预计期末存货	450	450	300	330	330
减：期初存货量	300	450	450	300	300
预计生产量	3 150	4 500	4 350	3 030	15 030
单位产品材料消耗定额（公斤）	2	2	2	2	2
预计直接材料消耗量（公斤）	6 300	9 000	8 700	6 060	30 060
单位产品工时定额（工时）	5	5	5	5	5
预计生产需要定额工时总量	15 750	22 500	21 750	15 150	75 150

编制说明：(1)预计销售量数据来自销售预算，见表 10-10。

(2)一至三季度的预计期末产品存货量的计算公式为：

预计期末产品存货量＝下季度销售量×10%

第四季度期末存货量见【做中学 10-6】资料(2)。

(3)第一季度期初产品及存货量数据来自上年度末(2007 年 12 月 31 日)资产负债表，见表 10-9。

(4)单位产品材料消耗定额和单位产品工时定额见【做中学 10-6】资料(13)。

3. 直接材料预算的编制

直接材料预算的编制，是在生产预算对材料耗用量测算的基础上，结合材料期初、期末的库存情况来确定采购数量，然后按照预计的材料单价计算出所需的采购资金数；同时，考虑前期应付购料款的偿还和本期购料款的支付情况，预计预算期间材料采购现金支出额。预计材料采购量可按下列公式计算：

预计材料采购量＝预计材料消耗量＋预算期末预计库存材料量－预算期初库存材料量

预计材料采购现金支出表可以单独编制，也可以直接在材料采购预算表下编制附表说明。

根据表 10-11 以及【做中学 10-6】的有关数据资料，编制预算年度分季度的直接材料采购预算，如表 10-12 所示。

华厦公司直接材料预算表

表 10-12　　　　　　2008 年度

	项目	一季度	二季度	三季度	四季度	全年合计
直接材料采购预算	预计材料消耗量(公斤)	6 300	9 000	8 700	6 060	30 060
	加:期末存料量(公斤)	1 800	1 740	1 212	1 350	1 350
	减:期初存料量(公斤)	1 230	1 800	1 740	1 212	1 230
	预计材料采购量(公斤)	6 870	8 940	8 172	6 198	30 180
	材料计划单价(元)	10	10	10	10	10
	预计购料金额(元)	68 700	89 400	81 720	61 980	301 800
预计现金支出	期初应付账款(元)	36 000				36 000
	一季度购料款(元)	41 220				68 700
	二季度购料款(元)		27 480	35 760		89 400
	三季度购料款(元)		53 640	49 032	32 688	81 720
	四季度购料款(元)				37 188	37 188
	现金支出合计(元)	77 220	81 120	84 792	69 876	313 008

编制说明：

(1)预计材料消耗量数据来自生产预算,见表 10-11

(2)一至三季度的期末存料量的计算标准见【做中学 10-6】资料(3),应按下列公式计算：

期末存料量＝下季度生产需要量×20％

第四季度的期末存料量见【做中学 10-6】资料(3)。

(3)第一季度期初的存料量数据来自上年度末(2007 年 12 月 31 日)资产负债表,见表 10-9。

(4)材料单价见【做中学 10-6】资料(3)。

(5)期初应付款数据来自上年度末(2007 年年末)资产负债表,见表 10-9。

(6)各季度购料预计现金支出额参见【做中学 10-6】资料(3)的付款条件说明,应按以下公式计算：

预计现金支出额＝前期应付账款的偿还数＋本期购料款当期支付数

或＝期初应付账款余额(或前期购料款×40％)＋本期购料款×60％

4. 直接人工预算的编制

编制直接人工预算是为直接生产的工人人工耗费编制的预算。编制直接人工预算，主要以生产预算中提出的生产需要定额工时总量乘以单位工时的工资率来预计直接人工支出。直接人工预算能反映为完成预算的生产任务而应发生的工时耗费和工资耗费。

仍以【做中学 10-6】的有关数据资料来说明直接人工预算的编制方法。

华厦公司根据生产预算编制直接人工预算，假定预算期间所需直接人工只有一个工种，根据表 10-11 以及其他资料，编制预算年度分季度的直接人工预算。如表 10-13 所示。

编制说明：

(1)表中预计生产量数据来自生产预算，见表 10-11。

(2)单位产品工时定额见【做中学 10-6】资料(13)。

(3)预计生产需要定额工时总量根据生产预算，见表 10-11。

(4)单位工时的工资率见【做中学 10-6】资料(13)。

(5)预计直接人工成本＝预计生产需要工时总数×单位工时的工资率。

华厦公司直接人工预算表

表 10-13　　2008 年度

项　目	一季度	二季度	三季度	四季度	全年合计
预计生产量(件)	3 150	4 500	4 350	3 030	15 030
单位产品工时定额(工时)	5	5	5	5	5
预计生产需要定额工时总量(工时)	15 750	22 500	21 750	15 150	75 150
单位工时的工资率(元)	6	6	6	6	6
预计直接人工成本(元)	94 500	135 000	130 500	90 900	450 900

5. 制造费用预算的编制

制造费用是生产成本中的间接费用，它是指生产成本中除了直接材料、直接人工以外的生产费用。制造费用预算，也称为“工厂间接费用预算”。在编制制造费用预算的同时，应将制造费用分为变动制造费用和固定制造费用两大类，并分别编制。用单位标准耗用额乘以预算期产量或工时需要量就是各项变动制造费用预算额。

固定制造费用与企业的生产能力有关，生产能力变化了，固定制造费用才会发生变化。因此，企业应根据预算期与基期相比生产能力的变化情况制定预算期的各项固定制造费用开支标准。

有些制造费用不必在预算期支付现金，如固定资产折旧就不需要在预算期支付现金，在制造费用支出总数中应予扣除。因此，在编制制造费用预算的同时，还要编制现金支出计算表，可附在制造费用预算表内，也可单独编制。在一般情况下，固定制造费用的发生在各季都比较均衡，因此，将固定制造费用全年现金支出总数除以4,即可得出固定制造费用每季度的现金支出额。

根据【做中学10-6】提供的有关数据资料以及有关资料,编制华厦公司预算年度制造费用预算以及现金支出计算表,如表10-14、10-15所示。

华厦公司制造费用预算表

表10-14　　2008年度　　单位:元

变动性制造费用			固定性制造费用	
费用项目	单位产品变动制造费用	全年费用额	费用项目	全年费用额
间接材料	4.5	67 635	修理费	19 000
间接人工	0.758 5	11 400	折旧费	30 000
修理费	2.575 5	38 710	办公费	12 000
水电费	1.168	17 555	水电费	16 000
其他	0.998	15 000	劳动保护费	8 000
			租赁费	18 000
			差旅费	16 000
			保险费	14 000
			其他	17 300
合计	10	150 300	合计	150 300

华厦公司制造费用现金支出计算表

表10-15　　2008年度　　单位:元

	项目	一季度	二季度	三季度	四季度	全年合计
变动部分	预计生产产品数量	3 150	4 500	4 350	3 030	15 030
	单位产品变动制造费用	10	10	10	10	10
	小计	31 500	45 000	43 500	30 300	150 300
固定部分	固定费用	37 575	37 575	37 575	37 575	150 300
	减:折旧	7 500	7 500	7 500	7 500	7 500
	小计	30 075	30 075	30 075	30 075	120 300
	合计	61 575	75 075	73 575	60 375	270 600

6.销售及管理费用预算的编制

销售及管理费用预算是指对制造业务范围以外,因销售业务和一般行政管理活动将在预算期内发生的各项费用所做的预算,也称之为营业费用预算。其编制方法与制造费用预算的编制方法类似。

销售及管理费用中也有不需要当期支付现金的费用项目，如管理费用中的固定资产折旧费、无形资产及递延资产的摊销等。这些费用项目在预计销售及管理费用现金支出时，应予以扣除，因此，销售及管理费用的预算额并不等于现金支出额。在编制销售及管理费用预算的同时编制的现金支出计算表，亦可附在销售及管理费用预算表上。

仍以【做中学 10-6】提供的资料为例，华厦公司在 2008 年预算期内共发生销售及管理费用 156 000 元，假设固定性销售及管理费用项目分别为：行政管理人员工资 29 000 元；保险费 24 680 元；广告费 35 280 元；其他 7 040 元。销售单位产品变动性销售费用项目为：装卸费 0.8 元；运输费 1.5 元；销售人员工资 1.2 元；其他 0.5元。根据上述资料编制华厦公司预算期销售及管理费用预算以及现金支出计算表如表 10-16、10-17 所示。

华厦公司销售及管理费用预算表

表 10-16　　　　2008 年度　　　　单位：元

变动性销售及管理费用			固定性销售及管理费用	
项目	单位变动费用	全年费用额	项目	全年费用额
装卸费	0.8	12 000	行政管理人员工资	29 000
运输费	1.5	22 500	保险费	24 680
销售人员工资	1.2	18 000	广告费	35 280
其他	0.5	7 500	其他	7 040
合计	4	60 000	合计	96 000

华厦公司销售及管理费用现金支出计算表

表 10-17　　　　2008 年度　　　　单位：元

项　目	一季度	二季度	三季度	四季度	全年合计
预计销售量(件)	3 000	4 500	4 500	3 000	15 000
单位变动费用	4	4	4	4	4
变动性费用	12 000	18 000	18 000	12 000	60 000
固定性费用	24 000	24 000	24 000	24 000	96 000
现金支出数合计	36 000	42 000	42 000	36 000	156 000

7. 现金预算的编制

各业务部门的分预算编制完成以后，财务部门即可根据分项预算列示出的现金收支预算的资料，编制现金预算。现金预算应按年份季进行编制，以便对现金流量在预算期内进行控制。借入资金在现金预算时一般列为季初，归还本息为季末，这是因为季内某一天的具体时间不易确定，为便于计算，假设为季初及季末这一时间。另外，企业必须保持一定数额的现金余额，即有足够的支付能力。

根据下列公式计算现金预算表的有关项目：

期初现金余额＋本期现金收入额＝本期可供使用现金

本期可供使用现金－本期现金支出额＝本期现金收支差额

预计期末现金余额＝本期现金收支差额＝借入现金－偿还借入现金－支付利息

根据表10-10到表10-17以及有关预算资料，编制华厦公司预算年度分季度的现金预算如表10-18所示。

华厦公司现金预算表

表10-18　　2008年度　　单位：元

项目	一季度	二季度	三季度	四季度	全年合计
期初现金余额：	75 000	37 420	34 010	34 858	75 000
加现金收入：					
收回应收账款及销货现金收入	285 000	420 000	450 000	330 000	1 485 000
其他现金收入				94 200	94 200
可供使用现金合计	360 000	457 420	484 010	459 058	1 654 200
减现金支出：					
采购直接材料	77 220	81 120	84 792	69 876	313 008
支付直接人工	94 500	135 000	130 500	90 900	450 900
支付制造费用	61 575	75 075	73 575	60 375	270 600
支付销售及管理费用	36 000	42 000	42 000	36 000	156 000
支付财务费用	11 550	11 550	11 550	11 550	46 200
支付增值税税金	18 060	23 190	24 390	18 765	84 405
支付所得税	22 275	22 275	22 275	22 275	89 100
购置固定资产		82 500	25 050	15 000	122 550
支付分给其他单位利润				42 180	42 180
其他现金支出	1 400	12 700		27 900	42 000
现金支出合计	322 580	485 410	414 132	394 821	1 616 943
现金余缺(收支差额)	37 420	(27 990)	69 878	64 237	37 257
资金的筹集和运用					
向银行借款		62 000			62 000
归还借款			(34 000)	(28 000)	(62 000)
支付利息			(1 020)	(1 680)	(2 700)
筹集、运用资金合计					(2 700)
期末现金余额	37 420	34 010	34 858	34 557	34 557

编表说明：

(1)期初现金余额来源于 2007 年年末“资产负债表”，见表 10-9。

(2)收回应收账款及销货现金收入见表 10-10“销售预算”。

(3)其他现金收入数据见【做中学 10-6】资料(8)。

(4)采购直接材料数据见表 10-12“直接材料预算”。

(5)支付直接人工数据见表 10-13“直接人工预算”。

(6)支付制造费用数据见表 10-15“制造费用预算现金支出计算表”。

(7)支付销售及管理费用数据见表 10-17“销售及管理费用预算现金支出计算表”。

(8)支付财务费用数据见【做中学 10-6】资料(7)。

(9)支付增值税税金数据见【做中学 10-6】资料(10)。

(10)支付所得税按应纳税所得额的 33％计算，即根据【做中学 10-6】所提供的有关资料及其他有关预算资料计算：利润总额为 300 000 元，减去其中的投资收益 30 000 元，全年应纳所得税为(300 000－30 000)×33％＝89 100(元)。

(11)购置固定资产支出现金数据见【做中学 10-6】资料(9)“资本预算”资料。

(12)支付给其他单位利润数据见【做中学 10-6】资料(11)及有关预算资料。

(13)其他现金支出见【做中学 10-6】资料(8)。

(14)第二季度现金不足额为 27 990 元，期末需保留现金 34 000 元，现金缺口为 61 990 元，向银行借款 62 000 元，假设借款年利率为 12％。

(15)第三季度多余现金 69 878 元，归还前借款 34 000 元，并支付利息 1 020 元，还有借款 28 000 元尚未偿还。

(16)第四季度多余现金 64 237 元，归还前借款数 28 000 元，并支付利息 1 680 元。

四、预计财务报表的编制

(一)预计利润表的编制

预计利润表，是综合反映和控制企业在预算期内损益情况和盈利水平的预算。它是控制企业经营活动和财务收支的依据，是企业财务预算中最主要的预算之一。

编制预计利润表的主要依据是日常业务预算中的销售预算、单位生产成本预算、制造费用预算、销售及管理费用预算和有关的专门决策预算以及财务预算中的现金预算等资料。预计损益表通常是按年编制，但也有根据管理需要分季度编制的。

【做中学 10-7】　根据【做中学 10-6】所提供的有关资料以及有关预算资料，编制预计利润表如表 10-19 所示。

预计利润表

表 10-19　　2008 年度　　单位:元

项目	金额
一、销售收入(表 10-10)	1 500 000
减:销售成本	1 050 000
二、毛利	450 000
减:销售及管理费用(表 10-16)	156 000
财务费用(表 10-18)	46 200
三、营业利润	247 800
加:投资收益【做中学 10-6】资料(8)	30 000
营业外收入【做中学 10-6】资料(8)	64 200
减:营业外支出【做中学 10-6】资料(8)	42 000
四、利润总额	300 000
减:所得税(估计)	89 100
五:税后净利润	210 900

注:①由表 10-11 生产预算、【做中学 10-6】资料(13)和表 10-14 制造费用预算分析计算而得(直接材料费+直接人工费+制造费用)。

(二)预计资产负债表的编制

预计资产负债表是反映企业在该预算期结束时,各有关资产、负债及所有者权益项目的预算执行结果,即预算期末的财务状况。它是以期初的资产负债表为基础,结合现金预算、预计损益表等各业务预算和其他有关资产、负债及所有者权益项目的期初实际数与期末预算数一同列示。

预计资产负债表的编制步骤是:第一,列出上年年末资产负债表的实际数字;第二,根据业务预算中的各有关数字相加减而编制。

【做中学 10-8】 根据【做中学 10-6】中的有关资料以及有关业务预算资料,编制华厦公司预算期的预计资产负债表。如表 10-20 所示。

预计资产负债表

表 10-20　　2008 年度　　单位:元

资产	期初数	期末数	负债及所有者权益	期初数	期末数
流动资产			流动负债:		
货币资金	75 000	34 557	应付账款		
应收账款	45 000	60 000		36 000	24 792
减:坏账准备	135	180	应付福利费		
应收账款净额	44 865	59 820	应付利润	55 390	60 990
存货	33 300	36 600	流动负债合计	98 825	42 180
其中:材料@10	12 300	13 500		190 215	127 962
产成品@70	21 000	23 100			
流动资产合计	153 165	130 997	所有者(股东)权益		
长期投资:			实收资本(股本)	600 000	60 000
长期投资	375 000	375 000			
固定资产			资本公积	7 950	7 950
固定资产原值	450 000	57 2550	盈余公积	35 000	42 180
减:累计折旧	150 000	188 895	未分配利润	25 000	126 540
固定资产净值	300 000	383 655	所有者(股东)权益		
固定资产合计	300 000	383 655	合计	667 950	776 670
无形及递延资产					
无形资产	7 500	—			
递延资产	22 500	15 000			
合计	30 000	15 000			
资产合计	858 165	904 632	负债及所有者权益合计	858 165	904 632

第二节 财务控制

一、财务控制的含义与特征

(一)财务控制的含义

控制是对客观事物的运动进行约束和调节,使之按照设定的目标和轨迹运行的过程。根据控制论的原理,各种不同的控制,必须具备如下的特点:一是控制对象存在多种发展的可能性;二是在多种发展的可能中人们可以通过一定的手段进行选择。财务控制是按照一定的程序和方式确保企业及其内部机构和人员全面落实、实现财务预算的过程。

(二)财务控制的基本特征

1. 财务控制是一种价值控制。财务控制以财务预算为目标。财务预算所包括的现金预算、预计损益表和预计资产债表,都是以价值的形式予以反映的,财务控制也是借助价值手段进行的。无论是责任预算、责任报告、业绩考核,还是企业内部各机构和人员之间的相互制约关系都需要借助价值指标或内部转移价格。

2. 财务控制是一种综合控制。由于财务控制以价值为手段,将各种性质不同的业务综合在一起,因而财务控制不是某一具体业务活动的分散控制。财务控制不仅可以就各种性质不同的业务综合起来进行控制,也可以将不同岗位、不同部门、不同层次的业务活动综合起来进行控制。财务控制的综合性最终表现为其控制内容都归结为资产、利润、成本这些综合价值指标上。

3. 财务日常控制是以现金流量控制为目的。日常的财务活动过程表现为一个组织现金流量的过程,为此,企业要编制现金预算,作为组织现金流量的依据;企业编制现金流量表,作为评估现金流量状况的依据。

(三)财务控制的种类

财务控制可以按不同的标志进行分类。

1. 按控制的主体分类

财务控制按控制主体分为出资者财务控制、经营者财务控制和财务部门的财务控制。出资者对财务的控制,如对成本开支范围和标准的规定等。经营者对财务的控制是为实现财务预算目标而对企业及各责任中心的财务收支活动进行的控制,这种控制是通过经营者指导财务决策目标,并促使这些目标被贯彻执行而实现的,如企业的筹资、投资、资产运用、成本支出决策及其执行等。财务部门的财务控制是财务部门为了有效地组织资金流动,通过编制现金预算,执行现金预算,对企业日常财务活动所进行的控制。如对各项货币资金用途的审查等。通常认为出资者财务控制是一种外部控制,而经营者财务控制和财务部门的财务控制是一种内部控制。

2. 按控制的对象分类

财务控制按控制对象分为收支控制和现金控制。收支控制,是对企业和各责任中心的财务收入活动和财务支出活动所进行的控制。控制财务收入活动,旨在达到高收入的目标,控制财务支出活动,则为了降低成本,减少支出,实现利润最大化。现金控制是对企业和各责任中心现金流入和现金流出活动进行的控制。由于企业采取权责发生制，导致收入、利润不等于现金流入，而支出、费用也不等于现金流出。所以，对现金有必要单独控制。通过现金控制可力求实现流入流出的基本平衡，既防止因现金短缺而可能导致的财务危机，也防止因现金沉淀而出现的机会成本增加。

3. 按控制的依据分类

财务控制按控制的依据分为预算控制和制度控制。预算控制是以财务预算为依据，对预算执行主体的财务收支活动进行监督、调整的一种控制方式。制度控制是指通过制定企业内部规章制度，并以此为依据约束企业和各责任中心财务收支活动的一种控制方式。制度控制通常规定只能做什么，不能做什么。与预算控制相比较，制度控制具有防护性的特征，而预算控制主要具有激励性特征。

4. 按控制的手段分类

财务控制按控制的手段分为绝对控制和相对控制，也称为定额控制和定率控制。绝对控制是指对企业和责任中心的财务指标采用绝对额进行控制。一般而言，对激烈性指标确定最低控制标准，对约束性指标确定最高控制标准。相对控制是指对企业和责任中心的财务指标进行相对比率控制。一般而言，相对控制具有投入与产出对比、开源与节流并重的特征。比较而言，绝对控制没有弹性，相对控制具有弹性。

5. 按控制的时间分类

财务控制按控制的时间分为事前控制、事中控制和事后控制。事前控制是指财务收支活动尚未发生之前所进行的控制，如财务活动发生之前的审批制度、投资活动的可行性分析审核等。事中控制是指在财务收支活动过程中进行的控制，如按财务预算要求监督预算的执行，对各项收入的去向和支出、用途进行监督，对产品生产过程中发生的成本进行约束等。事后控制是指对财务活动的结果所进行的考核及其相应的奖惩，如按财务预算的要求对各责任中心的财务收支结果进行评价，并据此实施奖惩等。

二、责任控制

(一)责任中心

1. 责任中心的概念与特征

(1)责任中心的含义。企业为了实行有效的内部协调与控制，通常按照统一领导、分级管理的原则，在其内部合理划分责任单位，明确各责任单位应承担的经济责任、应有的权利和利益，促使各责任单位各尽其责、协同配合。责任中心就是承担一定经济责任，并享有一定权利和利益的企业内部单位。

企业为了保证预算的贯彻落实和最终实现，必须把总预算中确定的目标和任务，按照责任中心逐层进行指标分解，形成责任预算，使各个责任中心据以明确目标和任务。责任预算执行情况的揭示和考评可以通过责任会计来进行。责任会计围绕各个责任中心，把衡量工作成果的会计同企业生产经营活动的责任制紧密结合起来，成为企业内部控制体系的重要组成部分。因此，建立责任中心是实行责任预算和责任会计的基础。

(2)责任中心的特征。

第一，责任中心是责权利结合的实体。其含义是每个责任中心都要对一定的财务指标承担完成的责任；同时，赋予责任中心与其所承担责任的范围和大小相适应的权力，并规定出业绩考核标准和利益分配标准。

第二，责任中心具有承担经济责任的条件。它有两方面的含义：一是责任中心具有履行经济责任中各条款的行为能力，二是责任中心一旦不能履行经济责任，能对其后果承担责任。

第三，责任中心所承担的责任和行使的权力都是可控的。每个责任中心只能对其责权范围内可控的成本、收入、利润和投资负责，在责任预算和业绩考核中也只应包括他们能控制的项目。可控是相对于不可控而言的，不同的责任层次，其可控的范围并不一样。一般地，责任层次越高，其可控范围也就越大。

第四，责任中心具有相对独立的经营业务活动和财务收支活动。它是确定经济责任的客观对象，是责任中心得以存在的前提条件。

第五，责任中心便于进行单独核算。责任中心不仅要划清责任而且要单独核算。划清责任是前提，单独核算是保证。只有既划清责任又能进行单独核算的企业内部单位才能作为一个责任中心。

根据企业内部责任中心的权责范围及业务活动的特点不同，可分为成本中心、利润中心、投资中心三大类。

2.成本中心

(1)成本中心的含义。成本中心是指对成本或费用承担责任的责任中心，它不会形成可以用货币计量的收入，因而不对收入、利润或投资负责。成本中心一般包括负责产品生产的生产部门、劳务提供部门以及给予一定费用指标的管理部门。

(2)成本中心的类型。成本中心分为标准成本中心和费用中心两种类型。标准成本中心，是指所生产的产品稳定而明确，并且已经知道单位产品所需要的投入量的责任中心。通常，标准成本中心的典型代表是制造业工厂、车间、工段、班组等。在生产制造活动中，每个产品都可以有明确的原材料、人工和间接制造费用的数量标准和价格标准。实际上，任何一种重复性的活动都可以建立标准成本中心，只要这种活动能够计量产出的实际数量，并且能够说明投入与产出之间基本的函数关系。因此，各种行业都可能建立标准成本中心。费用中心也称酌量性成本中心。酌量性成本是否发生以及发生数额多少是由管理人员的决策所决定的，主要包括各种管理费用和某些间接成本项目，如研究开发费用、广告宣传费用、职工培训费用等。这种费用发生主要是为企业提供一定的专业服务，一般不能产生可以用货币计量的成果。在技术上，投入量与产出量之间没有直接关系。酌量性成本的控制应着重于预算总额的审批上。费用中心是以直接控制经营管理费用为主的成本中心。

(3)成本中心的特点。第一，成本中心只考评成本费用而不考评收益。成本中心一般不具备经营权和销售权，其经济活动的结果不会形成可以用货币计量的收入；有的成本中心可能有少量的收入，但整体来看，其产出与投入之间不存在密切的对应关系，因而，这些收入不作为主要的考核内容，也不必计算这些货币收入。概括地说，成本中心只以货币形式计量投入，不以货币形式计量产出。

第二，成本中心只对可控成本承担责任。成本费用依其是否能控制分为可控成本和不可控成本。凡是责任中心能控制其发生及其数量的成本称为可控成本；凡是责任中心不能控制其发生及其数量的成本称为不可控成本。可控成本应同时具备三个条件：①可以预计，即成本中心可以通过一定的方式知道将要发生什么性质的成本。②可以计量，即成本中心能够对发生的成本进行计量。③可以控制，即成本中心能够通过自身的行为控制和调节成本。凡不能同时具备上述三个条件的成本通常为不可控成本。属于某成本中心的各项可控成本之和即构成该成本中心的责任成本。从考评的角度看，成本中心工作成绩的好坏，应以责任成本作为主要依据，不可控成本只有参考意义。在确定责任中心成本责任时，应尽可能使责任中心发生的成本为可控成本。

第三，成本中心只对责任成本进行考核和控制。责任成本是各成本中心当期确定或发生的各项可控成本之和，它分为由预算分解确定的各责任中心应承担的预算责任成本和各责任中心为业务活动所发生的实际责任成本。对成本中心的业务活动所耗费的成本费用进行控制，应以各成本中心的预算责任成本为依据，确保实际发生成本不会超过预算责任成本；对成本中心的业务活动所耗费的成本费用进行控制，应通过各成本中心的实际责任成本与预算责任成本进行比较，确定其成本控制的绩效，并采取相应的奖惩措施。

(4)成本中心的考核指标。成本中心考核的主要内容是成本，即通过各成本中心的实际责任成本与预算责任成本进行的比较，评价成本中心业务活动的优劣。与此相适应，成本中心的考核指标也主要采用相对指标和比较指标，包括成本费用降低额和降低率两项指标，其计算公式是：

$$\text{成本费用降低额}=\text{预算责任成本费用}-\text{实际责任成本费用} \quad (1)$$

$$\text{成本费用降低率}=\frac{\text{成本费用降低额}}{\text{预算责任成本费用}}\times 100\% \quad (2)$$

在进行成本中心考核时，如果预算产量与实际产量不一致，应注意按弹性预算的方法先行调整预算指标，然后，再进行上述指标计算。

【做中学10-9】 某企业内部一车间为成本中心，生产A产品，预算产量8 000件，单位责任成本100元；实际产量为9 000件，单位责任成本95元。试计算该成本中心的成本降低额和降低率。

成本降低额＝9 000×(100－95)＝45 000(元)

成本降低率＝45 000÷9 000×100％＝5％

该成本中心的成本降低额为45 000元，降低率为5％。

3.利润中心

(1)利润中心的含义。利润中心是对利润负责的责任中心。由于利润是收入扣除成本费用的差额，因此，利润中心是指既对成本负责又对收入和利润负责的责任中心。它既要控制成本费用的发生，也要对收入和成本的差额即利润进行控制。

利润中心往往处于企业内部的较高层次，如分厂、分店、分公司，一般具有独立的收入来源或能视同为一个有独立收入的部门，还具有独立的经营权。利润中心与成本中心相比，其权力和责任都相对较大，利润中心不仅对成本控制负责，还必须对收入和利润承担责任。因此，利润中心不仅要绝对地降低成本，而且更要寻求收入的增长超过成本的增长。即是说，利润中心对成本的控制是联系着收入进行的，它强调的是相对成本节约。

(2)利润中心的类型。利润中心可分为自然利润中心和人为利润中心两种。自然利润中心是指可以直接对外销售产品并取得收入的利润中心，这种利润中心本身直接面向市场，具有产品销售权、价格制定权、材料采购权和生产决策权。它虽然是企业内部的一个部门，但其功能同独立企业相近。最典型的是公司的事业部，每个事业部均有销售、生产、采购的机能，有很大的独立性，能独立地控制成本、取得收入。人为利润中心是指对内流转产品，视同产品销售而取得“内部销售收入”的利润中心。这种利润中心一般不直接对外销售产品，只对本企业内部各责任中心提供产品(或劳务)。成为人为利润中心应同时具备两个条件：一是可以向其他责任中心提供产品(或劳务)；二是能合理确定转移产品的内部转移价格。人为利润中心一般也应具备独立的经营权，即能自主决定本利润中心的产品品种、产品质量、作业方法、人员调配、资金使用等。

(3)利润中心的成本计算。利润中心对利润负责，必然要考核和计算成本，以便正确计算利润，作为对利润中心业绩评价与考核的依据。对利润中心的成本计算，通常有两种方式可供选择：

第一，利润中心只计算可控成本，不分担不可控成本。这种方式主要适用于共同成本难以合理分摊或无须进行共同成本分摊的场合，按这种方式计算出的盈利不是通常意义上的利润，而是相当于“边际贡献总额”。企业各利润中心的“边际贡献总额”之和，减去未分配的共同成本，经过调整后才是企业的利润总额。采用这种计算方式的“利润中心”，实质上已不是完整的和原来意义上的利润中心，而是边际贡献中心。人为利润中心适合采用这种计算方式。

第二，利润中心不仅计算可控成本，也计算不可控成本。这种方式适合于共同成本易于合理分摊或不存在共同成本分摊的场合。这种利润中心在计算时，如果采用变动成本法，应先计算出边际贡献总额，再减去固定成本才是税前净利。如果采用完全成本法，利润中心可以直接计算出税前净利。各利润中心的利润总额之和，就是全企业的利润总额。自然利润中心适合采用这种计算方式。

(4)利润中心的考核指标

利润中心的考核指标是利润。通过一定期间实际实现的利润同责任预算所确定的利润进行对比，评价其责任中心的业绩。但由于成本计算方式的不同，各利润中心的利润表现形式也不相同。采取完全成本法时，利润是按财务会计核算中的计算公式求得的，这里不再多述。

当利润中心不计算不可控成本时，采用的考核指标是：

$$\text{利润中心利润总额}=\text{该利润中心销售收入总额}-\text{该利润中心可控成本总额(或变动成本总额)} \tag{3}$$

需要说明的是，如果可控成本中包括可控固定成本，可控成本就不等于变动成本总额。但一般的说利润中心的可控成本是变动成本。

当利润中心计算共同成本或不可控成本，并采取变动成本法计算成本时，采用的考核指标主要是以下几种：

$$\text{利润中心边际贡献总额}=\text{该利润中心销售收入总额}-\text{该利润中心变动成本总额} \tag{4}$$

$$\text{利润中心可控利润总额}=\text{该利润中心边际贡献总额}-\text{该利润中心可控固定成本} \tag{5}$$

$$\text{利润中心利润总额}=\text{该利润中心可控利润总额}-\text{该利润中心不可控固定成本} \tag{6}$$

$$\text{公司利润总额}=\text{各利润中心利润总额之和}-\text{公司不可分摊的各种管理费用、财务费用等} \tag{7}$$

以上各式中，(5)式主要用于考核利润中心负责人的经营业绩，因而应针对经理人员的可控成本费用进行评价和考核。为此，应将各利润中心的固定成本进一步分为可控成本和不可控成本。这主要考虑有些成本费用可以划归、分摊到有关利润中心，却不能为利润中心负责人所控制，如广告费、保险费等。在考核利润中心负责人业绩时，应将其不可控的固定成本从中剔除。(6)式主要用于对利润中心的业绩进行评价和考核，它表明利润中心补偿共同固定成本后为企业利润总额所做的贡献。

【做中学10-10】 某企业某利润中心的有关数据如下：

销售收入总额 800 000元

变动成本总额 550 000元

负责人可控固定成本 50 000元

负责人不可控固定成本 70 000元

该利润中心利润考核指标是：

利润中心边际贡献＝800 000－550 000＝250 000(元)

负责人可控利润总额＝250 000－50 000＝200 000(元)

利润中心利润总额＝200 000－70 000＝130 000(元)

4.投资中心

(1)投资中心的含义。投资中心是既对成本、收入和利润负责，又对投资效果负责的责任中心，可见投资中心同时也是利润中心。它与利润中心的区别主要有二：一是权力不同，利润中心没有投资决策权，它只是进行具体的经营；而投资中心则不仅在产品生产和销售上享有较大的自主权，而且能相对独立地运用所掌握的资产，有权购建或处置固定资产，扩大或缩减现有的生产能力。二是考核方法不同，考核利润中心的业绩时，不联系投资多少或占用资产的多少，即不进行投入产出的比较；相反，考核投资中心业绩时，必须将所获得的利润与所占用的资产进行比较。

投资中心是最高层次的责任中心，它具有最大的决策权，也承担最大的责任。投资中心的管理特征是较高程度的分权管理。一般而言，大型集团所属的子公司、分公司、事业部往往都是投资中心。在组织形式上成本中心一般不是独立法人，利润中心可以是也可以不是独立法人，而投资中心一般是独立法人。

由于投资中心独立性较强，它一般应向公司的总经理或董事会直接负责。对投资中心不应干预过多，应使其享有投资权和较为充分的经营权；投资中心在资产和权益方面应与其他责任中心划分清楚。如果对投资中心干预过多，或者资产和权益与其他责任中心划分不清，出现互相扯皮现象，就无法对其进行准确的考核。

(2)投资中心的考核指标。为了准确地计算各投资中心的经济效益，应对各投资中心共同使用的资产划分界限；对共同发生的成本按适当的标准进行分配；各投资中心之间相互调剂使用的现金、存货、固定资产等，均应实行有偿使用。在此基础上，根据投资中心应按投入产出之比进行业绩评价与考核的要求，除考核利润指标外，更需要计算、分析利润与投资额的关系性指标。即投资利润率和剩余收益。

①投资利润率。投资利润率又称投资报酬率，是指投资中心所获得的利润与投资额之间的比率。其计算公式是：

$$\text{投资利润率}=\frac{\text{利润}}{\text{投资额}}\times 100\% \tag{8}$$

投资利润率这一指标，还可以进一步展开：

$$\begin{aligned}\text{投资利润率}&=\frac{\text{销售收入}}{\text{投资额}}\times\frac{\text{成本费用}}{\text{销售收入}}\times\frac{\text{利润}}{\text{成本费用}}\times 100\%\\&=\text{资本周转率}\times\text{销售成本率}\times\text{成本费用利润率}\end{aligned} \tag{9}$$

以上公式中投资额是指投资中心的总资产和扣除对外负债后的余额，即投资中心的净资产。所以，该指标也可以称为净资产利润率，它主要说明投资中心运用"公司产权"供应的每百元资产对整体利润的大小，或投资中心对所有者权益的贡献程度。

投资利润率是广泛采用的评价投资中心业绩的指标，优点如下：

第一，投资利润率能反映投资中心的综合盈利能力。从投资利润率的分解公式中可以看出，投资利润率的高低与收入、成本、投资额和周转能力有关，提高投资利润率应通过增收节支、加速周转、减少投入来实现。

第二，投资利润率具有横向可比性。投资利润率将各投资中心的投入与产出进行比较，剔除了因投资额不同而导致的利润差异的不可比性因素，有利于进行投资中心经营业绩的比较。

第三，投资利润率可以作为选择投资机会的依据，有利于调整资产和存量，优化资源配置。

第四，以投资利润率作为评价投资中心经营业绩的尺度，可以正确引导投资中心的经营管理行为，使其行为长期化。由于该指标反映了投资中心运用资产并使资产增值的能力，如果投资中心资产运用不当，会增加资产或投资占用规模，也会降低利润。因此，以投资利润率作为评价与考核的尺度，将促进各投资中心盘活闲置资产，减少不合理资产占用，及时处理过时、变质、毁损的资产等。

投资利润率指标的不足也是十分明显的：一是世界性的通货膨胀，使企业资产账面价值失真、失实，使计算的投资利润率无法揭示投资中心的实际经营能力；二是使用投资利润率往往会使投资中心只顾本身利益而放弃对整个企业有利的投资项目；三是投资利润率的计算与资本支出预算所用的现金流量分析方法不一致，不便于投资项目建成投产后与原定目标的比较。

【做中学 10-11】　假设 A 公司的资本成本率为 15%，该公司某个部门现有净资产为 20 000 万元，利润为 4 000 万元，则现在投资利润率为：

投资利润率＝4 000÷20 000×100%＝20%

现在部门经理面临一个投资利润率为 17%的投资机会，投资额为 10 000 万元，每年利润 1 700 万元。尽管对于整体企业来说，投资利润率高于资本成本，应当利用这个机会，但是它却使这个部门的投资利润率由20%下降到19%：

$$投资利润率=\frac{4\ 000+1\ 700}{20\ 000+10\ 000}\times 100\%=19\%$$

同样道理，当情况与此相反，假设该部门现有资产中有一项价值5 000万元的投资项目，该资产每年获利850万元，投资利润率为17%，超过了资本成本。部门经理却愿意放弃该项资产，以提高部门的投资利润率：

$$投资利润率=\frac{4\ 000-850}{20\ 000-5\ 000}\times 100\%=21\%$$

②剩余收益。剩余收益是一个绝对数指标，是指投资中心获得的利润扣减其最低投资收益后的余额。最低投资收益是投资中心投资额(或资产占用额)按规定或预期的最低报酬率计算的收益。其计算公式如下：

剩余收益＝利润－最低投资收益＝利润－投资额×规定或预期的最低报酬率

以剩余收益作为投资中心经营业绩评价指标，各投资中心只要投资利润大于最低投资收益，该项投资便是可行的。剩余收益指标具有两个特点：①体现投入产出关系。由于减少投资同样可以达到增加剩余收益的目的，因而与投资利润率一样，该指标也可以用于全面评价与考核投资中心的业绩。②避免本位主义。剩余收益指标避免了投资中心的狭隘本位倾向，即单纯追求投资利润率而放弃一些有利可图的投资项目。这是因为如果以剩余收益作为衡量投资中心工作成果的尺度，投资中心将尽量提高剩余收益，亦即只要有利于增加剩余收益的绝对额，投资行为就是可取的，而不只是尽量提高投资利润率。两个指标的差别，从下面的例子中容易看出：

【做中学10-12】 假设A公司某投资中心现有资产额为20 000万元，利润为4 000万元，公司资本成本率是15%。现有一个投资利润率为17%的投资机会，投资额为10 000万元。用投资利润率法和剩余收益法分别分析决策如下：

(1)投资利润率法。

$$现有投资利润率=\frac{4\ 000}{20\ 000}\times 100\%=20\%$$

$$采纳投资方案后投资利润率=\frac{4\ 000+10\ 000\times 17\%}{20\ 000+10\ 000}\times 100\%=19\%$$

投资利润率增量＝19%－20%＝－1%

结论：放弃投资方案。

(2)剩余收益法。

现有剩余收益＝4 000－20 000×15%＝1 000(万元)

采纳方案后剩余收益＝(4 000＋10 000×17%)－30 000×15%

＝5 700－4 500＝1 200(万元)

剩余收益增量＝1 200－1 000＝200(万元)

结论:采纳投资方案。

所以,以剩余收益作为评价指标可以保持各投资中心获利目标与公司总的目标一致。

当然,剩余收益是绝对数指标,不便于不同部门之间的比较。规模大的部门容易获得巨大的剩余收益,而它们的投资报酬率并不一定很高。在这里,我们看到决策和评价业绩之间常常出现矛盾。因此,许多企业在使用这一方法时,首先建立与每个部门资产结构相适应的剩余收益预算,然后再通过实际与预算对比来评价部门的业绩。

综上所述,责任中心根据其控制区域和权责的大小,分为成本中心、利润中心和投资中心三种类型。它们各自不是孤立存在的,每个责任中心承担经营责任。最基层的成本中心应就其经营的可控成本向上层成本中心负责;上层的成本中心应就其本身的可控成本和下层转来的责任成本一并向利润中心负责;利润中心应就其所经营的收入、成本和利润向投资中心负责;投资中心最终就其经营的投资利润率和剩余收益向总经理和董事会负责。所以,企业各种类型和层次的责任中心形成一个"连锁责任"网络,这就促使每个责任中心为保证经营目标一致而协调运转。

【思考题】

1. 什么是财务预算?
2. 简述财务预算的作用。
3. 简述财务预算的编制方法。
4. 简述财务控制的分类。
5. 什么是责任中心?责任中心具有哪些基本特征?
6. 成本中心、利润中心、投资中心的特点是什么?

【实训题】

一、单项选择题

1. 下列各项中,不能在销售预算中找到的内容是　（　）

A. 销售单价　B. 生产数量　C. 销售数量　D. 回收应收账款

2. 下列各项预算中,只反映数量不反映金额的预算是　（　）

A. 销售预算　B. 生产预算

C. 制造费用预算　D. 现金预算

3. 下列各项中,没有直接在现金预算中得到反映的是　（　）

A. 期初期末现金余额　B. 现金筹措及运用

C. 预算期产量和销量　　D. 预算期现金余额

4. 下列各项中，不属于日常业务预算内容的有　（　）

A. 生产预算　　B. 成本预算

C. 资本支出预算　　D. 制造费用预算

5. 不需另外预计现金支出，直接参加现金预算汇总的预算是　（　）

A. 成本预算　　B. 销售预算

C. 直接人工预算　　D. 生产预算

6. 以产品在企业内部流转而取得“内部销售价格”为特征的利润中心是（　）

A. 自然利润中心　　B. 人为利润中心

C. 整体利润中心　　D. 分部利润中心

7. 既对成本负责，又对收入、利润和投资负责的中心一般称为　（　）

A. 责任中心　　B. 投资中心

C. 成本中心　　D. 利润中心

二、多项选择题

1. 下列各项中，能够在直接材料消耗及采购预算中找到的内容有　（　）

A. 材料耗用量　　B. 材料采购单价

C. 材料采购成本　　D. 应付材料款的支付情况

2. 在财务预算中，专门用以反映企业未来一定预算期内预计财务状况和经营成果的预算为　（　）

A. 现金预算　　B. 预计资产负债表

C. 预计损益表　　D. 预计现金流量表

3. 以生产预算为基础直接编制的预算是　（　）

A. 直接材料消耗及采购预算　　B. 制造费用预算

C. 直接人工预算　　D. 销售及管理费用预算

4. 责任中心需要对（　）负责。　（　）

A. 收入　　B. 投资收益　　C. 利润　　D. 成本费用

5. 影响剩余收益的因素有　（　）

A. 利润　　B. 投资额

C. 利润留成比率　　D. 规定的最低投资报酬率

三、判断题

1. 弹性预算只是一种编制费用预算的方法。　（　）

2. 属于编制全面预算的出发点和日常业务预算基础的是销售预算。　（　）

3. 因为成本中心的范围最大，所以承担的责任也最大。　（　）

4. 以市场价格作为内部转移价格，就是直接按照市场价格结算。　（　）

四、业务题

1.某公司2008年预计甲产品的单位变动成本为6万元/台，固定成本总额为2 000万元；当年生产的产品当年销售，销售业务量的有效变动范围（正常生产能力的70%～110%）为700台至1 100台，同一销售业务量下其售价分别为10万元/台和11万元/台。

要求：采用因素法计算出按10%为业务量间隔，该公司2008年甲产品利润预算数额。

2.某公司一投资中心的本年数据如下：（单位：元）

销售收入	18 000
销货成本	10 000
折旧费	2 000
其他间接费用	1 000
本中心占用资产	40 000
公司规定的最低投资报酬率	10%

要求：计算该投资中心的投资利润率、剩余收益。

【自测题】

1.某企业生产和销售乙产品，预算期2008年四个季度预计销售量分别为1 000件、1 500件、2 000件和1 800件；乙产品预计单位售价为100元/件。假设每季度销售收入中，本季度收到现金60%，另外40%要到下季度才能收回。上年年末应收账款余额为62 000元。

要求：(1)编制该企业2008年销售预算。

(2)编制该企业2008年预计现金收入表。

(3)计算该企业2008年年末应收账款余额。

2.某企业2008年有关预算资料如下：

(1)3～7月份的销售收入分别为40 000元、50 000元、60 000元、70 000元、80 000元。每月销售收入中，当月收到现金30%，下月收到现金70%。

(2)各月直接材料采购成本按下一个月销售收入的60%计算。所购材料款当月支付现金50%，下月支付50%。

(3)该企业4～6月份的制造费用分别为4 000元、4 500元、4 200元，每月制造费用中包括折旧费1 000元。

(4)该企业4月份购置固定资产，需要现金15 000元。

(5)该企业在现金不足时，向银行借款（为1 000元的倍数）；现今多余时，归还银行借款（为1 000元的倍数）。借款在期初，还款在期末，借款年利率为10%。

(6)该企业期末现金余额最低为6 000元。其他资料见现金预算表。

要求:根据以上资料,完成该企业4～6月份现金预算的编制工作。

现金预算

月份	4	5	6
(1)期初现金余额	7 000		
(2)经营现金收入			
(3)直接材料采购支出	2 000	3 500	2 800
(4)直接工资支出			
(5)制造费用支出	800	900	750
(6)其他付现费用			8 000
(7)预缴所得税			
(8)购置固定资产			
(9)现金余缺			
(10)向银行借款			
(11)归还银行借款			
(12)支付借款利息			
(13)期末现金余额			

3.丙成本中心生产某产品,预算产量为600件,预算单位责任成本为150元;实际产量800件,实际单位责任成本为130元。

要求:计算丙投资中心的成本降低额和降低率。

4.某集团公司下设甲、乙两个投资中心。甲中心的投资额为500万元,投资利润率为12%;乙投资中心的投资利润率为15%,剩余收益为30万元;集团公司要求的平均投资利润率为10%。集团公司决定追加投资200万元,若投向甲中心,每年增加利润25万元;若投向乙中心,每年能增加利润30万元。

要求计算下列指标:

(1)追加投资前甲中心的剩余收益。

(2)追加投资前乙中心的投资额。

(3)追加投资前集团公司的投资利润率。

(4)若追加投资于甲中心,计算其剩余收益和投资利润率。

(5)若追加投资于乙中心,计算其剩余收益和投资利润率。

(6)从集团公司看,应向谁追加投资?

(7)计算追加投资后的集团公司的投资利润率。

5. 计算下表用序号表示的项目：

投资中心	A	B
销售收入	100 000	(1)
销售成本费用	90 000	(2)
销售利润	(3)	(4)
净资产平均占用额	(5)	20 000
资本周转率	(6)	3
销售成本率	(7)	(8)
成本费用利润率	(9)	(10)
投资利润率	10%	20%

附表1　1元复利终值系数表

期数	1%	2%	3%	4%	5%	6%	7%	8%	9%	10%	12%
1	1.010 0	1.020 0	1.030 0	1.040 0	1.050 0	1.060 0	1.070 0	1.080 0	1.090 0	1.100 0	1.120 0
2	1.020 1	1.040 4	1.060 9	1.081 6	1.102 5	1.123 6	1.144 9	1.166 4	1.188 1	1.210 0	1.254 4
3	1.030 3	1.061 2	1.092 7	1.124 9	1.157 6	1.191 0	1.225 0	1.259 7	1.295 0	1.331 0	1.404 9
4	1.040 6	1.082 4	1.125 5	1.169 9	1.215 5	1.262 5	1.310 8	1.360 5	1.411 6	1.464 1	1.573 5
5	1.051 0	1.104 1	1.159 3	1.216 7	1.276 3	1.338 2	1.402 6	1.469 3	1.538 6	1.610 5	1.762 3
6	1.061 5	1.126 2	1.194 1	1.265 3	1.340 1	1.418 5	1.500 7	1.586 9	1.677 1	1.771 6	1.973 8
7	1.072 1	1.148 7	1.229 9	1.315 9	1.407 1	1.503 6	1.605 8	1.713 8	1.828 0	1.948 7	2.210 7
8	1.082 9	1.171 7	1.266 8	1.368 6	1.477 5	1.593 8	1.718 2	1.850 9	1.992 6	2.143 6	2.476 0
9	1.093 7	1.195 1	1.304 8	1.423 3	1.551 3	1.689 5	1.838 5	1.999 0	2.171 9	2.357 9	2.773 1
10	1.104 6	1.219 0	1.343 9	1.480 2	1.628 9	1.790 8	1.967 2	2.158 9	2.367 4	2.593 7	3.105 8
11	1.115 7	1.243 4	1.384 2	1.539 5	1.710 3	1.898 3	2.104 9	2.331 6	2.580 4	2.853 1	3.478 5
12	1.126 8	1.268 2	1.425 8	1.601 0	1.795 9	2.012 2	2.252 2	2.518 2	2.812 7	3.138 4	3.896 0
13	1.138 1	1.293 6	1.468 5	1.665 1	1.885 6	2.132 9	2.409 8	2.719 6	3.065 8	3.452 3	4.363 5
14	1.149 5	1.319 5	1.512 6	1.731 7	1.979 9	2.260 9	2.578 5	2.937 2	3.341 7	3.797 5	4.887 1
15	1.161 0	1.345 9	1.558 0	1.800 9	2.078 9	2.396 6	2.759 0	3.172 2	3.642 5	4.177 2	5.473 6
16	1.172 6	1.372 8	1.604 7	1.873 0	2.182 9	2.540 4	2.952 2	3.425 9	3.970 3	4.595 0	6.130 4
17	1.184 3	1.400 2	1.652 8	1.947 9	2.292 0	2.692 8	3.158 8	3.700 0	4.327 6	5.054 5	6.866 0
18	1.196 1	1.428 2	1.702 4	2.025 8	2.406 6	2.854 3	3.379 9	3.996 0	4.717 1	5.559 9	7.690 0

续表

期数	1%	2%	3%	4%	5%	6%	7%	8%	9%	10%	12%
19	1.208 1	1.456 8	1.753 5	2.106 8	2.527 0	3.025 6	3.616 5	4.315 7	5.141 7	6.115 9	8.612 8
20	1.220 2	1.485 9	1.806 1	2.191 1	2.653 3	3.207 1	3.869 7	4.661 0	5.604 4	6.727 5	9.646 3
21	1.232 4	1.515 7	1.860 3	2.278 8	2.786 0	3.399 6	4.140 6	5.033 8	6.108 8	7.400 2	10.803 8
22	1.244 7	1.546 0	1.916 1	2.369 9	2.925 3	3.603 5	4.430 4	5.436 5	6.658 6	8.140 3	12.100 3
23	1.257 2	1.576 9	1.973 6	2.464 7	3.071 5	3.819 7	4.740 5	5.871 5	7.257 9	8.954 3	13.552 3
24	1.269 7	1.608 4	2.032 8	2.563 3	3.225 1	4.048 9	5.072 4	6.341 2	7.911 1	9.849 7	15.178 6
25	1.282 4	1.640 6	2.093 8	2.665 8	3.386 4	4.291 9	5.427 4	6.848 5	8.623 1	10.834 7	17.000 1
26	1.295 3	1.673 4	2.156 6	2.772 5	3.555 7	4.549 4	5.807 4	7.396 4	9.399 2	11.918 2	19.040 1
27	1.308 2	1.706 9	2.221 3	2.883 4	3.733 5	4.822 3	6.213 9	7.988 1	10.245 1	13.110 0	21.324 9
28	1.321 3	1.741 0	2.287 9	2.998 7	3.920 1	5.111 7	6.648 8	8.627 1	11.167 1	14.421 0	23.883 9
29	1.334 5	1.775 8	2.356 6	3.118 7	4.116 1	5.418 4	7.114 3	9.317 3	12.172 2	15.863 1	26.749 9
30	1.347 8	1.811 4	2.427 3	3.243 4	4.321 9	5.743 5	7.612 3	10.062 7	13.267 7	17.449 4	29.959 9
40	1.488 9	2.208 0	3.262 0	4.801 0	7.040 0	10.285 7	14.974 5	21.724 5	31.409 4	45.259 3	93.051 0
50	1.644 6	2.691 6	4.383 9	7.106 7	11.467 4	18.420 2	29.457 0	46.901 6	74.357 5	117.390 9	289.002 2
60	1 816 7	3.281 0	5.891 6	10.519 6	18.679 2	32.987 7	57.946 4	101.257 1	176.031 3	304.481 6	897.596 9

续表

期数	14%	15%	16%	18%	20%	24%	28%	32%	36%
1	1.140 0	1.150 0	1.160 0	1.180 0	1.200 0	1.240 0	1.280 0	1.320 0	1.360 0
2	1.299 6	1.322 5	1.345 6	1.392 4	1.440 0	1.537 6	1.638 4	1.742 4	1.849 6
3	1.481 5	1.520 9	1.560 9	1.643 0	1.728 0	1.906 6	2.097 2	2.300 0	2.515 5
4	1.689 0	1.749 0	1.810 6	1.938 8	2.073 6	2.364 2	2.684 4	3.036 0	3.421 0
5	1.925 4	2.011 4	2.100 3	2.287 8	2.488 3	2.931 6	3.436 0	4.007 5	4.652 6

续表

期数	14%	15%	16%	18%	20%	24%	28%	32%	36%
6	2. 195 0	2. 313 1	2. 436 4	2. 699 6	2. 986 0	3. 635 2	4. 398 0	5. 289 9	6. 327 5
7	2. 502 3	2. 660 0	2. 826 2	3. 185 5	3. 583 2	4. 507 7	5. 629 5	6. 982 6	8. 605 4
8	2. 852 6	3. 059 0	3. 278 4	3. 758 9	4. 299 8	5. 589 5	7. 205 8	9. 217 0	11. 703 4
9	3. 251 9	3. 517 9	3. 803 0	4. 435 5	5. 159 8	6. 931 0	9. 223 4	12. 166 5	15. 916 6
10	3. 707 2	4. 045 6	4. 411 4	5. 233 8	6. 191 7	8. 594 4	11. 805 9	16. 059 8	21. 646 6
11	4. 226 2	4. 652 4	5. 117 3	6. 175 9	7. 430 1	10. 657 1	15. 111 6	21. 198 9	29. 439 3
12	4. 817 9	5. 350 3	5. 936 0	7. 287 6	8. 916 1	13. 214 8	19. 342 8	27. 982 5	40. 037 5
13	5. 492 4	6. 152 8	6. 885 8	8. 599 4	10. 699 3	16. 386 3	24. 758 8	36. 937 0	54. 451 0
14	6. 261 3	7. 075 7	7. 987 5	10. 147 2	12. 839 2	20. 319 1	31. 691 3	48. 756 8	74. 053 4
15	7. 137 9	8. 137 1	9. 265 5	11. 973 7	15. 407 0	25. 195 6	40. 564 8	64. 359 0	100. 712 6
16	8. 137 2	9. 357 6	10. 748 0	14. 129 0	18. 488 4	31. 242 6	51. 923 0	84. 953 8	136. 969 1
17	9. 276 5	10. 761 3	12. 467 7	16. 672 2	22. 186 1	38. 740 8	66. 461 4	112. 139 0	186. 277 9
18	10. 575 2	12. 375 5	14. 462 5	19. 673 3	26. 623 3	48. 038 6	85. 070 6	148. 023 5	253. 338 0
19	12. 055 7	14. 231 8	16. 776 5	23. 214 4	31. 948 0	59. 567 9	108. 890 4	195. 391 1	344. 539 7
20	13. 743 5	16. 366 5	19. 460 8	27. 393 0	38. 337 6	73. 864 1	139. 379 7	257. 916 2	468. 574 0
21	15. 667 6	18. 821 5	22. 574 5	32. 323 8	46. 005 1	91. 591 5	178. 406 0	340. 449 4	637. 260 6
22	17. 861 0	21. 644 7	26. 186 4	38. 142 1	55. 206 1	113. 573 5	228. 359 6	449. 393 2	866. 674 4
23	20. 361 6	24. 891 5	30. 376 2	45. 007 6	66. 247 4	140. 831 2	292. 300 3	593. 199 0	1 178. 677 2
24	23. 212 2	28. 625 2	35. 236 4	53. 109 0	79. 496 8	174. 630 6	374. 144 4	783. 022 7	1 603. 001 0
25	26. 461 9	32. 919 0	40. 874 2	62. 668 6	95. 396 2	216. 542 0	478. 904 9	1 033. 590 0	2 180. 081 4

续表

期数	14%	15%	16%	18%	20%	24%	28%	32%	36%
26	30. 166 6	37. 856 8	47. 414 1	73. 949 0	114. 475 5	268. 512 1	612. 998 2	1 364. 338 7	2 964. 910 7
27	34. 389 9	43. 535 3	55. 000 4	87. 259 8	137. 370 6	332. 955 0	784. 637 7	1 800. 927 1	4 032. 278 6
28	39. 204 5	50. 065 6	63. 800 4	102. 966 6	164. 844 7	412. 864 2	1 004. 336 3	2 377. 223 8	5 483. 898 8
29	44. 693 1	57. 575 5	74. 008 5	121. 500 5	197. 813 6	511. 951 6	1 285. 550 4	3 137. 935 4	7 458. 102 4
30	50. 950 2	66. 211 8	85. 849 9	143. 370 6	237. 376 3	634. 819 9	1 645. 504 6	4 142. 074 8	10 143. 019 3
40	188. 883 5	267. 863 5	378. 721 2	750. 378 3	1 469. 771 6	5 455. 912 6	19 426. 688 9	66 520. 767 0	*
50	700. 233 0	1 083. 657 4	1 670. 703 8	3 927. 356 9	9 100. 438 2	46 890. 434 6	*	*	*
60	2 595. 918 7	4 383. 998 7	7 370. 201 4	20 555. 140 0	56 347. 514 4	*	*	*	*

附表2 1元复利现值系数表

期数	1%	2%	3%	4%	5%	6%	7%	8%	9%	10%
1	0.990 1	0.980 4	0.970 9	0.961 5	0.952 4	0.943 4	0.934 6	0.925 9	0.917 4	0.909 1
2	0.980 3	0.961 2	0.942 6	0.924 6	0.907 0	0.890 0	0.873 4	0.857 3	0.841 7	0.826 4
3	0.970 6	0.942 3	0.915 1	0.889 0	0.863 8	0.839 6	0.816 3	0.793 8	0.772 2	0.751 3
4	0.961 0	0.923 8	0.888 5	0.854 8	0.822 7	0.792 1	0.762 9	0.735 0	0.708 4	0.683 0
5	0.951 5	0.905 7	0.862 6	0.821 9	0.783 5	0.747 3	0.713 0	0.680 6	0.649 9	0.620 9
6	0.942 0	0.888 0	0.837 5	0.790 3	0.746 2	0.705 0	0.666 3	0.630 2	0.596 3	0.564 5
7	0.932 7	0.870 6	0.813 1	0.759 9	0.710 7	0.665 1	0.622 7	0.583 5	0.547 0	0.513 2
8	0.923 5	0.853 5	0.789 4	0.730 7	0.676 8	0.627 4	0.582 0	0.540 3	0.501 9	0.466 5
9	0.914 3	0.836 8	0.766 4	0.702 6	0.644 6	0.591 9	0.543 9	0.500 2	0.460 4	0.424 1
10	0.905 3	0.820 3	0.744 1	0.675 6	0.613 9	0.558 4	0.508 3	0.463 2	0.422 4	0.385 5
11	0.896 3	0.804 3	0.722 4	0.649 6	0.584 7	0.526 8	0.475 1	0.428 9	0.387 5	0.350 5
12	0.887 4	0.788 5	0.701 4	0.624 6	0.556 8	0.497 0	0.444 0	0.397 1	0.355 5	0.318 6
13	0.878 7	0.773 0	0.681 0	0.600 6	0.530 3	0.468 8	0.415 0	0.367 7	0.326 2	0.289 7
14	0.870 0	0.757 9	0.661 1	0.577 5	0.505 1	0.442 3	0.387 8	0.340 5	0.299 2	0.263 3
15	0.861 3	0.743 0	0.641 9	0.555 3	0.481 0	0.417 3	0.362 4	0.315 2	0.274 5	0.239 4
16	0.852 8	0.728 4	0.623 2	0.533 9	0.458 1	0.393 6	0.338 7	0.291 9	0.251 9	0.217 6
17	0.844 4	0.714 2	0.605 0	0.513 4	0.436 3	0.371 4	0.316 6	0.270 3	0.231 1	0.197 8

续表

期数	1%	2%	3%	4%	5%	6%	7%	8%	9%	10%
18	0.836 0	0.700 2	0.587 4	0.493 6	0.415 5	0.350 3	0.295 9	0.250 2	0.212 0	0.179 9
19	0.827 7	0.686 4	0.570 3	0.474 6	0.395 7	0.330 5	0.276 5	0.231 7	0.194 5	0.163 5
20	0.819 5	0.673 0	0.553 7	0.456 4	0.376 9	0.311 8	0.258 4	0.214 5	0.178 4	0.148 6
21	0.811 4	0.659 8	0.537 5	0.438 8	0.358 9	0.294 2	0.241 5	0.198 7	0.163 7	0.135 1
22	0.803 4	0.646 8	0.521 9	0.422 0	0.341 8	0.277 5	0.225 7	0.183 9	0.150 2	0.122 8
23	0.795 4	0.634 2	0.506 7	0.405 7	0.325 6	0.261 8	0.210 9	0.170 3	0.137 8	0.111 7
24	0.787 6	0.621 7	0.491 9	0.390 1	0.310 1	0.247 0	0.197 1	0.157 7	0.126 4	0.101 5
25	0.779 8	0.609 5	0.477 6	0.375 1	0.295 3	0.233 0	0.184 2	0.146 0	0.116 0	0.092 3
26	0.772 0	0.597 6	0.463 7	0.360 7	0.281 2	0.219 8	0.172 2	0.135 2	0.106 4	0.083 9
27	0.764 4	0.585 9	0.450 2	0.346 8	0.267 8	0.207 4	0.160 9	0.125 2	0.097 6	0.076 3
28	0.756 8	0.574 4	0.437 1	0.333 5	0.255 1	0.195 6	0.150 4	0.115 9	0.089 5	0.069 3
29	0.749 3	0.563 1	0.424 3	0.320 7	0.242 9	0.184 6	0.140 6	0.107 3	0.082 2	0.063 0
30	0.741 9	0.552 1	0.412 0	0.308 3	0.231 4	0.174 1	0.131 4	0.099 4	0.075 4	0.057 3
35	0.705 9	0.500 0	0.355 4	0.253 4	0.181 3	0.130 1	0.093 7	0.067 6	0.049 0	0.035 6
40	0.671 7	0.452 9	0.306 6	0.208 3	0.142 0	0.097 2	0.066 8	0.046 0	0.031 8	0.022 1
45	0.639 1	0.410 2	0.264 4	0.171 2	0.111 3	0.072 7	0.047 6	0.031 3	0.020 7	0.013 7
50	0.608 0	0.371 5	0.228 1	0.140 7	0.087 2	0.054 3	0.033 9	0.021 3	0.013 4	0.008 5
55	0.578 5	0.336 5	0.196 8	0.115 7	0.068 3	0.040 6	0.024 2	0.014 5	0.008 7	0.005 3

续表

期数	12%	14%	15%	16%	18%	20%	24%	28%	32%	36%
1	0.892 9	0.877 2	0.869 6	0.862 1	0.847 5	0.833 3	0.806 5	0.781 2	0.757 6	0.735 3
2	0.797 2	0.769 5	0.756 1	0.743 2	0.718 2	0.694 4	0.650 4	0.610 4	0.573 9	0.540 7
3	0.711 8	0.675 0	0.657 5	0.640 7	0.608 6	0.578 7	0.524 5	0.476 8	0.434 8	0.397 5
4	0.635 5	0.592 1	0.571 8	0.552 3	0.515 8	0.482 3	0.423 0	0.372 5	0.329 4	0.292 3
5	0.567 4	0.519 4	0.497 2	0.476 1	0.437 1	0.401 9	0.341 1	0.291 0	0.249 5	0.214 9
6	0.506 6	0.455 6	0.432 3	0.410 4	0.370 4	0.334 9	0.275 1	0.227 4	0.189 0	0.158 0
7	0.452 3	0.399 6	0.375 9	0.353 8	0.313 9	0.279 1	0.221 8	0.177 6	0.143 2	0.116 2
8	0.403 9	0.350 6	0.326 9	0.305 0	0.266 0	0.232 6	0.178 9	0.138 8	0.108 5	0.085 4
9	0.360 6	0.307 5	0.284 3	0.263 0	0.225 5	0.193 8	0.144 3	0.108 4	0.082 2	0.062 8
10	0.322 0	0.269 7	0.247 2	0.226 7	0.191 1	0.161 5	0.116 4	0.084 7	0.062 3	0.046 2
11	0.287 5	0.236 6	0.214 9	0.195 4	0.161 9	0.134 6	0.093 8	0.066 2	0.047 2	0.034 0
12	0.256 7	0.207 6	0.186 9	0.168 5	0.137 2	0.112 2	0.075 7	0.051 7	0.035 7	0.025 0
13	0.229 2	0.182 1	0.162 5	0.145 2	0.116 3	0.093 5	0.061 0	0.040 4	0.027 1	0.018 4
14	0.204 6	0.159 7	0.141 3	0.125 2	0.098 5	0.077 9	0.049 2	0.031 6	0.020 5	0.013 5
15	0.182 7	0.140 1	0.122 9	0.107 9	0.083 5	0.064 9	0.039 7	0.024 7	0.015 5	0.009 9
16	0.163 1	0.122 9	0.106 9	0.093 0	0.070 8	0.054 1	0.032 0	0.019 3	0.011 8	0.007 3
17	0.145 6	0.107 8	0.092 9	0.080 2	0.060 0	0.045 1	0.025 8	0.015 0	0.008 9	0.005 4
18	0.130 0	0.094 6	0.080 8	0.069 1	0.050 8	0.037 6	0.020 8	0.011 8	0.006 8	0.003 9
19	0.116 1	0.082 9	0.070 3	0.059 6	0.043 1	0.031 3	0.016 8	0.009 2	0.005 1	0.002 9
20	0.103 7	0.072 8	0.061 1	0.051 4	0.036 5	0.026 1	0.013 5	0.007 2	0.003 9	0.002 1

续表

期数	12%	14%	15%	16%	18%	20%	24%	28%	32%	36%
21	0.092 6	0.063 8	0.053 1	0.044 3	0.030 9	0.021 7	0.010 9	0.005 6	0.002 9	0.001 6
22	0.082 6	0.056 0	0.046 2	0.038 2	0.026 2	0.018 1	0.008 8	0.004 4	0.002 2	0.001 2
23	0.073 8	0.049 1	0.040 2	0.032 9	0.022 2	0.015 1	0.007 1	0.003 4	0.001 7	0.000 8
24	0.065 9	0.043 1	0.034 9	0.028 4	0.018 8	0.012 6	0.005 7	0.002 7	0.001 3	0.000 6
25	0.058 8	0.037 8	0.030 4	0.024 5	0.016 0	0.010 5	0.004 6	0.002 1	0.001 0	0.000 5
26	0.052 5	0.033 1	0.026 4	0.021 1	0.013 5	0.008 7	0.003 7	0.001 6	0.000 7	0.000 3
27	0.046 9	0.029 1	0.023 0	0.018 2	0.011 5	0.007 3	0.003 0	0.001 3	0.000 6	0.000 2
28	0.041 9	0.025 5	0.020 0	0.015 7	0.009 7	0.006 1	0.002 4	0.001 0	0.000 4	0.000 2
29	0.037 4	0.022 4	0.017 4	0.013 5	0.008 2	0.005 1	0.002 0	0.000 8	0.000 3	0.000 1
30	0.033 4	0.019 6	0.015 1	0.011 6	0.007 0	0.004 2	0.001 6	0.000 6	0.000 2	0.000 1
35	0.018 9	0.010 2	0.007 5	0.005 5	0.003 0	0.001 7	0.000 5	0.000 2	0.000 1	*
40	0.010 7	0.005 3	0.003 7	0.002 6	0.001 3	0.000 7	0.000 2	0.000 1	*	*
45	0.006 1	0.002 7	0.001 9	0.001 3	0.000 6	0.000 3	0.000 1	*	*	*
50	0.003 5	0.001 4	0.000 9	0.000 6	0.000 3	0.000 1	*	*	*	*
55	0.002 0	0.000 7	0.000 5	0.000 3	0.000 1	*	*	*	*	*

附表 3 1 元年金终值系数表

期数	1%	2%	3%	4%	5%	6%	7%	8%	9%	10%
1	1.000 0	1.000 0	1.000 0	1.000 0	1.000 0	1.000 0	1.000 0	1.000 0	1.000 0	1.000 0
2	2.010 0	2.020 0	2.030 0	2.040 0	2.050 0	2.060 0	2.070 0	2.080 0	2.090 0	2.100 0
3	3.030 1	3.060 4	3.090 9	3.121 6	3.152 5	3.183 6	3.214 9	3.246 4	3.278 1	3.310 0
4	4.060 4	4.121 6	4.183 6	4.246 5	4.310 1	4.374 6	4.439 9	4.506 1	4.573 1	4.641 0
5	5.101 0	5.204 0	5.309 1	5.416 3	5.525 6	5.637 1	5.750 7	5.866 6	5.984 7	6.105 1
6	6.152 0	6.308 1	6.468 4	6.633 0	6.801 9	6.975 3	7.153 3	7.335 9	7.523 3	7.715 6
7	7.213 5	7.434 3	7.662 5	7.898 3	8.142 0	8.393 8	8.654 0	8.922 8	9.200 4	9.487 2
8	8.285 7	8.583 0	8.892 3	9.214 2	9.549 1	9.897 5	10.259 8	10.636 6	11.028 5	11.435 9
9	9.368 5	9.754 6	10.159 1	10.582 8	11.026 6	11.491 3	11.978 0	12.487 6	13.021 0	13.579 5
10	10.462 2	10.949 7	11.463 9	12.006 1	12.577 9	13.180 8	13.816 4	14.486 6	15.192 9	15.937 4
11	11.566 8	12.168 7	12.807 8	13.486 4	14.206 8	14.971 6	15.783 6	16.645 5	17.560 3	18.531 2
12	12.682 5	13.412 1	14.192 0	15.025 8	15.917 1	16.869 9	17.888 5	18.977 1	20.140 7	21.384 3
13	13.809 3	14.680 3	15.617 8	16.626 8	17.713 0	18.882 1	20.140 6	21.495 3	22.953 4	24.522 7
14	14.947 4	15.973 9	17.086 3	18.291 9	19.598 6	21.015 1	22.550 5	24.214 9	26.019 2	27.975 0
15	16.096 9	17.293 4	18.598 9	20.023 6	21.578 6	23.276 0	25.129 0	27.152 1	29.360 9	31.772 5
16	17.257 9	18.639 3	20.156 9	21.824 5	23.657 5	25.672 5	27.888 1	30.324 3	33.003 4	35.949 7
17	18.430 4	20.012 1	21.761 6	23.697 5	25.840 4	28.212 9	30.840 2	33.750 2	36.973 7	40.544 7
18	19.614 7	21.412 3	23.414 4	25.645 4	28.132 4	30.905 7	33.999 0	37.450 2	41.301 3	45.599 2
19	20.810 9	22.840 6	25.116 9	27.671 2	30.539 0	33.760 0	37.379 0	41.446 3	46.018 5	51.159 1

续表

期数	1%	2%	3%	4%	5%	6%	7%	8%	9%	10%
20	22.019 0	24.297 4	26.870 4	29.778 1	33.066 0	36.785 6	40.995 5	45.762 0	51.160 1	57.275 0
21	23.239 2	25.783 3	28.676 5	31.969 2	35.719 3	39.992 7	44.865 2	50.422 9	56.764 5	64.002 5
22	24.471 6	27.299 0	30.536 8	34.248 0	38.505 2	43.392 3	49.005 7	55.456 8	62.873 3	71.402 7
23	25.716 3	28.845 0	32.452 9	36.617 9	41.430 5	46.995 8	53.436 1	60.893 3	69.531 9	79.543 0
24	26.973 5	30.421 9	34.426 5	39.082 6	44.502 0	50.815 6	58.176 7	66.764 8	76.789 8	88.497 3
25	28.243 2	32.030 3	36.459 3	41.645 9	47.727 1	54.864 5	63.249 0	73.105 9	84.700 9	98.347 1
26	29.525 6	33.670 9	38.553 0	44.311 7	51.113 5	59.156 4	68.676 5	79.954 4	93.324 0	109.181 8
27	30.820 9	35.344 3	40.709 6	47.084 2	54.669 1	63.705 8	74.483 8	87.350 8	102.723 1	121.099 9
28	32.129 1	37.051 2	42.930 9	49.967 6	58.402 6	68.528 1	80.697 7	95.338 8	112.968 2	134.209 9
29	33.450 4	38.792 2	45.218 9	52.966 3	62.322 7	73.639 8	87.346 5	103.965 9	124.135 4	148.630 9
30	34.784 9	40.568 1	47.575 4	56.084 9	66.438 8	79.058 2	94.460 8	113.283 2	136.307 5	164.494 0
40	48.886 4	60.402 0	75.401 3	95.025 5	120.799 8	154.762 0	199.635 1	259.056 5	337.882 4	442.592 6
50	64.463 2	84.579 4	112.796 9	152.667 1	209.348 0	290.335 9	406.528 9	573.770 2	815.083 6	1 163.908 5
60	81.669 7	114.051 5	163.053 4	237.990 7	353.583 7	533.128 2	813.520 4	1 253.213 3	1 944.792 1	3 034.816 4

续表

期数	12%	14%	15%	16%	18%	20%	24%	28%	32%	36%
1	1.000 0	1.000 0	1.000 0	1.000 0	1.000 0	1.000 0	1.000 0	1.000 0	1.000 0	1.000 0
2	2.120 0	2.140 0	2.150 0	2.160 0	2.180 0	2.200 0	2.240 0	2.280 0	2.320 0	2.360 0
3	3.374 4	3.439 6	3.472 5	3.505 6	3.572 4	3.640 0	3.777 6	3.918 4	4.062 4	4.209 6
4	4.779 3	4.921 1	4.993 4	5.066 5	5.215 4	5.368 0	5.684 2	6.015 6	6.362 4	6.725 1
5	6.352 8	6.610 1	6.742 4	6.877 1	7.154 2	7.441 6	8.048 4	8.699 9	9.398 3	10.146 1

续表

期数	12%	14%	15%	16%	18%	20%	24%	28%	32%	36%
6	8.115 2	8.535 5	8.753 7	8.977 5	9.442 0	9.929 9	10.980 1	12.135 9	13.405 8	14.798 7
7	10.089 0	10.730 5	11.066 8	11.413 9	12.141 5	12.915 9	14.615 3	16.533 9	18.695 6	21.126 2
8	12.299 7	13.232 8	13.726 8	14.240 1	15.327 0	16.499 1	19.122 9	22.163 4	25.678 2	29.731 6
9	14.775 7	16.085 3	16.785 8	17.518 5	19.085 9	20.798 9	24.712 5	29.369 2	34.895 3	41.435 0
10	17.548 7	19.337 3	20.303 7	21.321 5	23.521 3	25.958 7	31.643 4	38.592 6	47.061 8	57.351 6
11	20.654 6	23.044 5	24.349 3	25.732 9	28.755 1	32.150 4	40.237 9	50.398 5	63.121 5	78.998 2
12	24.133 1	27.270 7	29.001 7	30.850 2	34.931 1	39.580 5	50.895 0	65.510 0	84.320 4	108.437 5
13	28.029 1	32.088 7	34.351 9	36.786 2	42.218 7	48.496 6	64.109 7	84.852 9	112.303 0	148.475 0
14	32.392 6	37.581 1	40.504 7	43.672 0	50.818 0	59.195 9	80.496 1	109.611 7	149.239 9	202.926 0
15	37.279 7	43.842 4	47.580 4	51.659 5	60.965 3	72.035 1	100.815 1	141.302 9	197.996 7	276.979 3
16	42.753 3	50.980 4	55.717 5	60.925 0	72.939 0	87.442 1	126.010 8	181.867 7	262.355 7	377.691 9
17	48.883 7	59.117 6	65.075 1	71.673 0	87.068 0	105.930 6	157.253 4	233.790 7	347.309 5	514.661 0
18	55.749 7	68.394 1	75.836 4	84.140 7	103.740 3	128.116 7	195.994 2	300.252 1	459.448 5	700.938 9
19	63.439 7	78.969 2	88.211 8	98.603 2	123.413 5	154.740 0	244.032 8	385.322 7	607.472 1	954.276 9
20	72.052 4	91.024 9	102.443 6	115.379 7	146.628 0	186.688 0	303.600 6	494.213 1	802.863 1	1 298.816 6
21	81.698 7	104.768 4	118.810 1	134.840 5	174.021 0	225.025 6	377.464 8	633.592 7	1 060.779 3	1 767.390 6
22	92.502 6	120.436 0	137.631 6	157.415 0	206.344 8	271.030 7	469.056 3	811.998 7	1 401.228 7	2 404.651 2
23	104.602 9	138.297 0	159.276 4	183.601 4	244.486 8	326.236 9	582.629 8	1 040.358 3	1 850.621 9	3 271.325 6
24	118.155 2	158.658 6	184.167 8	213.977 6	289.494 5	392.484 2	723.461 0	1 332.658 6	2 443.820 9	4 450.002 9
25	133.333 9	181.870 8	212.793 0	249.214 0	342.603 5	471.981 1	898.091 6	1 706.803 1	3 226.843 6	6 053.003 9

续表

期数	12%	14%	15%	16%	18%	20%	24%	28%	32%	36%
26	150.333 9	208.332 7	245.712 0	290.088 3	405.272 1	567.377 3	1 114.633 6	2 185.707 9	4 260.433 6	8 233.085 3
27	169.374 0	238.499 3	283.568 8	337.502 4	479.221 1	681.852 8	1 383.145 7	2 798.706 1	5 624.772 3	11 197.996 0
28	190.698 9	272.889 2	327.104 1	392.502 8	566.480 9	819.223 3	1 716.100 7	3 583.343 8	7 425.699 4	15 230.274 5
29	214.582 8	312.093 7	377.169 7	456.303 2	669.447 5	984.068 0	2 128.964 8	4 587.680 1	9 802.923 3	20 714.173 4
30	241.332 7	356.786 8	434.745 1	530.311 7	790.948 0	1 181.881 6	2 640.916 4	5 873.230 6	12 940.858 7	28 172.275 8
40	767.091 4	1 342.025 1	1 779.090 3	2 360.757 2	4 163.213 0	7 343.857 8	22 728.802 6	69 377.460 4	*	*
50	2 400.018 2	4 994.521 3	7 217.716 3	10 435.648 8	21 813.093 7	45 497.190 8	*	*	*	*
60	7 471.641 1	18 535.133 3	29 219.991 6	46 057.508 5	*	*	*	*	*	*

附表4 1元年金现值系数表

期数	1%	2%	3%	4%	5%	6%	7%	8%	9%
1	0.990 1	0.980 4	0.970 9	0.961 5	0.952 4	0.943 4	0.934 6	0.925 9	0.917 4
2	1.970 4	1.941 6	1.913 5	1.886 1	1.859 4	1.833 4	1.808 0	1.783 3	1.759 1
3	2.941 0	2.883 9	2.828 6	2.775 1	2.723 2	2.673 0	2.624 3	2.577 1	2.531 3
4	3.902 0	3.807 7	3.717 1	3.629 9	3.546 0	3.465 1	3.387 2	3.312 1	3.239 7
5	4.853 4	4.713 5	4.579 7	4.451 8	4.329 5	4.212 4	4.100 2	3.992 7	3.889 7
6	5.795 5	5.601 4	5.417 2	5.242 1	5.075 7	4.917 3	4.766 5	4.622 9	4.485 9
7	6.728 2	6.472 0	6.230 3	6.002 1	5.786 4	5.582 4	5.389 3	5.206 4	5.033 0
8	7.651 7	7.325 5	7.019 7	6.732 7	6.463 2	6.209 8	5.971 3	5.746 6	5.534 8
9	8.566 0	8.162 2	7.786 1	7.435 3	7.107 8	6.801 7	6.515 2	6.246 9	5.995 2
10	9.471 3	8.982 6	8.530 2	8.110 9	7.721 7	7.360 1	7.023 6	6.710 1	6.417 7
11	10.367 6	9.786 8	9.252 6	8.760 5	8.306 4	7.886 9	7.498 7	7.139 0	6.805 2
12	11.255 1	10.575 3	9.954 0	9.385 1	8.863 3	8.383 8	7.942 7	7.536 1	7.160 7
13	12.133 7	11.348 4	10.635 0	9.985 6	9.393 6	8.852 7	8.357 7	7.903 8	7.486 9
14	13.003 7	12.106 2	11.296 1	10.563 1	9.898 6	9.295 0	8.745 5	8.244 2	7.786 2
15	13.865 1	12.849 3	11.937 9	11.118 4	10.379 7	9.712 2	9.107 9	8.559 5	8.060 7
16	14.717 9	13.577 7	12.561 1	11.652 3	10.837 8	10.105 9	9.446 6	8.851 4	8.312 6
17	15.562 3	14.291 9	13.166 1	12.165 7	11.274 1	10.477 3	9.763 2	9.121 6	8.543 6
18	16.398 3	14.992 0	13.753 5	12.659 3	11.689 6	10.827 6	10.059 1	9.371 9	8.755 6
19	17.226 0	15.678 5	14.323 8	13.133 9	12.085 3	11.158 1	10.335 6	9.603 6	8.950 1

续表

期数	1%	2%	3%	4%	5%	6%	7%	8%	9%
20	18.045 6	16.351 4	14.877 5	13.590 3	12.462 2	11.469 9	10.594 0	9.818 1	9.128 5
21	18.857 0	17.011 2	15.415 0	14.029 2	12.821 2	11.764 1	10.835 5	10.016 8	9.292 2
22	19.660 4	17.658 0	15.936 9	14.451 1	13.163 0	12.041 6	11.061 2	10.200 7	9.442 4
23	20.455 8	18.292 2	16.443 6	14.856 8	13.488 6	12.303 4	11.272 2	10.371 1	9.580 2
24	21.243 4	18.913 9	16.935 5	15.247 0	13.798 6	12.550 4	11.469 3	10.528 8	9.706 6
25	22.023 2	19.523 5	17.413 1	15.622 1	14.093 9	12.783 4	11.653 6	10.674 8	9.822 6
26	22.795 2	20.121 0	17.876 8	15.982 8	14.375 2	13.003 2	11.825 8	10.810 0	9.929 0
27	23.559 6	20.706 9	18.327 0	16.329 6	14.643 0	13.210 5	11.986 7	10.935 2	10.026 6
28	24.316 4	21.281 3	18.764 1	16.663 1	14.898 1	13.406 2	12.137 1	11.051 1	10.116 1
29	25.065 8	21.844 4	19.188 5	16.983 7	15.141 1	13.590 7	12.277 7	11.158 4	10.198 3
30	25.807 7	22.396 5	19.600 4	17.292 0	15.372 5	13.764 8	12.409 0	11.257 8	10.273 7
35	29.408 6	24.998 6	21.487 2	18.664 6	16.374 2	14.498 2	12.947 7	11.654 6	10.566 8
40	32.834 7	27.355 5	23.114 8	19.792 8	17.159 1	15.046 3	13.331 7	11.924 6	10.757 4
45	36.094 5	29.490 2	24.518 7	20.720 0	17.774 1	15.455 8	13.605 5	12.108 4	10.881 2
50	39.196 1	31.423 6	25.729 8	21.482 2	18.255 9	15.761 9	13.800 7	12.233 5	10.961 7
55	42.147 2	33.174 8	26.774 4	22.108 6	18.633 5	15.990 5	13.939 9	12.318 6	11.014 0

续表

期数	10%	12%	14%	15%	16%	18%	20%	24%	28%	32%
1	0.909 1	0.892 9	0.877 2	0.869 6	0.862 1	0.847 5	0.833 3	0.806 5	0.781 2	0.757 6
2	1.735 5	1.690 1	1.646 7	1.625 7	1.605 2	1.565 6	1.527 8	1.456 8	1.391 6	1.331 5
3	2.486 9	2.401 8	2.321 6	2.283 2	2.245 9	2.174 3	2.106 5	1.981 3	1.868 4	1.766 3

续表

期数	10%	12%	14%	15%	16%	18%	20%	24%	28%	32%
4	3.169 9	3.037 3	2.913 7	2.855 0	2.798 2	2.690 1	2.588 7	2.404 3	2.241 0	2.095 7
5	3.790 8	3.604 8	3.433 1	3.352 2	3.274 3	3.127 2	2.990 6	2.745 4	2.532 0	2.345 2
6	4.355 3	4.111 4	3.888 7	3.784 5	3.684 7	3.497 6	3.325 5	3.020 5	2.759 4	2.534 2
7	4.868 4	4.563 8	4.288 3	4.160 4	4.038 6	3.811 5	3.604 6	3.242 3	2.937 0	2.677 5
8	5.334 9	4.967 6	4.638 9	4.487 3	4.343 6	4.077 6	3.837 2	3.421 2	3.075 8	2.786 0
9	5.759 0	5.328 2	4.946 4	4.771 6	4.606 5	4.303 0	4.031 0	3.565 5	3.184 2	2.868 1
10	6.144 6	5.650 2	5.216 1	5.018 8	4.833 2	4.494 1	4.192 5	3.681 9	3.268 9	2.930 4
11	6.495 1	5.937 7	5.452 7	5.233 7	5.028 6	4.656 0	4.327 1	3.775 7	3.335 1	2.977 6
12	6.813 7	6.194 4	5.660 3	5.420 6	5.197 1	4.793 2	4.439 2	3.851 4	3.386 8	3.013 3
13	7.103 4	6.423 5	5.842 4	5.583 1	5.342 3	4.909 5	4.532 7	3.912 4	3.427 2	3.040 4
14	7.366 7	6.628 2	6.002 1	5.724 5	5.467 5	5.008 1	4.610 6	3.961 6	3.458 7	3.060 9
15	7.606 1	6.810 9	6.142 2	5.847 4	5.575 5	5.091 6	4.675 5	4.001 3	3.483 4	3.076 4
16	7.823 7	6.974 0	6.265 1	5.954 2	5.668 5	5.162 4	4.729 6	4.033 3	3.502 6	3.088 2
17	8.021 6	7.119 6	6.372 9	6.047 2	5.748 7	5.222 3	4.774 6	4.059 1	3.517 7	3.097 1
18	8.201 4	7.249 7	6.467 4	6.128 0	5.817 8	5.273 2	4.812 2	4.079 9	3.529 4	3.103 9
19	8.364 9	7.365 8	6.550 4	6.198 2	5.877 5	5.316 2	4.843 5	4.096 7	3.538 6	3.109 0
20	8.513 6	7.469 4	6.623 1	6.259 3	5.928 8	5.352 7	4.869 6	4.110 3	3.545 8	3.112 9
21	8.648 7	7.562 0	6.687 0	6.312 5	5.973 1	5.383 7	4.891 3	4.121 2	3.551 4	3.115 8

续表

期数	10%	12%	14%	15%	16%	18%	20%	24%	28%	32%
22	8.771 5	7.644 6	6.742 9	6.358 7	6.011 3	5.409 9	4.909 4	4.130 0	3.555 8	3.118 0
23	8.883 2	7.718 4	6.792 1	6.398 8	6.044 2	5.432 1	4.924 5	4.137 1	3.559 2	3.119 7
24	8.984 7	7.784 3	6.835 1	6.433 8	6.072 6	5.450 9	4.937 1	4.142 8	3.561 9	3.121 0
25	9.077 0	7.843 1	6.872 9	6.464 1	6.097 1	5.466 9	4.947 6	4.147 4	3.564 0	3.122 0
26	9.160 9	7.895 7	6.906 1	6.490 6	6.118 2	5.480 4	4.956 3	4.151 1	3.565 6	3.122 7
27	9.237 2	7.942 6	6.935 2	6.513 5	6.136 4	5.491 9	4.963 6	4.154 2	3.566 9	3.123 3
28	9.306 6	7.984 4	6.960 7	6.533 5	6.152 0	5.501 6	4.969 7	4.156 6	3.567 9	3.123 7
29	9.369 6	8.021 8	6.983 0	6.550 9	6.165 6	5.509 8	4.974 7	4.158 5	3.568 7	3.124 0
30	9.426 9	8.055 2	7.002 7	6.566 0	6.177 2	5.516 8	4.978 9	4.160 1	3.569 3	3.124 2
35	9.644 2	8.175 5	7.070 0	6.616 6	6.215 3	5.538 6	4.991 5	4.164 4	3.570 8	3.124 8
40	9.779 1	8.243 8	7.105 0	6.641 8	6.233 5	5.548 2	4.996 6	4.165 9	3.571 2	3.125 0
45	9.862 8	8.282 5	7.123 2	6.654 3	6.242 1	5.552 3	4.998 6	4.166 4	3.571 4	3.125 0
50	9.914 8	8.304 5	7.132 7	6.660 5	6.246 3	5.554 1	4.999 5	4.166 6	3.571 4	3.125 0
55	9.947 1	8.317 0	7.137 6	6.663 6	6.248 2	5.554 9	4.999 8	4.166 6	3.571 4	3.125 0

图书在版编目（CIP）数据

财务管理 / 王发仁主编．—济南：山东人民出版社，2009.1(2011.1)
21 世纪高职高专规划教材
ISBN 978-7-209-04612-1

Ⅰ.财… Ⅱ.王… Ⅲ.财务管理 Ⅳ.F275

中国版本图书馆 CIP 数据核字(2009)第 011120 号

责任编辑：袁丽娟
封面设计：武　斌

财务管理

王发仁　主编

山东出版集团
山东人民出版社出版发行
社　址：济南市经九路胜利大街 39 号　邮　编：250001
网　址：http://www.sd-book.com.cn
发行部：(0531)82098027 82098028
新华书店经销
山东临沂新华印刷物流集团有限责任公司印装

规　格　16 开(180mm×240mm)
印　张　19.5
字　数　310 千字　　插　页　2
版　次　2009 年 1 月第 1 版
印　次　2011 年 1 月第 3 次
ISBN 978-7-209-04612-1
定　价　28.00 元

如有质量问题，请与印刷单位调换。电话：(0539)2925659